**대한민국 학부모라면
반드시 알아야 할**

입시의 정도

대한민국 학부모라면
반드시 알아야 할

입시의
정도

강현주 지음

대한민국 입시 드라마,
그 해피엔딩을 꿈꾸며

대치동의 카페들은 낮이고 밤이고 빈 자리가 없습니다. 저녁 준비를 해야하는 주부들이 자리를 털고 일어나는 오후 4시는 백화점도 한산해지는 시간이지만 대치동은 그렇지 않습니다. 해가 지고 밤이 되어도 여전히 사람들로 북적입니다. 모두 엄마들의 모임입니다. 아이의 성적표가 고스란히 엄마의 성적표가 되는 현실 속에서 엄마들은 좋든 싫든 정보 공유의 모임에 참석하게 됩니다. 그리고 입시에 정보가 많은 리더, 즉 공부 잘하는 아이를 둔 엄마의 의견을 경청합니다.

"우리 아이는 공부를 못해서 그런 모임에는 끼지도 못해요. 얼마나 눈치가 보이는데요."

"워킹맘이라 엄마들 모임에 나가기도 힘들고 학원 설명회 한 번 가보질 못했어요. 남들만큼은 해줘야 할 텐데, 저 때문에 아이가 경쟁에 뒤처지는 건 아닌지 걱정이에요."

이런 이야기를 들을 때마다 저는 뭔가 잘못되었다는 생각이 듭니다. 공부 잘하는 남의 집 아이와 내 아이의 상황과 성향이 같을 리 만무합니다. 그 학생에게 100% 맞추어진 공부법과 선생님이 우리 아이에게도 통할지는 모르는 일이지요.

요즘은 전문 입시업체는 물론이고 각 대학들도 미리 입시요강을 발표하고 직접 설명회까지 개최합니다. 몇 번 인터넷을 뒤져보면 알 수 있는 정보들이 넘쳐납니다. 그런데도 아는 사람의 말 한 마디가 더 믿음직한 것은 왜 일까요? 공부할 시간은 부족하고 성적은 잘 받아야 하기 때문입니다. 우리 아이들과 똑같이, 늘 시간에 쫓기고 공부 스트레스에 시달리는 대한민국 부모들의 안타까운 현실입니다.

설사 밤낮을 가리지 않고 아이의 입시를 위해 뛰어다닐 여건이 된다 해도 사정은 크게 다르지 않습니다. 교육 업체들의 공포 마케팅, 올바르지 못한 정보에 휘둘리는 일이 너무도 잦습니다. 정말 필요한 것은 수많은 정보 중 내 아이에게 이로운 것을 선별해낼 수 있는 '실력'인데 남의 성공담만 좇다 보니 이를 위한 '기본기'를 다질 시간이 없는 것이지요.

이 책의 목표는 간단합니다. 지엽적인 지식이 아닌, 입시 전반을 관통하는 가장 기본적이고 핵심석인 정보를 알기 쉽게 설명하는 것입니다. 입시 전문가 하면 남다른 정보를 가진 뭔가 엄청나게 대단한 사람처럼 보일 수도 있지만, 실제로 입시에 대해서 공부해보면 누구나 원하는 정보를 얻을 수 있습니다. 단지 시작이 막막하고, 시간과 에너지를 투자하기 힘든 것이지요. 유명한 입시컨설턴트를 만나서 이야기를 듣기 전에, 나부터 공부가 되어 있어야 합니다. 내가 기본적인 정보를 알고 있는 상태에서 옆집 아이의 성공담을 적용하는 것과, 아무것도 모르는 상태에서 남에게 의존하는 것은 완전히 다른 이야기입니다. 모쪼록 이 책이 독자 여러분들에게 쉽게 읽혀서, 막막한 입시의 길에 작은 등불이 되어줄 수 있기를 기원합니다.

3장 · 특목고/자사고에 적합한 지원자는 따로 있다

4장 · 대학 진학의 열쇠 '생기부/자소서' 작성법

7장 · 논술/구술 시험, 실제를 알고 준비하자

8장 · 실패 없는 사교육 활용법

1장

교육특구
대치동의 명과 암

"〈스카이캐슬〉,
없는 이야기 아니에요."

　며칠 전 오랜만에 후배와 통화를 했습니다. 초 3, 초 5학년 남매를 둔 그녀는 이번 달 대치동으로 이사를 앞두고 있다고 했습니다. "네가? 그리고 반포도 좋은 곳인데 굳이 이사를 오겠다고?" 이렇게 묻는 저에게 그녀는 당연한 듯 이야기했습니다. "애들 학원 생각하면 아무래도 지금 가야 할 것 같아요."

　저는 솔직히 충격을 받았습니다. 서울대 출신의 후배 부부는, 아이들 공부는 결국 스스로 하는 것이 옳다는 중심을 가졌습니다. 나름의 신념이 있기에 과도한 묻지마 식 사교육에 휘둘리는 스타일도 아닙니다. 후배는 워킹맘이어서, 하루 종일 아이를 이학원 저 학원 실어 나를 수 있는 물리적인 시간도 부족한 상황입니다. 게다가 저는 반포라면 대치동만큼은 아니지만 어느 정도 학원가가 형성되어 있어 부족함 없는 학군이라고 여겼던 터였습니다. 그런데 대치동으로 이사를 오겠다고 하니 놀랄 수 밖에요.

  하지만 곰곰이 생각해보면 그녀의 선택에는 선뜻 반대할 수 없는 이유가 있습니다. 그건 바로 대한민국의 그 어떤 학원가보다 앞서 있는 대치동의 학원들입니다. 생각할 수 있는 모든 잣대를 대어보아도 그렇습니다. 고등부는 물론 초, 중등부, 그리고 미취학 아동까지 커버하는 다양한 레벨이 존재하고, 학과목 강의는 물론, 학습과 관련된 모든 서비스(각종 지능, 적성 검사부터 자습 관리, 스케줄 관리, 마지막으로는 〈스카이캐슬〉에 등장한 문제의 입시 전략 컨설팅까지!)가 뒷받침됩니다. 대형 학원 위주의 타 지역 학원가와는 달리, 대치동에는 구석 구석 소수정예 맞춤 학원들이 빼곡합니다. 전국의 내로라하는 강사들도 결국 대치동에서 강의하는 것을 최고의 명예로 여기기 때문에 실력 있는 강사만이 살아남는 구조입니다. 이렇게 사교육이 꽃피는 곳인데 일반적인 교과목의 학원비는 타 지역과 비교해서 크게 비싸지 않습니다. 이유는 간단합니다. 경쟁이 치열하기 때문입니다.

  "우리 아이는 자연 속에서 해맑게 뛰놀게 하려구." 자신 있게 말했던 소신 있는 엄마들도 막상 대치동 학원 설명회에 발을 들여놓는 순간 흔들릴 수밖에 없습니다. 수십 년을 입시만을 위해 존재해온 거대한 에너지가 집약된 대치동의 내공은 가히 무시

못 할 위력을 지녔으니까요. 정신을 똑바로 차리지 않으면, 여기
도 보내고 싶고 저기도 보내야 할 것 같아 조바심이 듭니다. 돈
과 시간이 부족한 것이 아쉬울 뿐입니다.

　때론 집을 팔고 전세를 얻어서라도 이사 오고 싶은 선망의 대
상으로, 때론 반드시 근절되어야 할 사교육을 대표하는 악의 축
으로 묘사되는 대치동. 이쯤 되면 마냥 눈 감고 귀 닫을 것이 아
니라 그 실상을 알아보는 것도 필요하겠다는 생각이 듭니다.

영재원에서 생기부 컨설팅까지
대치동 입시 로드맵

미취학 아동~초등부:
모두가 희망을 가질 수 있는 사교육의 황금기

　인기리에 방영된 드라마 〈스카이캐슬〉처럼, 우리가 매체를 통해 접하는 과잉 사교육은 대개 고등학생, 입시생 대상입니다. 그러나 실제로 강남에서 너나 할 것 없이 다양한 사교육을 시도하고 때로는 상상을 초월하는 정도로 시간과 돈을 낭비하는 시기는 오히려 유치원에서 초등학교 시기입니다. 아직 아이의 학습 능력과 진로가 명확히 드러나지 않았기에 누구나 '서울의대'를 꿈꿀 수 있습니다. 가능성이 무궁무진하니 부모는 어느 하나 놓

치고 싶지 않습니다. 되도록 다양한 가능성에 기회를 열어주고
자 하는 그 열의가 맹렬한 사교육으로 이어집니다. '사춘기에 접
어들어 본격적으로 반항을 시작하기 전에 최대한 많이 가르쳐놓
아야 한다'는 논리도 한몫합니다.

독서논술학원

주변에 학원 정보에 밝은 지인들이 있다면 한 번쯤은 들어보
셨을 학원이 있습니다. 발 빠른 엄마들은 아이를 가지면서부터
대기자 리스트에 이름을 올린다는 곳, 바로 '미취학의 성지'라
불리는 '문예원'입니다. 재벌가와 유명 연예인들의 자녀들이 다
니면서 유명세가 더해져 수업이 끝날 때쯤 인근 도로를 가득 메
운 외제차들의 행렬에 교통이 혼잡할 지경입니다. 보통 2~3년을
기다려서 들어간다고 하는데, 순번이 되었다고 곧바로 입학이
허용되는 것도 아닙니다. 모의 수업을 통해서 학원 적합도를 검
증받아야 비로소 문턱을 넘을 수 있습니다.

대치동은 학원 밀집 지역이다 보니 경쟁이 치열하여, 새로 생
겨나는 학원도 많고 그만큼 금방 사라지는 학원도 많습니다. 이
곳에서 30년이 넘는 역사를 자랑한다고 하면 커리큘럼이 탄탄한
것만은 확실합니다. 강사의 역량에 따라 부침이 있다면 그 학원
은 오래 가기 힘든 법이니까요. 대치동의 유명 독서논술학원은
비단 문예원뿐이 아닙니다. 20년이 넘는, 못지 않게 오랜 전통을

자랑하는 C&A 독서논술학원도 있고, 뇌 성향에 따른 독서 지도로 유명한 MSC 학원도 있습니다. 요즘은 인터넷 강의까지 곁들인 진화된 논술학원까지 등장했습니다.

도대체 학교도 들어가지 않은 아이들을 데리고 무슨 논술인지 쉽사리 납득이 가지 않는다는 분들도 많습니다. 하지만 막상 아이가 평소엔 거들떠보지도 않던 책을 읽은 후 토론도 하고 버젓이 어른스러운 글을 적어나가는 모습을 보게 되면 뿌듯한 마음이 들지 않을 수 없습니다. 개별적인 피드백과 첨삭까지 받게 되면 안도감도 들고요. 게다가 지필고사 위주의 입시가 점점 학교생활에서의 발표, 더 나아가 대입에서의 구술면접으로 변화해가고 있습니다. 초등학교에 들어가기 전에 미리 토론을 통해 충분한 자기표현의 기회를 가질 수 있으니 취지가 나쁘지 않습니다. 부모의 현명한 판단하에, 차분하게 글을 읽고 이에 대한 생각을 정돈할 수 있는 여유가 있는 단계에서 보낸다면 확실히 향후 국어 실력의 기초를 닦는 긍정적인 효과를 볼 것입니다.

아이가 잘 적응하여 초등학생이 된 이후에도 꾸준히 독서논술학원을 보내는 학부모님도 많습니다. (물론 초등학교 4학년 즈음부터는 수학의 비중이 절대적으로 커지기 때문에 우선순위에서 밀리는 경향이 강합니다.)

그런데 꼭 책을 많이 읽어야 공부를 잘하게 될까요? 저는 다소 회의적입니다. 없는 시간을 쪼개 독서논술학원까지 보내서 다양한 책을 읽히는 것보다는 아이와 함께 서점에 가서, 아이가 읽고 싶어하는 책을 직접 하나 고르게 하는 것이 좋습니다. 이렇게 하나 둘 고른 책 중에 마음에 드는 것이 있으면 아이가 자발적으로 처음부터 끝까지 반복해서 읽을 것입니다. 내용보다는 그림이 예뻐서 고른 책이라고 해도 상관없습니다. 같은 책을 외울 정도로 반복해서 읽는 것이, 별로 관심도 없는 책을 수십 권 읽는 것보다 훨씬 좋은 결과로 이어집니다. 스캐닝하듯이 빠르게 읽고 내용을 요약하는 나쁜 습관이 들어버리면, 정확하게 문장 단위에서 독해를 하는 힘을 기르지 못합니다. 그리고 이는 훗날 국어 영역뿐 아니라 여타의 과목들에도 악영향을 미칠 수 있습니다.

게다가 아무리 재미있고 친절한 선생님이라도 미취학 아동의 집중력을 수업 시간 내내 붙잡고 있기는 역부족입니다. 나를 둘러싼 주변 환경에 호기심이 많고 산만한 남학생이라면 더욱 그렇습니다. 이런 경우라면 차라리 그 시간에 신나게 축구라도 하게 해주어서 미래를 위한 체력을 길러주는 편이 좋겠습니다.

지능검사/적성검사/영재성검사

어느 부모가 우리 아이가 얼마나 똑똑한지 알고 싶지 않을까요. 꼭 그런 원초적이고 자극적인 궁금증이 아니더라도 아이의 적성을 제대로 알아야 불필요한 시행착오를 겪지 않고 전공 선택 및 진로 설정의 방향을 잡을 수 있습니다. 아이와 엄마가 불필요한 고생과 시간 낭비를 하지 않도록 해주는 다양한 검사 프로그램 역시 이른바 대치동 핵심 역량입니다.

만 3세부터 7세까지 아동을 대상으로 한 지능검사인 '웩슬러 검사'로 유명한 KAGE 학원, 아이들의 사고 구조를 분류하여 뇌 성향을 분석하는 MSC 학원이 대표적입니다. 당장 '우리 아이는 공부머리가 있을까'부터, 성향은 '문과일까 이과일까'까지, 아이의 진로와 성향을 알고 싶은 학부모라면 관심을 가질 수밖에 없습니다. 이들 기관은 기본적인 IQ검사에서 한 발 더 나아간 세부적인 분석을 통해서 아이에게 적합한 맞춤형 수업을 제시합니다. 국, 영, 수, 과 4개 영역 중 특히 국어는 독서토론, 수학은 사고력 수학, 과학은 실험과학에 초점이 맞춰져 있습니다. 어린 학생들은 문제풀이 위주의 선행교과학원보다는 지적 흥미를 자극하고 주도적으로 참여도 할 수 있는 이런 종류의 학원에 잘 적응하기도 합니다. 하지만 자신의 수준보다 어려운 교재와 과제가 주어지는 경우, 아이에게 또 다른 심리적 장벽으로 작용할 수 있으니 유의해야 합니다. 굳이 연계된 학원 수업을 듣지 않더라도 일정 비용만 내면 검사를 받고 결과 피드백을 받을 수 있으니 관심이 있다면 활용해보아도 좋겠습니다.

단, 이건 잊지 마셔야 합니다. 아이들은 어른과 달리, 자라면서 지적 역량과 성향, 심지어 성격마저 크게 변화합니다. 어릴 땐

눈부시게 뛰어났던 아이라도 막상 고등학생이 될 무렵에는 평범해지기도 하고, '도대체 이 아이가 커서 뭘 할 수 있을까', 한숨이 나올 정도의 문제아가 돌변하여 맹렬히 공부에 매진, 명문대에 진학하는 경우도 저는 숱하게 보아왔습니다. 타고난 지능과 성향만큼 중요한 것이 앞으로 아이가 겪어 나갈 경험과 주변 환경입니다. 지능, 적성검사는 참고 자료로 활용하되, 변치 않는 사실로 확정지어서는 곤란합니다.

영재교육

"우리 아이 영재원 다녀."

초등학생 자녀를 둔 학부모로서는 이보다 자랑스러운 말이 없을 것입니다. 모 연예인의 아들이 영재원에 다닌다는 것만으로도 화제가 되어 TV 프로그램에 그 비법이 소개된 사례도 있었지요. 영재원은 그야말로 어린이들의 서울대입니다.

사실 누가 봐도 똑똑하다는 칭찬을 듣는 아이라면, 모두가 받는 평범한 교육보다는 아이의 능력에 걸맞은 수준의 교육이 필요합니다. 그런 의미에서 영재교육은 국가 인재 양성이라는 측면에서도 반드시 필요합니다.

그런데 현실에서는 그런 극소수의 아이들만 영재원에 도전하는 것이 아닙니다. '입시'라는 맥락에서 영재원은 의외의 의미를 지닙니다. 영재학교나 과학고 입시에 유리하리라는 생각에 초등

저학년부터 큰 그림을 그리고 영재원의 문을 두드리는 것이지요. 물론 영재원은 다양한 분야를 다루기 때문에 문학 영재, 예술 영재도 육성하지만, 그 핵심은 입시와 직결된 수학, 과학 과정이라고 할 수 있습니다. 영재원-영재학교/과학고-서카포(서울대, 카이스트, 포항공대)로 이어지는 이공계 최상위 루트를 타기 위해 초등학생이 되기 전부터 영재원을 겨냥한 사교육을 시작하는 학부모들이 많습니다.

영재원 입시와 관련하여 가장 핵심적인 키워드는 바로 '과탐토(과학탐구 토론대회)'입니다. 초등학교에서 시험이 없어진 탓에, 과학대회 입상 경력이 영재원 입학에 큰 도움이 되기 때문입니다. 특히 한국과학창의재단에서 주관하는 전국 청소년 과학탐구 대회를 위해서는 먼저 학교 대표로 선발되어야 하는데, 이를 위한 준비 과정은 실로 대학원생의 논문 준비 과정을 방불케 합니다. 제가 아는 한 생물학 박사 출신의 어머님은 과탐토를 위해, 고액을 들여 학원에서 팀 수업을 꾸려준 것은 물론, 본인이 직접 대학 연구실에서 실험을 하고 보고서를 작성해주었음에도 탈락의 고배를 마셔야 했습니다. 나중에 뽑힌 학생의 보고서를 보니 대기업에 다니는 아버지가 세탁기를 분해하는 열정을 보여주었다고 합니다. 학교 대표를 뽑는 과정도 이렇게 치열한데, 시도교육청 예선을 거쳐 본선에 진출한 학생들의 경쟁은 말할 것도 없겠지요. 원래는 2월 말에 본선 주제가 발표되고, 미리 보고서를 제출한 후에 본선에서는 이 보고서를 바탕으로 토론이 진행되었지만, 사교육의 개입이 도를 넘어서자 2017년부터는 본선 당일, 현장에서 주제가 주어지는 방식으로 경연 방식이 바뀌었을 정도입니다.

영재원과 맥을 같이 하는 교육기관으로는 한생연(한국생명과학연구소)이 있습니다. 실제로 다양하고 내실 있는 과학실험이 이루어지며, 특히 생물실험 중 해부실험은 상당한 수준까지 진행됩니다. 수학선행학원에서 지루함을 견디지 못하고 적응에 실패한 학생들, 특히 남학생들은 다양한 실험이 이루어지는 이러한 프로그램에 즐거움을 느끼는 경우도 많습니다. 영재원과 한생연의 프로그램과 유사한 실험과학 과정을 내세운 학원들도 마찬가지로 성업 중입니다. 하지만 아이가 정말로 이러한 교육으로 배움의 기쁨을 얻는 것인지, 아니면 학과 위주의 학원에서 벗어나기 위한 도피처로 활용하고 있는 것인지는 의심해보아야 합니다. 고등학생이 되어 뒤돌아보니, 재미있게 다니긴 했지만 실제로 입시에 도움이 되지는 않았다는 친구들도 상당수 있습니다.

상위 2%의 우수한 아이들을 위한 영재교육. 분명 장점이 많은 커리큘럼이지만 우리 아이가 극소수의 뛰어난 친구들의 들러리만 서는 것은 아닐지, 신중히 고민할 필요가 있겠습니다. 또한, 소위 공부머리가 트이는 시기는 아이들마다 천차만별이므로, 미취학 시기나 초등 저학년 때 지적 자극에 흥미를 느끼지 못한다고 해서 너무 실망할 필요도 없습니다. 끝날 때까지는 끝난 게 아닌 것이 입시입니다.

사고력 수학

영재교육과 밀접한 관련이 있는 대치동 사교육의 중요한 축입니다. 먼저 이론을 배우고 이를 문제풀이에 적용하는 교과 수학과는 달리, 교과 내용을 이론을 통해 배우지 않더라도 창의적인 생각으로 주어진 문제를 해결하는 훈련을 말합니다. 교과부가 2013년부터 '스토리텔링 수학'을 도입하면서 사고력 수학은 이와 관련한 커리큘럼으로 각광을 받게 되었습니다. 또한 이과 최상위 루트를 타기 위한 필수적인 과정으로 여겨지는 탓에 오래전부터 대치동 학원가의 핵심에 자리잡아 왔습니다. 외고 입시에 지필고사가 있었던 시절부터 창의사고력 문제 개발로 유명세를 떨쳤던 CMS 학원이 그 대표적인 예입니다. 그 내공을 바탕으로 탄탄한 교재 라인업을 구축하고, 학년을 무시한 레벨제 반 편성으로 교과 위주의 커리큘럼과는 차별화를 꾀했습니다. 이 학원이 사고력 수학이라는 카테고리를 정착시켰다고 해도 과언이 아닐 정도입니다. 물론 수 많은 다른 학원들도 사고력 수학 커리큘럼을 갖추고 있습니다. "대치동 초등학생들의 상위 50%는 적어도 2년은 사고력 수학을 하죠. 물론 교과 수학과 병행해서요." 대치동 초등부 수학학원에서만 십수 년 활약해온 관계자의 말입니다.

그럼 교과 수학만으로는 정말 부족한 것일까요? 가장 이상적인 케이스는 아이가 다양한 문제 환경에 노출되어, 여유 있게 생각하며 문제를 해결하는 사고력 수학과 교과 선행이 시너지를 일으키는 것입니다. 학년이 높아지면서 어려운 개념이 등장할 때 이를 맹목적으로 받아들이기보다는 스스로 이해할 수 있는 체력을 기른다는 것이지요.

그러나 당장 급한 교과 수학도 버거워하는 아이를 둔 경우, 학부모님의 고민은 깊어집니다. 개념부터 천천히 익히고 스스로 생각하는 힘을 초등 저학년 때 길러줘야 나중에 심화 문제를 풀 때 도움이 된다는 말은 너무나 타당해 보입니다. 하지만 당장 중학교 진학이 코 앞으로 다가오면 선행을 위주로 한 교과 수학의 비중이 높아질 수밖에 없지요. 뭐든 다 할 수 있다면 좋겠지만 언제나 중요한 것은 현 시기의 중요성과 우선순위라는 걸 기억하셔야 합니다.

게다가 사고력 수학은 가르치는 사람의 역량도 중요합니다. 같은 문제를 수 없이 다양한 방식으로 접근하여 풀 수 있다는 점이 사고력 수학의 핵심인데, 사실 그 정도 수학 실력을 갖춘 강사는 흔치 않습니다. 아이에게서 그런 문제 해결 능력을 이끌어낼 수 있느냐는 차치하고 말입니다. 따라서 많은 경우, 어려운 문제에 대한 정해진 풀이법을 익히게 하는 정도에 그치고 맙니다. 이렇게 되면 교과 수학의 연장선이나 다름이 없겠지요.

교과 수학

'입시의 꽃은 수학'이라는 명제는 예나 지금이나 변함이 없습니다. 따라서 입시열이 높은 한국에서 수학 선행은 어찌보면 자연스러운 현상이고, 대치동만의 문제라고 보기 힘들 정도로 전국적으로 보편화되어 있습니다. 하지만 역시, 대치동만큼 수학 교과 선행이 전 학년에 걸쳐 과도하게 이루어지는 곳은 없는 것 같습니다. '영어유치원과 예체능 클럽으로 시작해 초등 저학년까지 영어와 예체능을 끝내놓고 4학년부터는 교과 수학, 특히 선행 위주의 사교육에 집중한다'가 일반적인 대치동 로드맵입니다.

초등 4학년까지 중3 과정을 끝내고 5학년에 고1 과정에 들어가는 게 결코 빠른 진도가 아닐 정도이다 보니, 미리 선행 루트에 탑승하지 못한 학생은 학원에 입학하는 것 자체가 불가능한 경우가 허다합니다. 학원 입학을 위해서 과외를 병행하는 것도 흔히 볼 수 있지요. 막상 학원에 들어가서도 엄청난 양의 숙제와 타이트한 관리가 기다리고 있습니다. 주어진 학습량을 소화하지 못하면 아예 집을 보내주지 않는 학원도 많습니다. 숙제를 다 해가지 못하면 수강이 취소되니, 숙제도우미를 붙이는 경우도 생깁니다.

대체 왜 이렇게까지 선행에 목숨을 거는 것일까요?

사교육의 모든 트렌드는 최상위권 학생의 행보를 쫓아가는 것으로 형성됩니다. 과도한 선행의 일차적인 이유는 KMO(수학 올림피아드), 영재고, 과학고 코스, 더 넓게는 자사고 입시까지 대비하려는 욕구가 크기 때문입니다.

게다가 8학군 중학교는 내신 문제 또한 다른 지역에 비해 훨씬 어렵습니다. 미리 공부하지 않은 상태에서 학교에서 처음 개념을 배우고, 교과서의 기본 문제로 실력을 쌓은 다음 시험에 출제되는 심화 문제까지 풀어낸다? 소수의 뛰어난 학생들이 아니고서는 사실상 역부족입니다. 그러니 수학학원을 2개씩, 때로는 3개씩 다니고 거기에 숙제도우미까지 동원되는 사례가 등장하는 것이지요. 일단은 학교에서 배우는 기본 교과목 학원, 거기에 사고력 수학, 그리고 강도 높은 선행학원까지.

이렇게 집중적인 훈련을 받지만 막상 학년이 올라가니 계산 실수가 발목을 잡더라는 선배 엄마들의 한탄에, 한 가지 숙제가 더 추가됩니다. 바로 연산 훈련입니다. 미취학 시기부터 교구를 활용한 연산, 도형 훈련이 성행할 수밖에 없는 이유입니다. 학원에 보내지 않고 따로 연산 훈련 책을 활용해 집에서 아이를 가르치는 학부모님들도 많습니다.

과연 이 모든 과정을 소화해낼 수 있는 학생이 전체의 몇 퍼센트나 될까요? 모두가 상위 2%의 영재들이 가는 코스를 노리고 선행에 뛰어드니 과연 어디까지 가야 할지 중심을 잡기가 쉽지만은 않습니다.

대치동과 같이 모두가 선행을 하는 환경이라면, 어느 정도의 선행은 사실 불가피한 면이 있습니다. 타고난 지능이 훌륭한데도 선행 경험이 없어서 첫 시험부터 좌절감을 맛보고 '어, 나는 수학에 재능이 없나 봐'라고 오판하면 곤란하니까요.

단, 과할 경우 오히려 배워야 할 기본 개념을 제때 다지지 못하는 결과를 낳을 수도 있습니다. 수박 겉핥기 식으로 상위 학년의 내용을 한 귀로 듣고 한 귀로 흘리게 되면, 극소수 수학 천재들의 들러리를 서다 자신감만 잃을 수도 있습니다. 이 교재, 저 교재 정리가 되지 않아 배운 내용을 자기 것으로 소화하지 못하는 경우도 허다합니다. 현재 배우는 교과 내용을 충실히 다지는 동시에 한 학기 정도의 선행을 기본 단위로 삼는 것이 좋습니다. 그 이상의 선행은 학생의 역량을 잘 고려하여 판단해야 합니다.

영어유치원/어학원

수능 영어가 절대평가로 전환되어 그 중요도가 낮아진 상황이지만, 여전히 영어는 '당연히 기본으로' 잘해야 하는 과목입니다. 그리고 '미리' 끝내놓아야 하는 과목입니다. 영어유치원을 기본으로, 이른 나이부터 영어를 시작해야 본격적으로 내신 경쟁이 시작되는 중학교 입학 전까지는 끝낼 수 있다는 것이지요. 중학교에 입학하면 내신 기간에만 시험 대비 특강을 듣는 패턴으로 전환하는 것이 일반적입니다. 입시에서 수학과 과학의 부담이 크므로 중학교, 고등학교에 가서는 영어 공부에 시간을 투자하기 힘듭니다.

거꾸로 이야기하면, 그만큼 미취학, 초등 저학년 학생들의 영어 학습 양이 많다는 이야깁니다. 조기 유학이 붐이었던 예전만큼은 아니지만 어학연수를 보내는 경우도 여전히 많고, 초등학생의 토플 점수가 만점에 육박하는 사례는 그리 놀라운 일도 아닙니다. 대치동에서 어지간히 영어를 잘해서는 '잘한다'라는 이야기를 듣기 힘듭니다. 일상생활에서 완벽한 회화를 구사하더라도, 텝스나 토플 시험에 등장하는 수준 높은 단어들을 익히고 이를 난이도 높은 맥락 속에서 이해하는 것은 완전히 다른 이야기이기 때문입니다.

수학의 과도한 선행만큼, 영어도 아이의 수준보다 한참 어려운 교재와 내용을 배우는 경우가 많고, 숙제의 양도 가히 살인적입니다. 남학생의 경우, 일반적으로 여학생보다는 어학에 흥미를 덜 느끼는 데다 성실도 면에서도 뒤처지기 때문에 어학원 체제에 적응하지 못하고 그만두는 경우가 많습니다.

입시의 흐름을 빠르게 파악한 부모님들은 초등학교 고학년부터는 회화 위주의 어학원이 아닌 한국식 문법과 단어 암기를 강화한 학원으로 전환하기도 합니다. 여전히 중학교 내신 문제는 과거 세대의 문법 위주 문제가 출제되므로 초등학교 4, 5학년부터는 이른바 한국식 문법 교육을 시작하는 것입니다. 이 과정을 놓친 경우, 외고 입시의 관건인 중등 내신에서 낭패를 보거나, 고교에 진학해서도 '발음은 원어민인데 수능 모의고사는 3등급'을 받는 결과를 낳기도 합니다.

사실 아무리 생활영어를 잘 한다고 해도 아직 초등학교도 졸업하지 않은 아이가 깊이 있는 내용이 담긴 영어 지문을 읽어내기란 쉽지 않습니다. 그런데 대부분의 어학원들은 아이의 지적 능력과 영어 수준보다 한참 더 어려운 교재로 부모님과 학생의 기를 죽입니다. 그리고 압도적인 숙제 양으로, 꼼꼼한 해석보다는 '느낌으로' 문제를 푸는 의미 없는 훈련만 반복하게 합니다.

지나치게 어려운 교재와 과도한 양의 숙제로 아이가 얻는 것은 거의 없습니다. 오히려 잃는 것이 많습니다. 빠른 시간에 많은 양을 읽어내야 하니, 정확한 해석보다는 아는 단어들을 띄엄띄엄 이은 다음, 느낌으로 추측해 문제를 푸는 '상상 독해'의 습관을 들이게 됩니다. 국어와 마찬가지로 영어도 한 문장 한 문장, 정확하게 뜻을 이해하는 습관을 기르는 것이 중요합니다. 특히 수능 지문과 같이 어려운 내용이 한 단락 속에 함축적으로 녹아 든 경우, 어느 하나 중요하지 않은 문장이 없습니다. 모든 문장이 지문 내에서 중요한 기능을 한다고 보셔야 합니다. 어학원 시스템에 길들여진 아이들은 한 문장 한 문장을 차근차근 해석하는 것을 힘들어 합니다. 그래서 대치동에는 의외로 고학년이 되어서 영어 성적이 하락하는 친구들이 많습니다. 그동안 감으로 풀었던 문제들이 더 이상 풀리지 않는 때가 오기 때문입니다.

중등부: 특목, 자사고 입시를 준비하거나 질풍노도의 시기에 접어들거나

정도의 차이는 있지만 초등 5학년~중학 2학년까지 많은 아이들이 사춘기를 겪습니다. 엄마가 가리키는 방향으로 군말 없이 달려갔던 아이들이 반항을 시작하면서 영재고, 특목고, 자사고로 대표되는 명문고교 입시에도 빨간 불이 켜집니다. 교육특구 대치동에서도 학원을 거의 다니지 않는 학생이 생겨나게 됩니다. 대치동이 자랑하는 다양한 종류의 사교육들이 교과 위주, 특히 수학 위주로 정돈되는 시기이기도 합니다.

이 시기를 순탄하게 넘기는 학생들은 대부분 고교 입시에 사활을 걸게 됩니다. 각자 목표로 하는 고등학교의 입시에 맞춰 그에 특화된 학원을 수강하는 것이 일반적이지요. 무엇보다, 영재고/과학고 입시를 준비하는 학생들은 인생 그 어느 때보다 더 많은 공부를 하게 될 것입니다. 학원비가 눈덩이처럼 불어나는 것도 바로 영재고 입시 때문입니다. 고교에 진학해서는 이 정도의 사교육비가 들 일이 없습니다. 각종 조사에서 사교육비 지출이 가장 많은 때가 중학생 시기로 나타나는 것도 놀랄 일이 아니지요.

영재고 입시가 4월에 이루어지고 뒤이어 과학고 입시가 있으므로 보통은 영재고에 먼저 지원한 후 떨어지면 과학고를 준비하는 편입니다. 대개 초등학교 5학년~중학교 2학년 동안 학원에서 수학 올림피아드KMO를 준비하고, 물리 올림피아드, 화학 올림피아드에 추가로 도전합니다. 대치동 학원가에서는 흔히 KMO 수상이 합격에 필수인 것처럼 말하지만 이는 전혀 사실과 다릅니다. (물론, 수상 여부와 관계없이 경시대회는 준비 과정 자체가 영재고, 과학고 커리큘럼과 맥을 함께 하고 있으므로, 향후 이들 학교에 진학했을 때 도움이 되는 것만은 사실입니다.)

고교 입시 준비와 아울러 수학 선행도 반드시 병행됩니다. 영재학교는 선행학습 금지법을 적용 받지 않기 때문에, 지필고사에 상당히 어려운 수준의 고교 과정 문제가 출제되는 까닭입니다. 물론 출제 학교에서는 중등 교과 학습만으로도 충분히 풀리는 문제라고 하나, 극소수의 수학 천재가 아니라면 선행 없이 자력으로 입시 문제를 풀어내기란 쉽지 않습니다. 또한, 수능 준비를 완전히 배제할 수도 없으므로 이래저래 수학 선행은 빠뜨릴 수 없는 필수 과제가 됩니다.

이들 영재고/과학고 준비생들은 결국 중등 내신 공부 + 고교 수학 선행 + 경시대회 준비의 3가지 토끼를 다 잡아야 하는 과제를 안게 됩니다. 학생의 역량이 받쳐주지 않는 경우 오히려 기본 교과 과정에 구멍이 생기기 쉽습니다. 모두가 경시대회에서 입상할 수 없는 만큼 절대다수의 학생들은 들러리를 서게 마련입니다. 매년 800명 정도의 영재고 선발에 지원자는 10,000명을 훌쩍 넘깁니다.[1] 입시에 실패한 학생들은 단순히 시간과 돈만 낭비한 것이 아니라 기본 개념을 제때 탄탄히 다지지 못해 고교 과정에서 낭패를 보게 됩니다. 이뿐리, 이런 나이에 근 실패의 경험을 하게 되어 이것이 트라우마로 남는 학생들도 많습니다. 확실한 승산이 있지 않다면 영재고 입시는 쉽게 시작해서는 안 됩니다.

여러 이유로 이 엘리트 코스를 포기하고 일반고를 염두에 두더라도 대치동 학부모들이 끝까지 포기하지 못하는 것이 바로 수학학원입니다. 수학학원의 선택에 있어서는 강사의 강의력 뿐 아니라 관리력도 중요한 부분입니다. 학원에서 강의를 듣고 학생이 집에서 푼 숙제를 팩스로 제출하는 방식으로 유명해진 블루스카이 학원은 여전히 대기 줄이 깁니다. 강의 위주에서 자기주도 학습이 가미된 형태로 진화한 대표적인 케이스로, 이러한 트렌드는 고등부 학원으로 이어지고 있습니다.

---

1 2018년 기준, 789명 모집에 11,388명이 지원(경쟁률 14.43).

중학교는 일찌감치 진로를 결정한 학생들이 자신의 진로에 맞춘 독서 리스트와 창의적 체험활동(동아리 등) 등을 시도해보는 시기이기도 합니다. 고등학교에 입학하자 마자 진로희망사항을 제출하고 이것이 그대로 생활기록부에 기재되는 현실을 감안하면, 중학생 입시 컨설팅이 성행하는 것도 이해 못할 일은 아닙니다. 특목고와 자사고를 대비한 생기부 관리가 아니더라도 중학교 단계에서 미리 학생부 종합 전형의 큰 가닥을 잡는 것은 오히려 대입을 위한 바람직한 방향이라고 생각됩니다. 지속적인 관리까지는 받지 않더라도 한 번 정도 컨설팅을 받는 것은 나쁘지 않습니다.

　사실 일부 뛰어난 학생들을 제외한 대다수의 중학생들에게는 버거운 영재고 입시를 준비하기보다는 중등 과정을 확실하게 다지고 1학기 정도의 고교 선행을 해두는 것이 유리합니다. 수능이 입시의 전부라면 고3이 되어서 입시 준비에 뛰어들어도 괜찮습니다. 그러나 지금은 이른바 '학종 시대'입니다. 고등학교에 들어가자마자의 기록이 입시에 반영되는 것입니다. 각종 경시대회니 토플이니 하는 불필요한 스펙 준비로 에너지를 분산시키지 말고 가능한 이른 시기에 본인에게 맞는 고등학교를 가늠하고 현실적인 입시 준비에 들어가는 것이 중학교 시기를 현명하게 보내는 방법입니다.

고등부: 고교 입시에서의 성공과 실패가 뒤집어지는 입시의 마지막 단계

　특목, 자사고 입시에 실패하든 성공하든, 중3 겨울방학부터 시작되는 입시 준비는 다시금 모든 학생과 학부모들을 꿈꾸게 합니다. 이제까지의 아픈 과거는 대입에 반영되지 않기 때문입니다.

내신학원

　학생부 위주의 수시 전형이 70%가 넘는 상황에서 각 학교 내신에 특화된 학원들이 수능학원만큼 많아진 것은 당연한 일일 것입니다. 특히 강남 지역의 내신 문제는 범위부터 타 지역 고등학교와는 비교도 할 수 없을 정도로 넓고 난이도도 높습니다. 풀어야 하는 문항수도 많아, 빠른 시간 내에 문제를 풀어내는 훈련까지 이루어지지 않으면 치열한 내신 경쟁에서 낙오되기 쉽습니다. 이렇다 보니 내신 전문학원에서는 각 학교의 내신 기출 문제(이른바 족보)를 분석하고 책만큼 두꺼운 예상 문제를 풀리게 하는 것은 말할 것도 없고, 법정 학원 교습 시간인 밤 10시를 넘겨 불법으로 학생들을 붙잡아두는 경우도 많습니다. 워낙 학생들이 학원에서 내신 준비를 철저히 하기 때문에, 각 학교의 선생님들은 학원의 예상 문제에서 벗어난 문제를 출제하려 애쓸 수밖에 없고, 이는 다시 매우 지엽적이고 난해하게 꼬인 문제를 출제하게 되는 악순환으로 이어집니다. 8학군 내신의 난이도는 이렇게 여러 차원에서 상승합니다.

고1이 되어 처음 보는 학교 시험이라면 학교 근처의 유명 내신학원에서 기출 문제와 예상 문제를 제공받고 시험 준비를 하는 것이 분명히 도움이 됩니다. 예상 문제가 적중하지 않더라도 적어도 심적으로 덜 불안한 상태에서 시험을 치를 수 있으니까요. 그러나 어느 정도 학교의 경향을 파악하고 나면 학원을 오래 다닐 필요는 없습니다. 굳이 학원의 도움을 받지 않더라도 각 학교의 홈페이지나 도서관에서 전 학년도의 기출 문제를 구해볼 수 있습니다.

사실, 내신이 완벽한 학생들의 진짜 비법은 따로 있습니다. 바로, '선생님의 모든 말씀을 귀 기울여 듣고 농담까지 다 받아 적는 것'입니다. 일부 독자 분들은 '뭐야, 그런 뻔한 이야기를 비법이라니'라고 말씀하실지 모릅니다. 그런데 제가 지도한 내신 평점 1점대의 제자들은 모두 같은 이야기를 했습니다. "문제를 선생님이 내시는데, 선생님이 말씀하시는 건 다 필기해야죠. 핵심 키워드만 요약해서 필기하는 게 아니라 말씀하시는 그대로 일단 다 받아 적어요."

수업 시간에 100% 몰입하고 집중하는 자세는 교과목 선생님께도 좋은 인상을 남깁니다. 학생부 종합 위주의 현재 대학 입시

에서 가장 중요한 학교생활기록부의 '교과학습 발달사항 - 세부
능력과 특기사항'(이른바 '세특')을 작성해주시는 분이 바로 이 교
과 선생님들입니다. 당연히 수업에 집중하지 않는 학생에게는
좋은 평가가 주어지기 힘듭니다.

내신 관리가 철저한 학생들은 대학에 진학해서도 학점 경쟁
에서 우위를 보입니다. 그리고 똑같은 증언을 합니다. "교수님이
말씀하시는 건 문장의 형태로 그대로 받아 적습니다. 요점 정리
니 키워드만 적어서는 안 됩니다."[2]

수능학원

내신 관리는 기본이고, 수행평가와 동아리활동, 각종 교내 대
회 준비까지 요즘 고등학생들은 몸이 열 개라도 부족합니다. 그
래서 수능 준비가 늦어지는 경우가 많습니다. 수능학원 수강은
따라서 방학 기간, 그리고 고2 겨울방학 이후부터 집중적으로 시
작됩니다. 요즘은 대치동의 유명 강사들이 대부분 인터넷 강의
를 병행하므로 전국 어디에서도 인터넷 강의로 사교육의 혜택을
누릴 수 있습니다. 그런데 대치동은 예외입니다. 인강 수강율이
높지 않습니다. 왜일까요? 전국적으로 유명하지는 않더라도 나

---

2 2015년 방영된 EBS 다큐프라임 〈시험 - 서울대 A+의 조건〉에서, 서울대 2, 3학년 학생
   중 2학기 이상 A+를 받은 상위 1% 학생들의 시험 공부법을 분석한 결과입니다.

만 아는 '숨은 고수'의 소규모 수업을 선호하는 심리도 있고, 유명 인강 강사의 똑같은 수업이라도 현강(현장 강의)에서는 보충자료를 더 제공하는 경우가 많아 학원 현장 강의를 선호하는 것입니다. 평균적인 다수를 대상으로 하는 인터넷 강의는 속성상, 최상위권 학생들의 구미에 맞는 난이도가 높은 강의를 제공하기는 어려운 점이 있습니다. 어릴 때부터 사교육에 단련된 대치동 학생들은 쉽고 대중적인 강의보다는 자신의 수준과 맞지 않더라도 어려운 강의를 선호하는 탓에 인강 수강율이 높지 않은 것입니다. 물론 최근에는 인터넷 강의의 레벨 구성과 커리큘럼도 다양해져, 최상위 학생들을 겨냥한 강의도 개설되는 추세이지만, '나만의 대치동 선생님'을 원하는 심리는 완전히 없어지지는 않을 것 같습니다.

철저하게 레벨이 나뉘어져 소수정예로 이루어지는 내신/선행 보습학원 수업과 달리, 수능학원의 단과 강의는 대개 수준이 나뉘지 않은 대형 강의인 경우가 많습니다. 인기 강사의 수업일수록 그렇습니다. 100명 넘게 수용하는 대형 강의실 2곳을 강사가 로테이션으로 돌기도 합니다. 한 강의실에서 강사가 강의를 하는 동안, 나머지 강의실에서는 학생들이 문제를 풉니다. 이후 반을 바꾸어 문제를 풀었던 반에 강사가 해설 강의를 하러 오는 식입니다.

굳이 이렇게까지 현장 강의를 들어야 할까요? 저는 의문이 듭니다. 현장 강의에서만 가능한 테스트 관리와 추가 문제는 분명 큰 메리트입니다. (모 영어 강사의 수업은 수업 전 단어 테스트에 통과하지 못하면 아예 쫓겨나기도 합니다.) 그러나 조금만 자기관리 능력이 있다면 강의는 인강으로 대체하고 좀 더 본인의 자습시간을 확보하는 편이 나을 것입니다.

관리형 자습관

최근 2~3년 전부터 대치동에서는 이러한 인기 강의 위주 학원 트렌드에서 한 발 더 진화된 형태의 '러셀 자습관'이 큰 인기를 끌고 있습니다. 즉, 강의만 듣는 것이 아니라 자습까지 학원에서 관리 받는 것입니다. 담임제가 잘 발달되어 생활 관리, 학습 관리와 입시 지도까지 이루어지는 기숙형 재수학원, 그리고 자신만의 공부 시간이 필요하다는 반성에서 한때 큰 인기를 끌었던 독학재수학원에서 유래한 형태입니다. 자습관 수강생들은 담임을 지정 받은 후 출결 관리는 물론 학습 계획을 점검 받고 모의고사도 응시합니다. 더 나아가 수시, 정시 원서를 쓸 때 컨설팅까지 받게 됩니다.

강의를 듣기만 하고 자기 것으로 만드는 시간이 부족했던 대치동 학생들에게 이러한 자습관의 출현은 사뭇 신선한 것이었고, 예상 밖으로 큰 호응을 얻어 타 지역까지 확산되는 추세입니다.

사실 자기주도형 학원은 새로운 모델은 아닙니다. 이미 10여년 전부터, 1 대 다수의 수업은 최소화하고 학원에 와서는 질의응답만 하는 관리형 학원이 존재해왔습니다. 문제는, 관리의 품질이었습니다. 경험이 많은 전문인력이 아닌 대학생 조교가 아르바이트 식으로 질의응답과 자습을 관리하는 경우가 많았던 것이지요. 자연스레 관리체제에 헛점이 생기고, 이런 헛점은 종종 하위권 학생들에게 도피처로 악용됩니다. 가혹한 상위권 위주의 학원체제에 적응하지 못한 하위권 학생들이 여러 학원을 전전하다 마지막으로 찾는 편안한 안식처가 되는 것입니다.

그런데 자기주도학습은 사실 하위권보다는 상위권 학생들에게 필요한 모델입니다. 어느 정도 배운 내용이 많고 이를 자기 것으로 만들 시간이 필요한 상위권 학생들은 과도한 수업을 원하지 않습니다. 대신 쾌적한 자습 공간과 적절한 통제(핸드폰 반납, 출결 관리 등), 그리고 입시 컨설팅을 원합니다. (최상위권 재수생들이 전통적으로 선호해온 강남대성학원은 이를 잘 파악하고, 수능 막바지에는 수업을 강제로 듣지 않아도 되도록 탄력적으로 운영하는 것으로 유명합니다.)

러셀 자습관의 성공은 최상위권 학생들의 니즈를 정확하게 파악하고, 일방적인 학원 강의라는 단일 상품에서 벗어나 '자습 관리'를 또 하나의 상품으로 잘 만들어낸 데에서 비롯합니다. 아울러 품질이 뒷받침되었기에 대치동의 트렌드마저 바꿀 수 있었습니다.

모의고사의 시대

몇 년 전, 소수의 최상위권 고3, 재수생들이 모여 활동하는 것으로 유명했던 커뮤니티 '오르비'에서 시작된 자작自作 개인 수학 모의고사 열풍은 최고난이도 킬러 문항 적중으로 유명해진 '장영진 모의고사'를 거쳐 이제 많은 유명 강사들이 자신의 이름을 걸고 모의고사를 출제하는 트렌드로까지 발전했습니다. 기존의 평가원, 교육청 모의고사와 대성, 종로 등의 사설 모의고사가 있음에도 개인이 출제하는 모의고사가 열풍을 일으킨 이유는 바로 수능 문제 중 난이도가 가장 높은 '킬러 문항' 때문입니다. 보통 2~3문제가 출제되는 이 킬러 문항에 집중한 고난이도 모의고사가 등장하면서, 개별 강사뿐만 아니라 학원 차원에서도 모의고사를 개발하려는 움직임이 시작되었습니다.

특히 기존의 단과학원들이 유명 강사들을 유치하고 수업을 개설하는 것에만 집중할 때, 수학뿐 아니라 과학탐구 각 과목의 모의고사 개발에 많은 투자를 기울여 현재 대치동 제1의 학원으로 급부상한 '시대인재 학원'이야 말로 모의고사 시대를 대표하고 있습니다. 일반적인 모의고사에서 한 단계 더 높은 수준의 고난도 모의고사를 원했던 최상위권 이과 학생들이 집중되면서, 이 학원은 내친 김에 재수반까지 그 영역을 확장했습니다. 직접 개발한 양질의 모의고사로 무장하고, 기숙 재수학원, 관리형 자습관의 전문인력까지 스카웃해 단숨에 최상위권 학생들을 쓸어가는 기염을 토했죠. 10여 년이 넘게 대치동 최고의 재수학원으로 군림해온 '강남대성학원'의 아성이 흔들리기 시작한다는 사실은 제게도 만감이 교차하는 일이었습니다. 결국 사교육의 흐름은 소수의 최상위권 학생들이 주도하고 나머지 학생들은 이를 따라가게 되어 있다는 사실이 다시금 입증된 사례라 하겠습니다.

그렇다면 왜 모의고사가 핵심으로 대두했을까요? 불과 몇 년 전까지만 해도 상위권을 위한 양질의 모의고사를 구하기가 힘들었기 때문입니다. 그리고 이미 개념 정리와 기출 문제 풀이가 끝난 최상위권 학생들이 좀 더 까다로운 킬러 문항을 많이 풀어보기를 원했기 때문입니다. 포카칩 모의고사, 이해원 모의고사, 한석원 모의고사 등, 까다롭고 난해한 문항으로 유명한 모의고사들이 상위권 학생들을 중심으로 입소문을 타자 나머지 학생들도 이 흐름에 편승했습니다. 국어의 경우, 김봉소 모의고사가 수능 적중율로 유명세를 타며 모의고사 열풍을 부추겼습니다.

그런데 사실 모의고사가 이렇게까지 많이 필요한 것은 아닙니다. 이미 개념 정리와 기본 문제 풀이가 끝난 최상위권 학생들이 아니라면 평소에는 평가원 모의고사와 기존 사설 모의고사만으로 충분합니다. 단 수능 한 달 전부터는, 수능장의 시간과 환경에 최대한 가깝게 만들고 시험을 보는 훈련을 하면 좋습니다. 입수하기 힘들었던 모의고사들도 요즘은 시중에 많이 출시되고 있으니 굳이 학원에 다니지 않더라도 양질의 문제를 입수해 풀 수 있습니다.

입시 컨설팅

수능 하나만으로 입시가 판가름 나던 시절, 입시 컨설팅은 주로 '대입 원서 작성'에 집중되어 있었습니다. 즉, 주어진 성적으로 지원할 수 있는 최상의 조합을 찾아내는 영역입니다. 숨어 있는 전형을 찾아내고, 마지막까지 눈치 직진으로 지원을 노와주던 입시 지원 컨설팅은 최근 몇 년간 대형 입시 사이트에서 개발된 모의지원 서비스로 상당 부분 대중화되었습니다. 자신의 수능 점수를 입력하면 지원 가능한 대학 학과와 합격 가능성이 자동으로 도출되는 시스템입니다.

전문가가 개입하는 입시 컨설팅은 최근에는 수시, 특히 학생부 전형의 확대로 학교생활기록부(생기부) 관리, 동아리활동 및 독서 목록 관리, 더 나아가 소논문 작성 등의 스펙 관리를 담당하는 컨설팅으로 발전했습니다. 어떤 학원에서 무슨 수업을 들어야 할지 정해주고 그 학원의 진도 체크도 해줍니다. 한 번 컨설팅을 받는 데 50만 원 정도를 받는 것이 일반적입니다. 인기를 끌었던 드라마 〈스카이캐슬〉에 등장하는 소위 '코디'란 이러한 입시 컨설턴트를 모델로 한 것입니다. 과장된 면이 있지만, 실제로 존재하는 직업군입니다.

문제는, 수시의 비중이 높은 만큼 비교과 영역의 준비에도 만전을 기해야 하겠지만, 지나치면 오히려 가장 중요한 내신 관리, 그리고 수능 준비에 소홀해질 위험이 있다는 점입니다. 아무리 컨설팅을 받고 그 방향대로 학생부 전형을 준비한다고 해도, 정작 내신 성적이나 수능 성적이 낮은 상태에서 갈 수 있는 상위권 대학은 극히 적습니다. 결국 좋은 대학을 가는 길은 '공부'를 잘하는 것입니다. 큰 방향을 설정하는 데 도움을 받을 수는 있겠지만, 본말이 전도되는 일이 없도록 주의하셔야 합니다.

재수는 필수? "나 '강대' ○○반 다녀"

대치동에서 흔히 들을 수 있는 말이 있습니다. "나 강대 ○○반 (최상위반) 다녀", "우리 애 시대인재 재종 들어갔어요", "나 이번에 서메 의대관 붙었어".

연대도 고대도 아닌 '강대'는 바로 '강남대성학원'의 줄임말입니다. 10여 년간 전국의 최상위권 재수생들을 독점하며 군림해 온 명문 재수학원입니다. '시대인재' 역시, 강대의 아성을 위협하며 대치동 최상위권이 선호하는 재수학원으로 자리매김했습니다. '서메'는 서초메가스터디 학원의 줄임말로, 이과 재수반 중 탑클래스를 자랑합니다. 어찌 되었든 바로 대학에 들어가지 못하고 재수학원에 다닌다는 것을 자랑스럽게 이야기하다니, 의아하실 겁니다.

그러나 대치동의 정서를 알면 꼭 그렇지만도 않습니다. 여러 가지 이유로 8학군 학생들은 재수 비율이 높습니다. 재수학원에 들어가는 것부터 또 다른 경쟁입니다. 그러니, 최상위권 학생들을 먼저 데려간 학원에서 좋은 입시 결과가 나옵니다. 2018년 입시 기준, 강남대성학원은 서울대에 200명을 합격시켰다고 합니다. 서울대 의예과 정시 정원 30명 중 13명을 배출했다고도 합니다.[3] 학원가는 철저하게 최상위권 학생들의 움직임을 따라갑니다. 나에게 맞지 않는 학원이라도 1등하는 친구가 다니는 학원이면 일단 따라가고 봅니다. 그러니 더욱 문전성시를 이루는 것이겠지요.

그런데 재수를 하면서까지 학원의 간판이 중요할까요? 국가가 어떠한 지원도 해주지 않는 재수 비용은 오롯이 학부모의 부담입니다. 그러므로 실리적이고 합리적인 결정이 필요합니다. 성적이 좋은 경우, 수강료 100%를 장학금으로 지급하는 학원도 있습니다. 자기통제력이 부족한 경우, 기숙학원도 대안이 될 수 있습니다. 유명 학원의 높은 반으로 배정받지 못할 성적이라면 여타의 다양한 학원들로 눈을 돌려보는 것도 좋겠습니다.

---

3 강남대성학원 홈페이지 참조.

8학군 입시 실적,
그것이 궁금하다

교육특구 대치동은
과연 그 이름값을 할까?

이에 대한 대답은 "예"이기도 하고 "아니요"이기도 합니다.

부족함 없는 부모의 지원과 학생의 열의가 만나 올바른 방향으로 나아가기만 한다면, 정규 학교 교육 외에 필요한 모든 서비스를 가까이에서 누릴 수 있습니다. 다양한 학생의 니즈에 맞는 세분화된 교과 학습은 물론, 학습 컨설팅, 진로 지도, 자습 관리도 받습니다. 각 학교의 면학 분위기도 타 지역과 비교할 수 없을 정도로 좋습니다.

그럼에도 무시 못할 단점 또한 존재합니다. 면학 분위기가 좋고 사교육이 발달되었다는 것은 나 말고 다른 친구들도 열심히 공부를 하고 있다는 뜻이겠지요. 자연스레 치열한 경쟁으로 내신 점수 관리가 어렵습니다. 교육열이 낮은 지역에서는 전과목 내신등급 평균이 1.1 혹은 1.2인 완벽한 학생부가 어렵지 않게 만들어지지만 특목, 자사고나 8학군 지역의 일반고에서는 쉽게 찾아보기 힘듭니다.

따라서 교육열이 높은 학교에서는 학생부 전형 중 내신 성적이 중심이 되는 학생부 교과 전형의 지원은 사실상 제쳐두고 입시 전략을 짜야 하는 것이 현실입니다. 학생부 교과 전형 합격자의 내신 평점은 거의 1점대 초반에 수렴하기 때문입니다.

지원할 수 있는 수시 전형이 학생부 종합 전형으로 압축되더라도 문제는 발생합니다. 소수의 탁월한 학생들을 제외하면 교내 대회 입상이나 리더십, 동아리활동 등, 학생부 종합 전형의 비교과 영역조차 치열한 내부 경쟁으로 관문이 좁아지기 때문입니다.

학생부 전형이 여의치 않은 경우 남은 선택지는 수능 위주의 정시 전형인데, 이 또한 학교 내신에서 벗어나 수능 공부에 올인할 수 있는 재수생에 밀려 쉬운 관문이 아닙니다. 재수생들은 이미 학생부 전형은 포기한 상태이므로, 수능 공부에 전력을 투구합니다. 재학생보다 수능 성적이 높을 수밖에 없습니다. 이러한 이유로 현역으로 원하는 대학에 들어가기가 오히려 어려운 곳이 바로 대치동입니다.

대치동 학생들의 재수 비율은 타 지역과 비교해 현저하게 높습니다. 2018년 입시 기준 재수 비율 상위 학교는 아래와 같습니다.

순위	학교명	학교 유형	소재지	재수 비율
1위	경기고	일반고	서울 강남구	73.2%
2위	해운대고	자사고	부산 해운대구	68.9%
3위	휘문고	자사고	서울 강남구	65.3%
4위	양정고	자사고	서울 양천구	60.8%
5위	중동고	자사고	서울 강남구	60.6%
6위	세화여고	자사고	서울 서초구	59.3%
7위	서현고	일반고	경기 성남시	59.1%
8위	단대부고	일반고	서울 강남구	58.6%
9위	경신고	자사고	대구 수성구	58.2%
10위	중산고	일반고	서울 강남구	57.4%
11위	반포고	일반고	서울 서초구	57.3%
12위	상산고	자사고(전국)	전북 전주시	57.2%
13위	청담고	일반고	서울 강남구	56.8%
14위	강서고	일반고	서울 양천구	56.5%
15위	현대고	자사고	서울 강남구	56.8%
16위	서초고	일반고	서울 서초구	56.0%
17위	신일고	자사고	서울 강북구	55.9%
18위	영동고	일반고	서울 강남구	55.1%
19위	경문고	자사고	서울 동작구	54.9%
20위	세화고	자사고	서울 서초구	54.2%

자료 출처: 교육전문신문 〈베리타스 알파〉

한 눈에 보아도 재수 비율이 높은 20개 학교 중 8학군과 자사고의 비중이 높은 것을 알 수 있습니다. 같은 출처에서 조사한 전국 재수 비율 평균 19.5%와 비교하면, 절반이 넘는 학생들이 재수를 선택하는 교육특구의 현실은 무언가 안타까움을 자아냅니다.

물론 8학군과 자사고의 재수 비율이 높은 것은 학생과 부모가 원하는 대학의 기준이 높기 때문이기도 합니다. 특히 최상위권 이과생들은 서울대에 합격히고도 다시 의대에 도전하기 위해 재수를 감행하는 경우가 많습니다.

이렇게 절반이 넘는 학생들이 재수를 하면서까지 얻어낸 입시 결과는 결국 다른 지역에 비해 뛰어날 수밖에 없습니다. 그런데, 애당초 뛰어난 학생들만 걸러서 들어간 학생들이 모인 학교라는 점을 감안하면 다음 2018년 서울대 최종 등록자[4] 출신 고교별 현황은 많은 생각을 하게 합니다.

---

4 최종 등록자는 단순한 합격자 수와 다릅니다. 대개 학생들이 수시 최대 6회, 정시 3회를 지원하는데 우수한 학생일수록 중복 합격이 일어납니다. 특히 자연계 최상위권 학생들은 의대와 서울대를 두고 끝까지 저울질하므로, 최종 등록자 인원은 중복 합격이 포함된 '합격자 숫자'에서 허수가 빠진 실제 인원이라고 생각하면 됩니다.

2018년 서울대 최종 등록자 출신 고교별 현황1 – 전체 고교

순위	학교	유형	수시	정시	전체
1	서울예고	특목고	65	2	67
2	서울과고	특목고	51	6	57
3	하나고	자사고	52	3	55
3	용인외대부고	자사고	31	24	55
5	대원외고	특목고	36	17	53
6	경기과고	특목고	50	1	51
7	대전과고	특목고	47	–	47
8	한영외고	특목고	25	9	34
9	세종과학예술영재학교	특목고	33	–	33
9	민족사관고	자사고	22	11	33
11	중동고	자사고	5	26	31
12	상산고	자사고	9	21	30
13	선화예고	특목고	29	–	29
13	대구과고	특목고	27	2	29
15	명덕외고	특목고	21	7	28
16	세종과고	특목고	21	6	27
17	세화고	자사고	6	20	26
18	강서고	일반고	6	18	24
19	국립국악고	특목고	23	–	23
19	한국과학영재학교	특목고	22	1	23

자료 출처: 자유한국당 전희경 의원실

2018년 서울대 최종 등록자 출신 고교별 현황1 – 일반고

순위	학교	수시	정시	전체
1	강서고	6	18	24
2	단대부고	8	11	19
3	숙명여고	6	11	17
	신성고	6	11	17
	한일고	8	9	17
6	경기고	7	9	16
	양서고	3	13	16
	공주사대부고	10	6	16
9	서울고	11	3	14
	화성고	3	11	14
11	한영고	11	2	13
	명덕고	6	7	13
13	영동고	7	5	12
	낙생고	4	8	12
	수지고	4	8	12
16	중산고	3	8	11
	진선여고	6	5	11
	대진고	4	7	11
	서문여고	6	5	11
	용산고	6	5	11
	서현고	7	4	11

자료 출처: 자유한국당 전희경 의원실

문제는, 과연 이렇게 고교 입시부터 치열한 경쟁을 하고, 다시 고등학교에서 뛰어난 학생들과 내신 경쟁을 한 후 서울대, 혹은 의대에 진학하는 것이 유일한 길인가 하는 점입니다. 특목 입시에 실패하면, 혹은 내신 관리에 실패하면 입시에 성공할 수 있는 길은 없는 것일까요? 변변한 학원도 없는 지역, 전교생의 반 이상이 학업을 포기하는 고등학교에서는 명문대에 진학하기 힘들까요? 절대로 그렇지만은 않습니다. 대학 합격증을 받는 그 순간까지 역전에 역전을 거듭하는 놀라운 드라마들이 펼쳐집니다.

'스카이캐슬'은 좁은 문,
의대 합격의 바른 길

"서울대 의대,
 제가 간 길이 가장 쉬웠더라고요."

제가 처음 선우(가명)를 만난 것은 선우가 고등학교 2학년 여름 방학을 맞이하던 때였습니다. 어머님과 함께 학원을 찾은 선우가 제 앞에 앉자마자 저는 저도 모르게 이렇게 이야기했습니다.

"선우야. 너는 서울의대 갈거야. 내 말을 믿어."

선우는 한 눈에 보기에도 표정이 단정했고, 시선이 또렷하고 눈이 빛났습니다. 말로 표현하지 않아도 그 아이의 온 존재가 무언가에 몰입해 있는 인상을 주었던 것이죠. 게다가 오랜 시간 의

자에 앉아 있는 훈련이 몸에 배어, 앉아 있는 자세에 안정감이 있었습니다. 무엇보다 중요한 것은 아이의 '기세'였습니다. 온화한 얼굴을 하고 수줍게 시선을 피하더라도 어쩔 수 없이 풍기게 되는 기운이 있습니다. 저는 이것을 기세라고 부릅니다. 대개 서울대에 합격하는 학생들은 아무리 왜소한 체구라고 해도 눈이 빛나고 기세가 강합니다.

과연 선우라는 학생은 강남의 한 일반고에서 전교 1등을 유지하고 있었습니다. 3학년 1학기 내신이 흔들리긴 했지만 지역균형 전형으로 당당히 서울대 의예과에 합격했습니다.

그런데 선우가 어릴 때부터 두각을 나타낸 것은 아닙니다. 어머님과 상담을 해보니 초등학생 때는 마냥 게임이 좋은, 평범한 개구쟁이 남학생이었다고 합니다. 선행 또한 5학년이 되어서부터 1학기씩 앞서 해둔 것이 다였고 그 흔한 사고력 수학, 과학실험 학원도 다니지 않았습니다. 영어도, 어학원에 다녀보긴 했지만 숙제를 다 해가지 못할 때가 많았고 독서토론 학원도 한 달 다니다가 어려워서 그만뒀습니다.

크게 선행을 하지 않았지만 중학교 1학년 중간고사에서 수학은 100점을 받았습니다. 전체 성적으로 따져도 반에서 상위권에 들었습니다. 뜻밖의 결과에 고무된 선우는 특목고 입시에 욕심을 내게 되었습니다. 대치동 학원을 다니기 시작한 것도 이때가 처음입니다. 막상 특목 대비반에 들어가려니 선행이 턱없이 부족해서 처음에는 거절을 당했지만 학교 내신 수학 점수가 높은 것을 눈여겨본 강사의 허락으로 들어갈 수 있었다고 합니다.

결과적으로 선우는 특목고 입시에 실패했습니다. 하지만 이것이 오히려 전화위복의 계기가 되었습니다. 일반고에 진학하여 절치부심 노력한 결과, 큰 어려움 없이 현역으로 서울의대에 합격한 것이죠. 내신 경쟁이 치열한 특목, 자사고와 달리 일반고는 내신 확보가 수월한 편입니다. 전교 1등을 유지함과 동시에 교내 경시대회 또한 내신과 교과 내용으로 연계되어 있어 자연스럽게 수상 성적을 기록할 수 있었습니다. 수능은 고2부터 집중적으로 준비해, 지역균형 전형의 수능최저학력 기준인 '4개 영역 중 3개 영역 이상 2등급 이내'를 무난히 맞췄습니다. 별다른 올림피아드 수상 기록도 없이, 어찌 보면 선우는 의대 입시의 가장 넓은 길을 성공적으로 간 셈입니다. 그 길은 바로 일반고 전교 1등으로 학교장 추천을 받아 지역균형 전형으로 합격하는 길입니다. 각 고교 학교장이 2명까지 추천할 수 있는 수시 지역균형 전형은 학교장 추천이 없어 누구나 지원할 수 있는 일반전형에 비해 경쟁률이 낮습니다. 일반전형에서는 다수의 특목고 출신들과 경쟁해야 하는데, 지역균형 전형은 그렇지 않습니다. 수능최저학력기준이 적용되면 내신만 좋고 수능은 약한 학생들이 떨어져, 실제 경쟁률은 더욱 낮아집니다. 따라서 합격 가능성이 높은 것입니다.

드라마 〈스카이캐슬〉에 등장하는 학생들은 유명 자사고에서 서울의대 진학을 꿈꾸고 있습니다. 이는 매우 그럴듯한 설정으로, 작가의 사전 조사가 치밀함에 저도 놀랐을 정도입니다. 전통적으로 의대 입시에서 강세를 보이는 상산고와 외대부고는 모두 전국 단위 자사고입니다. 전국에서 수능 평균 성적이 가장 높으며, 거의 매년 전교생 150여 명 중 의학계열 합격생을 50명 이상씩 배출하는 공주 한일고도 분류는 농어촌 자율학교로 되어 있지만 전국 단위로 모집하며, 자사고 급 프로그램을 가지고 있습니다(2018년 의학계열 55명 합격, 2017년 52명, 2016년 68명 등). 결과만 보면 의대 합격의 지름길은 바로 이러한 몇몇 자사고라고 말해도 무방할 정도입니다. 그런데 이것은 하나만 알고 둘은 모르는 반쪽 지식입니다.

대부분의 의대 입시는 수시 모집에서 다른 학과와 다르게 내신 전과목을 반영합니다. 게다가 합격자 내신 평점은 1점대 초반이 대부분입니다. 가뜩이나 치열한 내부 경쟁으로 내신 점수 확보가 힘든 자사고의 경우, 이는 상당한 부담으로 작용합니다. 특히 수학, 과학은 탁월하지만 나머지 과목 (예를 들어 국어) 중 허점이 있는 이과 최상위권 학생의 경우, 의대 서류 합격을 위한 내신 경쟁에 불리할 수밖에 없습니다. 따라서 수시라는 넓은 길을 버리고 수능 100% 전형의 정시에 올인하는 경우가 많습니다. 이때 정시에서는 만점에 가까운 수능 점수를 받아야 의대 합격이 가능합니다. 따라서 확실하게 최상위권 학생이 아닌 경우, 자사고 진학은 자충수가 될 수도 있습니다.

반면 일반고 성적 우수자는 일단 내신을 기반으로 70%에 육박하는 수시의 넓은 가능성에 도전할 수 있고, 설사 수시에서 떨어지더라도 이미 수능최저등급 확보를 위해 수능 공부를 소홀히 하지 않기 때문에 정시에 다시 도전할 수 있습니다. 한 마디로, 선택의 폭이 넓은 것입니다.

서울대를 기준으로 예를 들어보겠습니다. 2019년도 입시에서 서울대 의예과는 수시로 105명, 정시로 30명, 총 135명을 뽑습니다. (이외에 정원 외 전형으로 기회균형 선발 특별전형 5명을 뽑습니다.) 수시 중 지역균형 선발 전형은 30명, 일반전형은 75명이며, 지역균형 선발 전형은 수능최저학력기준이 충족되어야 합니다.

지역균형 선발 전형은 각 학교에서 2명까지 학교장 추천이 가능합니다. 언뜻 어려워 보이지만, 전교생이 우수한 학생들로만 모인 자사고에서 얻을 수 있는 내신 성적과 비교하면 도전해 볼 만한 목표가 아닐 수 없습니다. 학교장 추천을 받지 못하면 일반전형에서 특목고, 자사고 출신 학생들과 치열하게 경쟁해야 합니다.

학원가에서는 강남권 일반고 전교 1등은 서울의대를 무조건 진학한다는 것이 정설입니다. 지역균형 전형보다 선발 인원이 2배나 많은 일반전형의 경우, 수능최저기준 없이 서류 평가와 면접 및 구술고사로 이루어져 있는데, 합격자 내신 평점은 역시 1점대 초반에 수렴합니다. 내신이 뛰어난 학생의 경우 학교장의 추천을 받아 지역균형 전형에도 지원할 수 있고, 학생부의 내용에 따라서는 일반전형에 도전할 수도 있어서 선택의 폭이 한결 넓습니다.

영재고와 과학고는 의대 입시에서 불리해질 전망이다

이과 최상위권 학생들이 진학하는 영재학교나 과학고는 점점 의대 입시에 불리해질 전망입니다. 교육부가 2016년 이후 이들 학교의 의대 진학에 불이익을 줄 것을 권고하고 있기 때문입니다. 과학기술 인재 양성을 목표로 설립되어 일반고보다 더 큰 국가 예산을 지원받는 과학고와 영재학교가 상위권 학생들의 의대 진학을 위한 통로로 변질되는 것을 막기 위한 방안입니다.

예를 들어 서울과학고의 경우, 본교 학생이 의대에 지원할 경우 불이익이 있다고 명시했습니다. 불이익 중 하나는 영재고 학비를 반환하는 것이고, 또 하나는 교사 추천서를 받을 수 없다는 것입니다. 심지어 한국과학영재학교에서는 의·약학 계열로 진학한 것이 확인되면 졸업을 유예시킵니다.

물론 현재까지는 이러한 페널티가 실효를 거두지 못하는 것으로 보입니다. 의대 쏠림 현상이 그 어느 때보다 강하기 때문입니다. 게다가 교사 추천서를 받지 않는 의대가 많고, 학비 반환도 큰 걸림돌로 작용하지 못하고 있습니다. 그러나 이러한 페널티가 없다고 하더라도 수학, 과학에 특화된 대학생 수준의 영재고 커리큘럼과 의대 입시를 위한 준비 과정은 방향이 다릅니다. 굳이 의대를 희망하는 경우 일반고나 자사고로 전학을 가거나 졸업 후 빈수/재수를 하는 경우도 있지만, 바늘 구멍보다 더 좁은 영재고 입시를 넘고서도 재수를 감수하면서까지 의대를 희망하는 것은 현명한 선택이 아닙니다. 내신이 쉬운 고등학교에 진학하는 것이 더 쉬운 길입니다.

과탐이 중요하다

서울대를 비롯한 각 의대는 수능 시험 과탐 과목의 선택에 제한을 둡니다. 즉, 같은 과목을 2개 선택하는 것(예를 들어 화학I, 화학II 선택)을 막고, II 과목을 선택했을 때 가산점을 주기도 합니다.

2020학년도 의대 전형 수능시험 과탐 과목 선택 제한

고신대(정시모집에 적용)	동일 과목 I + II 선택 불가
서울대	서로 다른 과목의 I + II, 또는 II + II 조합
연세대	서로 다른 2개 과목 (동일 과목 I + II 불가)
연세대(원주)	서로 다른 2개 과목 (동일 과목 I + II 불가)
울산대	서로 다른 2개 과목 (동일 과목 I + II 불가)

2020학년도 의대 전형 정시모집 과탐 가산점 부여 대학

단국대(천안)	과탐 II 과목에 백분위 점수로 5% 가산점 부여
동국대(경주)	과탐 II 과목에 표준점수로 5% 가산점 부여
동아대	화학 II, 생명과학 II 과목에 표준점수로 가산점 3점 부여
순천향대	백분위 점수로 수(가)에 10%, 과탐에 10% 가산점 부여
한양대	과탐 II 과목에 변환 표준점수로 3% 가산점 부여(2개 모두 II인 경우 모두 부여)

다중미니면접
_ 교과가 아닌 인성평가도 중요하다

서울대를 필두로 여러 의대로 확산되고 있는 의대 수시 입시의 중요 포인트가 바로 다중미니면접입니다. 의대의 특성상 인성을 가늠하고 윤리적 갈등상황에 대한 사고능력을 측정하기 위한 적극적인 노력이 반영된 결과입니다. 수험생이 여러 개의 면접실을 돌면서 제시문을 읽고 답하는 방식입니다. 서울대의 경우 총 5개의 면접실 중 4개 방에서 제시문과 질문, 나머지 하나의 면접실에서는 학생부와 자소서를 기반으로 한 면접이 이루어졌습니다.

서울대가 공개한 면접 제시문을 보면, 수능 국어 지문보다 평이한 수준의 제시문이 주어지며, 특히 윤리적 갈등상황에서 어떻게 대처할 것인지에 대해 초점이 맞춰져 있습니다. 아래는 2016학년도 서울대학교 의과대학 수시모집 일반전형 적성, 인성 면접 제시문입니다.

제시문〔1〕

산업혁명Industrial Revolution 이후 엄청난 속도로 발전한 기술技術, technology은 우리 삶의 형태와 방식을 상당히 바꾸어 놓았고, 기술 사회技術 社會, technological society는 풍요로운 미래를 보장할 수 있다고 생각하게 되었다. 하지만 낙관적인 기대와 함께 우려의 목소리도 커지기 시작했다. 인도의 사상적, 정치적 지도자인 간디Mohandas Karamchand Gandhi, 1869~1948는 영국이 이식한 대량생산 기술mass production technology들이 인도의 빈곤을 해결하는 것이 아니라, 대량생산 기술의 특혜를 받는 사람들과 그렇지 못한 사람들로 나누면서 빈곤을 더욱 고착화固着化한다고 비판했다. 또한 하이데거Martin Heidegger, 1889~1976 등의 철학자들은 인간 자신이 거대한 기술 시스템의 한 부분으로써 어떤 역할을 하느냐에 따라 인간 존재의 의미를 부여받게 되었다고 비판했다. 특히 최근 급성장한 로봇robot, 스마트폰smart phone, 인공지능artificial intelligence, AI, 사물인터넷internet of things, IoT 등의 기술들은 우리 삶의 거의 모든 부분에 침투하여 강력한 영향력을 발휘하게 되었고, 이로 인해 노동과 생산 그리고 인간의 관계에 대한 기본 개념이 바뀌면서 인간소외人間疏外의 위기감危機感을 느끼기 시작했다.

제시문[2]

성주와 주현이는 담임선생님께서 주관主管하시는 학급모임에 몇 명의 다른 학생들과 함께 참여參與하고 있습니다.

매주 금요일 오전7시 30분에 모여서 정해진 주제主題, topic에 대하여 한 명이 발표發表한 후 함께 토론討論, discussion하는 형식입니다. 아침 이른 시각이고 한 달에 한 번 꼴로 주제 발표 준비도 해야 해서 다소 부담負擔이 되기는 하지만, 다양한 분야分野를 공부하는 재미와 보람이 있어서 지난 학기부터 자발적自發的으로 참여하고 있습니다.

그런데, 지난 주까지 총 20회의 모임 중에서 성주와 주현이 둘다 5회 지각遲刻을 하였습니다. 다른 학생들은 지각을 하지 않았습니다.

제시문〔3〕

예시문 각각이 고정관념固定觀念, stereotype에 해당하는지 아닌지 생각해보고 면접관의 질문에 답하시오.

1. 미국은 폭력暴力적인 나라야. 모든 사람이 총을 가지고 다니잖아.

2. 나는 그 친구가 왜 시험을 망쳤는지 모르겠어. 동양인은 전부 수학數學을 잘하는데 말이야.

3. 독일 사람들이 새활용에 신경을 쓰는 경향傾向이 있는 것을 봐서는 환경 문제環境問題에 관심이 많겠다는 생각이 들어.

4. 이슬람 사람들은 그냥 싫어. IS나 알 아케다 같이 테러terror를 저지르고 다니잖아.

5. 일본 직장에서 대개 여자가 차茶, tea를 내오는 것을 보면 남자와 동등한 대우를 받지 못하고 있겠다 싶어.

제시문〔4〕

"매해 서울의 매미 소리는 점점 더 시끄러워지는 것 같다." 매년 여름, 장마가 끝나고 찜통더위가 본격적으로 시작되면 듣는 말이다. 매미 울음소리는 수컷이 낸다. 짝짓기를 위해 암매미를 부르는 소리로 2015년 서울의 한 아파트에서 소음도騷音度를 측정한 결과 평균 80데시벨decibel/dB로 조사調査되었다. 80데시벨decibel/dB은 청소기나 주행走行 중인 자동차들이 내는 평균 소음騷音과 맞먹는 수준이다.

혹자는 도시의 소음이 커지면서 암컷을 찾기 위한 수컷 매미의 울음소리가 더 커졌다는 주장主張을 한다.

* 안내: 아래 두 개의 글을 읽고, 준비된 원고지에 각 제시문의 주제를 각각 한 문장으로 작성하세요. (준비 시간 10분을 별도로 제공)

제시문(5)

수년 전 학년 초였다. 첫 자치활동自治活動이 있는 날이었다. 반장을 교무실로 불러 학급회의學級會議를 잘 이끌어보라고 주문했다. 학급 규칙規則 같은 것을 정해서 우리만의 제대로 된 학급 자치自治를 이뤄보는 게 어떨까 싶어서였다. 모두가 흔쾌히 응했다.

학생들은 회의를 제법 진지하게 진행했다. 나는 회의 중간에 교무실로 돌아왔다. 회의가 끝나고 반장이 결과結果를 알려주었다. 회의록을 살펴보니 벌금제罰金制가 중심이었다. 무단 지각遲刻 벌금 얼마, 야간 자율학습 무단 결과缺課 벌금 얼마 등의 식이었다.

벌금제罰金制라 학생들에게 제법 효과가 있을 것 같았다. 잘 하면 많은 담임교사들의 꿈이기도 한 무지각無遲刻, 무조퇴無早退, 무결석無缺席의 한 해를 만들 수도 있겠다고 생각했다. [중략]

벌금제罰金制 운영의 결과結果는 기대와는 전혀 딴판으로 나왔다. 지각遲刻하는 학생들이 줄지 않았고, 야간 자율학습에 무단으로 빠지는 학생들도 늘어났다. 물론 다른 반과 비교하면 많은 편이 아니었지만 벌금제罰金制를 운영하는 학급이라고 말하기가 무색할 정도였다.

미나(가명)는 그 해의 잊지 못할 학생이다. 전 학년 담임선생님의 말씀에 따르면, 미나는 평소에 수시로 지각遲刻하고 결석缺席하는 학생이었다. 학년 초에 미나는 지각遲刻과 결석缺席을 하지 않았다. 그러나 묵은 습판 때문이었을까. 미나는 지각遲刻하는 날이 잦아졌다. 이삼일을 계속해서 학교에 늦게 올 때도 있었다.

"미나야, 요새 무슨 일 있는 거야?" 그날도 나는 진심으로 걱정하는 마음에 미나에게 물었다.

"아니요. 벌금 내면 되잖아요."

제시문〔6〕

수 년 전 문을 연 서울 ○○동의 '베이비박스'에 대한 찬반논란이 해를 거듭할수록 치열해지고 있다. 자신의 집 담벼락에 '베이비박스'를 설치한 이○○ 목사는 '베이비박스'를 개설한 사연을 여러 언론 인터뷰를 통해서 알렸다. 어느 추운 날 한밤중에 익명의 남성으로부터 전화를 받았는데, 대문 앞에 아기바구니를 두고 갔다는 것이었다. 황급히 나간 그는 아기바구니가 놓인 것을 발견했고, 바로 그 순간 고양이가 아기바구니 옆을 휙 지나가는 것을 목격했다는 것이다. 버려지는 아이를 추위와 고양이의 공격으로부터 보호해야겠다는 생각에 '베이비박스'를 설치했다고 한다.

'베이비박스'는 버려지는 아기의 생명과 안전을 생각하는 선의와 사랑으로부터 우러나온 결과물임에 틀림이 없다. 더 나아가 이 ○○ 목사는, 서울 변두리의 한 유적한 골목에 자리 잡고 있는 이 '베이비박스'가 전국적인 지명도를 획득하면서 밀려들기 시작한 어린 생명들을 밤낮을 가리지 않고 온 정성을 다해 돌보고 있다. 한밤중 벨이 울리면 잠옷 바람으로 달려 내려가 아이를 안아내는 이○○ 목사의 모습은 이제 더 이상 낯설지 않다. 때로는 미숙아, 탯줄도 갈무리되지 않은 아기, 장애아동도 있다. 버려진 아이들을 돌보는 일 그 자체의 선함에 대해서 시시비비하는 일은 옳지 않다.

그러나 불행하게도 찬반논란이 가열되고 있는 것이 현실이다. 한 쪽에서는 이 일은 긴급한 일일 뿐 아니라 선하고 아름다운 일이니 전국적으로 10개소 이상 확산해서 설치할 필요가 있다고 말한다. 다른 한 쪽에서는 '베이비박스'의 출현은 우리 사회의 아동양육시스템이 병들고 고장 났다는 사실을 드러내어주는 일일뿐 아니라, '베이비박스' 그 자체가 아동 유기를 조장할 수 있으므로, 우리 사회의 아동양육시스템을 전방위적으로 재구성하는 일이 필요하다고 주장한다.

둘 다 틀린 이야기가 아니다.

'베이비박스'를 운영하는 교회 측에서는 아동들이 '베이비박스'

에 들어오는 즉시 관할 구청에 신고해야 하고 ○○구청에서는 '베이비박스'로 공무원을 보내 이 아동들을 거기에서 데리고 나와 서울에 산재한 아동보육원으로 재배치한다. 국내외를 막론하고 '베이비박스'의 이○○ 목사가 이 모든 아이들을 돌보는 것으로 알려져 있는데, 실제로는 '베이비박스'가 이 아동들의 양육에 책임을 지지는 않는다. 그럼에도 불구하고 '베이비박스'에 대한 언론보도는 '베이비박스'의 존재를 전 세계적인 수준의 아동구호체계로 각인시켰다. 미국에서는 이 '베이비박스'를 후원하는 재단이 설립되었고, '베이비박스'가 존재하지 않았으면 이 아이들은 죽었을 것이라는 주장을 담은 다큐멘터리 영화가 제작되었다. 하지만 '베이비박스'가 세계적 수준의 인지도 상승과 후원금의 쇄도라고 하는 엄청난 선의와 사랑의 혜택을 누리는 동안, '베이비박스'에 유기되었던 아동들은 그 아동의 친모나 가족의 기대와는 달리, 난방도 제대로 안 되고 수돗물이 없어 지하수로 우유를 타 먹이는 열악한 아동보육시설들로 보내지고 있다.

이와 같이 의대 인적성 면접 제시문은 수능 국어 영역과 비교해 오히려 평이한 수준입니다. 그러나 평소에 갈등상황에서 자신이 어떻게 대처할 것인지에 대해 설득력 있게 표현하는 훈련을 하지 않았다면 제대로 대처하기 힘듭니다. 이과 최상위권 학생 중에는 간혹 타인과 소통하는 능력이 현저히 떨어지는 경우가 있습니다. 이런 학생은 평소에 큰 소리로 교과서를 읽는 훈련부터 시작해볼 것을 권합니다. 자신의 생각을 이야기하는 것은 그 다음의 문제입니다.

지방 학생은 지방 국립의대의 지역인재 전형에 주목하자

반드시 수도권 의예과만 고집하지 않는다면, 지방 학생들에게 매우 유리한 전형이 있습니다. 바로 주요 거점 국립대의 지역인재 전형입니다. 다시 말해, 해당 지역 고교생이 지원할 수 있는 전형입니다. 2020학년도 입시 모집 정원 기준 총 665명을 지역인재 전형으로 뽑습니다(지역인재 전형이 있는 대학의 의대 정원의 약 34%에 해당). 대부분 수능최저기준이 있으며, 내신 평점은 1점대 초반 (적어도 1.2점대)여야 합격권입니다.

2020학년도 의대 모집 정원은 아래의 표와 같습니다. 지역인재 전형이 있는 경우 학교명과 인원에 음영 처리를 하였습니다.

2020학년도 의대 모집 정원(가군)

대학명 / 전형	학생부 교과 일반	학생부 교과 지역	학생부 종합 일반	학생부 종합 지역	논술	특기자	사회배려	기초생활	농어촌	수시 총합	정시 일반	정시 지역	정시 특별	총합
건양대	14	20							2	36	15			51
경북대		10	15	30	20					75	35			110
경상대	17	12	4	7				1	3	44	18	17		79
경희대			55		21					76	33			109
동아대		30								30	9	10		49
부산대	25			40	35					100	25			125
서울대			105					2	1	108	30			138
아주대			20		10					30	10		1	41
연세대 (원주)			33	14	15	3		1	1	67	29			96
이화여대			15		10					25	51			76
인제대	27	28							4	59	37			96
전남대	37			38						75	37	13		125
전북대	29	46	9							84	29	29		142
조선대	42			27				2	2	73	34	22		129
중앙대			16		30					46	39			85
충남대	24	23	19					1	2	69	14	30		113
총합	215	169	291	156	141	3		7	15	997	445	121	1	1,564

2020학년도 의대 모집 정원(나군)

대학명 / 전형	학생부 교과 일반	학생부 교과 지역	학생부 종합 일반	학생부 종합 지역	논술	특기자	사회배려	기초생활	농어촌	수시 총합	정시 일반	정시 지역	정시 특별	총합
가천대	5		20							25	15			40
가톨릭대			42		21					63	30			93
고려대	16		65			10			2	93	15			108
성균관대			25							25	15			40
연세대			62			27	1	1	1	92	20			112

대학명	학생부 교과 일반	학생부 교과 지역	학생부 종합 일반	학생부 종합 지역	논술	특기자	사회배려	기초생활	농어촌	수시 총합	정시 일반	정시 지역	정시 특별	총합
영남대	16	25								41	35			76
울산대			14	4	12					30	10			40
원광대			26	35					2	2 →	65	32		97
을지대	10	12						2	2	26	18			44
충북대	8	6	6						1	21	19	10		50
한림대			23	15					2	40	38			78
한양대			36		9				3	48	62			110
총합	55	43	319	54	42	37	2	6	11	569	309	10		888

(원광대: 기초생활 2, 농어촌 2, 수시 총합 65, 정시 일반 32, 총합 97)

2020학년도 의대 모집 정원(다군)

대학명 / 전형	학생부 교과 일반	학생부 교과 지역	학생부 종합 일반	학생부 종합 지역	논술	특기자	사회배려	기초생활	농어촌	수시 총합	정시 일반	정시 지역	정시 특별	총합
가톨릭 관동대	21	8					2	2	2	43	10			53
계명대	17	19	4	6						46	30		3	79
고신대	30	20								50	26			76
단국대			10							10	30			40
대구 가톨릭대		15							2	17	25			42
동국대	25			5					2	32	19			51
순천향대	21	21	6	6				2	2	58	39			97
인하대	15		15		10				2	42	9			51
제주대	14	6								20	14	6		40
총합	143	89	43	17	10		2	4	10	318	202	6	3	529

2020학년도 의대 모집 정원 전형별 총계

	학생부 교과 일반	학생부 교과 지역	학생부 종합 일반	학생부 종합 지역	논술	특기자	사회배려	기초생활	농어촌	수시 총합	정시 일반	정시 지역	정시 특별	총합
합	413	301	653	227	193	37	7	17	36	1,884	956	137	4	2,981

대치동 로드맵, 동경이 아닌 취사선택이 필요하다

입시에 대한 폭넓은 이해가 부재한 경우, 대치동은 막연한 선망의 대상이 될 수 있습니다. 교육열이 낮고 사교육이 발달하지 못한 지역의 학부모는, 가까운 학교에 진학했다가는 '우리 아이도 공부보다는 노는 데 익숙해져 입시를 망칠지도 모른다'고 두려워할지 모릅니다.

확실히 대치동은 면학 분위기가 좋고 사교육의 혜택도 가까이 있습니다. 크게 나쁜 길로 빠지는 학생들의 수도 상대적으로 적을 수밖에 없습니다.

그러나 입시제도에 비추어보면 뚜렷한 단점도 가지고 있습니다. 바로, 치열한 경쟁으로 내신 점수를 따기 힘들다는 점입니다. 학생부가 중심이 되는 입시 흐름에서 이는 큰 걸림돌로 작용합니다.

만일 타지역에 거주하는 학생이라면 굳이 강남으로 전학오기보다는 인근의 면학 분위기가 좋은 학교에서 학생부 관리를 충실히 하는 편이 더 나을 수 있습니다. 용의 꼬리가 되느냐, 뱀의 머리가 되느냐의 문제에서, 대치동은 결코 완벽한 선택지가 아닙니다. 특히 의대, 서울대 입시를 위해서는 더욱 그러합니다.

고교 입시의 경우, 특목고 입시를 위한 사교육이 대치동에 집중된 것은 사실이지만 요즘은 유명 학원의 지점들도 많이 생겼습니다. 주요 학원들에 전화번호를 남겨놓으면, 설명회 안내 문자를 받아 중요한 설명회에 참석할 수 있습니다. 조금만 검색해보면 기출 자료도 쉽게 구할 수 있고, 출판된 유사 문제집도 많습니다. 굳이 대치동까지 이사를 오거나 멀리서 학원을 다니는 수고를 감수하지 않아도 될 것입니다.

만일 여유가 있다면 방학을 활용해서 한 번쯤 대치동 유명 학원의 방학 특강 프로그램을 수강하는 것은 좋은 경험이 되리라 생각합니다. 막연히 대단하게만 생각했던 대치동 학생들과 실제로 함께 공부를 해보면서 나의 위치를 확인하고 자극을 받아 동기부여의 기회로 삼을 수 있습니다.

좋은 학원을 쉽게 다니기 위해서 대치동으로 이사를 오는 것이라면, 학생에게 사교육이 지속적으로 필수불가결한 것인지 근본적으로 고민한 후 결정했으면 합니다. 학생 스스로가 공부 욕심도 많고 추가적인 학습을 열망한다면 대치동은 더할 나위 없이 좋은 환경입니다. 그러나 자칫 자생력을 서서히 약화시킬 수도 있습니다. 사교육은 잘 쓰면 명약이지만 조금만 남용해도 독이 된다는 것 잊지 마시기 바랍니다.

2장

입시,
알아야 준비한다

"제 아들요?
농어촌 전형으로 보내요."

얼마 전 남윤곤 소장님을 뵐 기회가 있었습니다. 대한민국 최고의 입시 연구 기관인 메가스터디 입시전략 연구소를 총괄하는 소장으로 오랜 기간 재직해오신 남윤곤 소장님은 장담컨대 대한민국에서 대학 입시를 가장 잘 아는 분이십니다. 아무리 모의지원 시스템이 발전해왔어도 입시 지원에는 사람의 판단력과 결단이 필요합니다. 그런 면에서 소장님의 노하우를 흉내 낼 전문가는 많지 않으리라 생각됩니다. 저는 그날 소장님께, 고려대를 휴학하고 반수로 서울대에 원서를 쓰려는 제자의 마지막 지원 전략을 위해서 의견을 여쭈었습니다. "컷이 높아 보여도 사실 ○○과에는 허수가 끼어 있어요. 원서를 써볼 만해요." 수 십 년의 입시 지원 노하우가 주는 관록과 통찰력은 역시 날카로웠습니다. 소장님의 이와 같은 답변은 기계가 이야기해주지 않는 판단입니다.

생각보다 수월하게 끝난 상담에 이어, 2022학년부터 바뀌는 입시제도에 대해서도 흥미로운 대화가 이어졌습니다.

"소장님, 만약 아직 어린 아드님을 서울대 보내고 싶으시면 지금부터 어떻게 하실 것 같으세요? 제일 쉽고 확실한 길이 뭘까요? 특목고나 자사고 보내실 건가요? 아니면 그냥 일반고 보내실 거예요?"

"저 같으면 시골로 이사 가서 농어촌 전형으로 보내요."

뜻밖의 대답에 저는 당황하면서도 고개를 끄덕일 수밖에 없었습니다. 과연, 가장 쉽고 확실한 방법이니까요. 12년의 입시 전쟁. 이 전쟁을 승리로 이끄는 큰 길은 대입 제도를 이해해야만 열립니다. 이번 장에서는 아직 입시가 두렵기만 한 분들도 한눈에 이해할 수 있도록 그 큰 틀과 기본 용어들을 설명해드리려 합니다. 숲을 보고 멀리 내다보는 장기적인 시각을 지녀야 12년의 수험생활 매 순간 일희일비하지 않고 흔들림 없이 아이를 지원해줄 수 있습니다.

반드시 알아 두어야 할
입시 기본 용어

등급

내신과 수능의 성적 표기 방식입니다. 점수가 좋은 순으로 1부터 9등급까지 있으며, 각 등급의 비율은 다음과 같습니다.

등급	등급 비율	누적 비율
1	4%	1~4%
2	7%	~11%
3	12%	~23%
4	17%	~40%
5	20%	~60%
6	17%	~77%
7	12%	~89%
8	7%	~96%
9	4%	~100%

쉽게 생각해 전교생이 100명이라면 전교 4등까지가 1등급입니다. 중간으로 갈 수록 해당 등급의 인원이 많은데, 실제로 1등급 학생만큼이나 9등급 학생들을 만나는 일도 쉽지 않은 것은 그만큼 해당 인원이 적기 때문입니다.

학생부/생기부

두 용어 다 '학교생활기록부'를 줄인 말로, 고등학교 내신 성적과 공부 외의 활동, 선생님들의 평가 등이 기재됩니다.

세특

학생부 상 교과학습 발달상황에 내신 성적과 더불어 기재되는 '세부능력 및 특기사항'의 줄임말입니다. 학생이 학업적으로 어떤 것을 배웠고 어떤 문제를 해결했는지 교과 담당 선생님이 작성합니다.

창체

학생부 상에 학업을 제외한 비교과 활동을 기록한 항목을 '창의적 체험활동 상황'이라 하며, 이를 줄여 '창체'라고 말합니다. 자율활동, 동아리활동, 봉사활동, 진로활동의 4가지로 구분되며, 이를 줄여 '자동봉진'이리고도 합니다.

교과와 비교과

'교과'란 국어, 영어, 수학과 같은 모든 과목들의 성적입니다. 즉 각 과목의 점수, 석차등급과 각 과목 선생님들의 코멘트를 의미합니다. '비교과'란 학과 공부 외에 학교에서 할 수 있는 활동, 즉 학급회 활동, 교내 대회 및 전시회 등의 활동을 아우르는 자율활동과 동아리활동, 그리고 봉사활동과 진로와 관련된 활동(직업 강연회 참여 등)을 말합니다. 학생부 상에서는 '창체'란에 기재됩니다.

이수단위/단위수

일주일에 해당 과목을 몇 시간 수업하였는지를 의미합니다. 특수목적고는 설립 취지에 따라 해당 과목의 이수단위가 일반고보다 많습니다. 예를 들어 외고는 외국어 관련 심화과목을 80단위 이상 이수합니다. 국제고는 외국어 외에 더해 국제경제, 세계지리 등 전문교과 과정을 80단위 이상 이수하며, 과고는 과학, 수학 관련 심화과목에 80단위 이상을 할애합니다.

자소서

자기소개서의 줄임말로, 각 대학에서 요구하는 서류 중의 하나입니다. 자신의 성장 배경과 경험 등을 바탕으로, 왜 자신이 지원하는 대학의 학과에서 공부를 하려하는지를 설명하는 글입니다.

석차백분율

내신 성적을 백분율, 즉 %로 표시한 것으로, 100명 중에 10등을 했다면 석차백분율은 10%라고 말합니다. 낮을 수록 좋은 점수입니다.

원점수

가공되지 않은 원래 점수를 의미합니다. 흔히 100점 만점에 96점을 받았다라고 할 때 96점이 원점수입니다. 수능의 원점수는 수능 성적표에는 기재되지 않습니다. 수능 성적표에는 표준점수와 백분위, 그리고 등급만 기재됩니다.

대학수학능력시험 성적통지표(예시)

수험번호	성명		생년월일	성별	출신 고교		
1234567	김○○		03.09.05.	남	○○고등학교(9)		
구분	한국사 영역	국어 영역	수학 영역 나형	영어 영역	사회탐구 영역		
					생활과 윤리	윤리와 사상	일본어
표준점수		131	137		53	64	69
백 분 위		93	95		75	93	95
등 급	2	2	2	1	4	2	2

표준점수(=표점)

원점수가 평균으로부터 떨어진 거리를 나타낸 점수입니다. 평균 점수보다 내 점수가 높을수록, 그리고 해당 과목의 평균이 다른 과목에 비해 낮을수록 표준점수가 높아집니다. 다시 말해, 원점수가 똑같은 100점이라도 난이도가 어려운 시험에서의 점수가 쉬운 시험보다 높게 계산되는 것입니다. 특히 누구나 어려워하는 수학 (최근 수능에서는 국어)의 표점이 높을 수록 입시에서 유리합니다.

백분위

전체 수능 응시자 중에서 내 점수보다 낮은 점수의 수험생이 얼마나 많은지 나타내는 점수입니다. 백분위가 높을수록 나보다 낮은 점수의 학생이 많다는 뜻입니다. 나의 백분위가 99라면 전국의 학생들 중 99%가 나보다 점수가 낮다는 뜻입니다(상위 1%). 100점이 가장 높은 점수이며, 높을 수록 좋은 점수입니다.

전형

학생을 선발하는 방식을 일컫습니다. 선발 기준에 따라 앞에 붙는 말이 달라지는데, 흔히 '수시 전형', '정시 전형', '학생부 종합 전형' 등의 용어로 쓰입니다.

수능최저등급

학생부나 논술로 학생을 선발하는 전형 방식이라 하더라도 상위 대학에서는 수능 성적이 일정 수준 이상일 것을 요구합니다. 이를 수능최저등급이라고 합니다. 대학마다 차이는 있지만 과목별로 적어도 2등급 이내에 드는 것이 안전합니다.

내신 반영 비율

고교 1학년 1학기부터 3학년 1학기까지가 반영됩니다. 학교에 따라 학 학기를 20%씩 반영하기도 하고, 고1 1, 2학기를 각 10%, 고2 1, 2학기를 각 20%, 고3 1학기를 40% 반영하기도 합니다.

수시/정시 세부 유형 및
각 전형별 지원 방법

입시 전형 개괄
_ 수시와 정시

　수시 입시는 대체로 수능 이전, 즉 9월 즈음에 원서를 접수합니다. 정시는 수능 이후 12월 말 즈음 원서를 접수합니다. 수시 지원 횟수는 6회, 정시 지원 횟수는 3회로 제한되어 있습니다.

　참고로 수시 6회 지원 제한을 적용 받지 않고 추가로 지원이 가능한 대학이 있습니다. 이는 특별법에 의해 설치된 대학으로 한국과학기술원, 즉 카이스트[KAIST], 울산과학기술원[UNIST], 대구경북과학기술원[DGIST], 광주과학기술원[GIST], 경찰대학, 육군, 공군,

해군사관학교, 그리고 한국예술종합학교 등입니다. (포스텍, 즉 포항공대와 교대는 이 예외 학교에 포함되지 않습니다.)

수시 모집에 합격한 경우, 등록 여부와 관계없이 합격 사실만으로도 정시 지원이 금지됩니다. 수능 이전에 지원이 이루어지는 만큼, 수시에 하향지원을 했다가 막상 수능 성적이 잘 나오면 후회를 하는 일도 그래서 생겨납니다.[1]

전형 방법에 따라 수시는 학생부(내신+비교과 활동)와 논술 위주, 정시는 수능 위주의 모집이라고 구분할 수 있습니다.

수시 전형별 인원 비율은 대학마다 차이가 있지만, 대체로 상위 대학의 경우 학생부 교과 전형보다 학생부 종합 전형이 2배 이상 많습니다. '요즘 입시는 학종 시대'라는 말도 학생부 종합 전형이 입시의 대세로 자리잡으면서 생겨났습니다.

---

1 수시 1차 합격을 한 상태에서 예상보다 수능을 잘보았다면, 즉 수시에 지원한 대학보다 더 높은 대학에 정시로 합격할 가능성이 많다면 수능 이후에 치러지는 수시 2차 고사(논술이나 면접)에 일부러 가지 않는 경우도 많습니다.

구분	분류	전형 방법	특기사항
수시 (70%)	학생부 교과 전형	내신 성적 위주	수능최저등급
	학생부 종합 전형	내신 성적 + 비교과 활동 + 자소서 + 면접 및 구술고사	수능최저등급 선발 인원이 많음
	논술 전형	논술	수능최저등급 감소될 전망
	특기자 전형	학생부 + 자소서 + 면접 및 구술고사	면접 및 구술고사 중요 특목고/해외고 출신 위주 감소될 전망
	기회균형 전형	학생부 + 면접	저소득 가구 학생, 농어촌 학생 특별전형 등
정시 (30%)	일반전형	수능	수시에서 뽑지 못한 인원이 이월되기 때문에 예정보다 선발 인원이 늘어남

수시 유형1
_학생부 교과 전형

학생부 교과 전형은 학생의 내신등급 평점을 주로 활용하여 선발합니다. 한 마디로, 내신 성적이 기준입니다. 이 단순한 잣대로 대학에 선발되려면 당연히 전교권을 유지해야 합니다. 각 과목의 내신등급 평균이 1등급 초반대여야 합니다.

그런데 각 고등학교마다 학력의 편차가 심하므로, 교육열이 낮은 고교의 전교 1등과 높은 고교의 전교 1등이 같은 점수를 받게 되는 불합리함이 있습니다. 따라서, 상위권 대학에서는 순수 학생부 교과 전형만으로 학생을 뽑지 않고 대개 수능최저학력기준을 두고 있습니다. 상위 대학 중 순수 교과 전형으로 별도 조건 없이 교과 100%로만 선발하는 전형을 실시하는 대학은 중앙대, 한양대 정도입니다. 이 경우 합격선은 내신 1등급 초반이어야 합니다.

주요 상위권 대학의 최저학력기준은 아래와 같습니다.

인문계	2개 영역 등급 합 4 이내
자연계	2개 영역 등급 합 4~5이내
의예과	3개 영역 등급 합 3~4이내

이렇게 따로 학력을 검증하는 장치를 두더라도 내신 성적을 위주로 한 전형은 선발 인원에 한계가 있습니다. 전국의 모든 전교 1등을 모아도 2,000명을 조금 넘을 뿐이니까요.[2] 그래서 학생부 교과 전형은 선발 인원도 적고, 경쟁률도 상대적으로 낮습니다. 그 대신 수능최저학력기준에서 탈락하는 비율도 매우 높

2　2018년 전국 고등학교 수 2,358개(KOSIS 한국교육개발원, 교육기본통계).

습니다.

이를 거꾸로 적용하면, 내가 다니는 고등학교에서 확실한 전교 1등을 유지하고 수능최저학력기준만 맞출 수 있다면 큰 어려움 없이 좋은 대학에 진학할 수 있다는 뜻이겠지요. 아무리 '학종 시대'라고 하지만, 역시 대학을 가는 가장 쉬운 길은 공부를 잘하는 것입니다.

대표적인 학생부 교과 전형인 고려대학교 수시 고교추천 전형 결과를 예로 들어보겠습니다.

2018년 고려대학교 수시 고교추천 전형 합격자 내신등급 평균

경영대학	1.25
문과대학	1.33
자유전공학부	1.15
미디어학부	1.11
사범대학	1.11
정경대학	1.14
생명과학대	1.32
보건과학대	1.4
간호대학	1.1
의과대학	1.14
공과대학	1.32
이과대학	1.33
정보대학	1.4

이러한 1점대 초반에 수렴하는 내신 성적은 특목고, 자사고

에서는 거의 불가능합니다. 아울러, 대개 특목고생은 교과 전형 자격이 주어지지 않습니다. 따라서 합격자 출신 고교 유형 중 일반고의 비율이 90%에 가깝습니다(고교추천 1전형 - 90.5%, 고교 추천 2전형 - 79.5%).

수시 유형2
_학생부 종합 전형

학생부 종합 전형은 말 그대로, 학생이 고교 생활을 충실히 보냈는지를 학교생활기록부를 통해 종합적으로 판단하겠다는 것입니다.

학생부 기재 내용

그렇다면 학교생활기록부에는 무엇이 기록될까요? 다음 표를 참조하면 이해가 빠르겠습니다.

구분	주요 내용	2022학년도 변경사항 및 유의사항
1. 인적사항	학생의 인적사항	학부모 정보 삭제 인적사항, 학적사항 통합
2. 학적사항	중학교 졸업 및 고교 입학일	
3. 출결상황	결석, 지각, 조퇴 기록	
4. 수상경력	교내 수상경력	학기당 1개 이내, 총 6개로 제한
5. 자격증 및 인증 취득 상황		기재하되 대입 활용 자료로는 제공 안함
6. 진로희망 사항	학년별 특기 또는 흥미와 진로희망	이 항목이 없어지는 대신 창의적 체험활동 특기사항에 학생의 진로희망사항 기재
7. 창의적 체험활동 상황(줄여서 '창체')	자율활동, 동아리활동, 봉사활동, 진로활동 (줄여서 '자동봉진')	동아리활동 학년당 1개씩 최대 3개만 30자 이내로 기재 봉사활동은 자세한 내용 없이 시간만 기재 소논문 모든 항목에서 기재 금지
8. 교과학습 발달상황	학년, 학기 별로 과목별 단위수, 원점수, 과목 평균, 석차등급	방과후 학교 활동 미기재
	세부능력 및 특기사항(줄여서 '세특)_각 학과목 선생님이 적어주시는 과목 관련 활동 사항	공인 어학시험(토플, 토익, 텝스 등) 성적, 논문(학회지), 도서 출간, 발명특허 관련 내용, 모의고사 점수 등은 기재 불가
9. 독서활동 상황	각 과목과 관련된 독서기록을 교과 담당 교사나 담임교사가 입력	책 이름과 저자명만 기입하는 것으로 바뀜
10. 행동 특성 및 종합 의견	인성, 리더십, 학업성취도, 성장 과정과 관련된 종합적인 판단을 담임교사가 기재. 학생에 대한 일종의 추천서	기존의 1,000자에서 500자로 축소

입시에서 중요하게 다뤄지는 항목들은 음영 처리를 하였습니다. 학생부 종합 전형의 폐해를 이야기할 때 주로 문제가 되는 부분은 그중 '창의적 체험활동 상황(줄여서 창체)'입니다. 학과 공

부와 별도로 이루어지는 학생의 비교과 활동으로, 학부모나 사교육 등 외부의 도움이 작용하기 쉽기 때문입니다. 여러 논란으로 2022학년도 입시부터는 학생부에 기재되는 내용이 대폭 축소되었습니다. 길게 쓸 수 없기 때문에 여러 활동 중 어떤 것을 중점적으로 기재해야 할지가 관건입니다.

수상 경력에는 교내상만 입력합니다. 수상 경력 이외의 어떠한 항목도 기재될 수 없습니다. 즉, 단순한 대회 참가 사실 등은 적을 수 없습니다. 외부상을 기재하지 못한다고는 하지만, 특목, 자사고의 경우 외부 수상 경력을 토대로 학교에서 상을 수여하여 외부 스펙이 간접적으로 반영되게 하는 방법을 활용합니다. 2022학년도 입시부터는 학기당 1개씩, 총 6개만 기재할 수 있습니다. 이제까지는 학생부 종합 전형에서 합격한 생기부 사례를 보면 대부분 학년당 30개가 넘는 교내 수상 실적이 적혀 있었습니다. 그런데 이를 1개로 줄인다면, 과연 어떤 대회 수상 실적을 취사선택해야 할지가 관건이 됩니다. 지망하는 전공과 관련이 있어야 하지만 치우치지 않은 다양한 수상 실적이 필요하다는 것이 입학사정관들의 공통된 의견입니다.

학생부 종합 전형에서 특히 중요한 창의적 체험활동은 협의활동(학급회, 전교회의, 모의의회, 토론회, 자치법정 등), 친목활동(교우활동, 사제동행활동, 또래 상담 등), 창의주제활동(음악, 미술, 연극, 영화 활동 등)이며, 동아리활동도 이곳에 기재됩니다.

학종은 누구를 위한 전형일까?

학생부 종합 전형은 수치로 드러나는 성적뿐 아니라 입학사정관의 정성평가가 개입될 수밖에 없으므로, 소수의 금수저를 위한 전형이라는 비판을 받고 있습니다. 분명히 나보다 여러 면에서 뒤처지는 친구인데 웬일인지 좋은 대학에 합격하는 경우가 있긴 있습니다. 특히 학종 초기에는 이런 사례들이 제 눈에도 종종 보였습니다. 학과 공부도 제대로 하지 못하는 아이가 알고 보니 자신의 수준을 훨씬 뛰어넘는 소논문을 여러 편 썼다고 하니, 고개가 갸우뚱 해지는 것이죠.

그런데 학종이 정착된 요즘 현실은 조금 다릅니다. 외부 스펙을 과시하기도 힘들어졌고, 문제가 된 소논문 관련 내용도 기재가 불가능해졌습니다.

대부분의 고등학교는 입시 결과에 사활을 겁니다. 따라서 주요 교내 경시대회나 리더십활동, 동아리활동뿐 아니라, 교과학습 발달사항의 내용까지도 최상위 대학에 들어갈 가능성이 있는 상위권 학생에게 몰아줄 수밖에 없습니다. (일부 지방학교에서 지역 유지의 자녀가 특혜를 받아 수십 장의 화려한 학생부로 실력을 부풀리는 경우도 물론 존재하지만, 대개 대학에서 면접 과정을 통해 그 진위가 가려집니다.)

학생부를 통해 대학에서 뽑으려는 인재는 다양한 활동을 주도적으로 체험한, '학업능력이 우수한' 성실한 학생입니다. 교과 성적이 어느 정도 뒷받침되지 않은 상태에서 학생부 종합 전형으로 갈 수 있는 상위 대학은 거의 없다고 보면, 입시에 있어서 우선순위가 분명해집니다. 비교과 활동도 중요하지만 가장 중요한 것은 '교과'입니다.

교과 성적 못지않게 중요한 것은 다양한 창체활동뿐 아니라 바로 선생님과의 관계입니다. 대학 입시에 내가 들고 갈 서류가 바로 선생님들이 기록해주시는 학교생활기록부이기 때문입니다. 수업시간에 적극적으로 참여하고, 뛰어나지 않더라도 발전하기 위해서 애쓰는 모습을 보여드리는 것이 중요합니다.

특목고, 자사고가 학종에 유리하다?

학생 개인의 역량에 따라 차이는 있겠지만 일반적으로는 매우 그러합니다. 대체로 학생부의 장수부터가 다릅니다. 일반고 선생님들의 입시에 대한 열정이 부족해서일까요? 그렇지 않습니다. 특목고는 커리큘럼과 단위 수 배정부터 일반고와 다릅니다. 외고생이 외국어 분야, 과고생이 과학 분야에서 더 많은 공부를 하도록 되어 있으니, 지원하는 학과와 전공적합성이 부합할 수밖에 없습니다. 또한 학종을 위주로 하는 자사고의 경우 학교에서 제공하는 학업 활동과 비교과 활동의 다양성과 깊이가 다르므로, 기재할 내용이 많아지는 것은 당연한 결과입니다

그렇다고 일반고 학생이 마냥 불리한 것은 아닙니다. 일반고

에서 교과 실력을 바탕으로 확실한 상위권을 유지하는 경우, 뚜렷한 소수의 상위권 없이 경쟁이 치열한 특목고/자사고보다 오히려 학생부 내용이 더 풍성해질 수 있습니다. 교내대회 수상 기회나 주도적인 동아리활동 및 리더십 발휘 기회도 많고, 교과 및 담임선생님의 주목을 받을 가능성도 높기 때문입니다.

실제 사례를 들어보겠습니다. 2018년 고려대가 공개한 수시모집 전형별 합격자 출신 고교 비율 자료에 따르면, 수시 일반전형(=학생부 종합 전형)에 합격한 비율은 일반고 45%, 외고/국제고 29.5%, 자율고 25%, 과고/영재고 0.6%입니다.

서울대 수시 전형 중 각 고교에서 2명씩 추천할 수 있는 지역균형 전형[3]의 경우, 2018년도 합격자 기준 일반고 출신이 87.8%, 자율고 10.8%(자사고 4.8%, 자공고 6.0%), 예술/체육고 1.4%였습니다.

어떤 고등학교에 다니느냐도 중요하지만, 개인의 열의와 노력이 훨씬 더 중요하다는 점을 잊어서는 안 됩니다.

---

3 학교장이 2명씩 추천하는 전형으로, 교과 성적으로 추천이 이루어지기 때문에 학생부 교과 전형으로 분류될 수도 있습니다. 서류평가와 면접 결과를 종합적으로 고려하여 선발한다는 점에서 이 책에서는 학생부 종합 전형으로 간주했습니다. 수능최저기준은 음악대학 제외 4개 영역 중 3개 영역 이상 2등급 이내입니다.

면접이 중요하다

학생부 전형은 교과 및 비교과 수준이 다른 학교의 학생들을 서류를 통해 평가한다는 근원적인 약점을 가지고 있습니다. 이를 보완하는 것이 바로 면접입니다. 서류의 진위 여부를 파악하고 학생의 활동사항을 자세히 묻는 인성면접의 부분도 있지만, 교과 실력을 파악하는 교과면접도 중요합니다. 이때는 논술처럼 제시문이 주어집니다. 답변을 글로 쓰는 대신 말로 하는 점이 다릅니다.

면접시험은 각 응시단위 별로 다른 제시문이 주어집니다. 이과는 수학, 과학 지문이 주어지고, 문과 지원단위는 주로 논술의 제시문에 등장하는 인문, 사회 지문과 영어 지문이 포함되며, 서울대처럼 수학 시험을 따로 치르기도 합니다.

서울대를 비롯한 각 대학은 '선행학습 영향 평가'라는 제목 하에, 논술 및 구술면접의 제시문과 문제, 그리고 해설과 평가 지침까지 발표하고 있습니다. 이는 원래 수능이 아닌 대학 자체평가 시스템이 혹시 교과과정을 벗어나 사교육을 유발하지 않는가 점검하기 위해 시작되었습니다. 학생들에게는 희망 대학의 입시를 준비하며 기출 문제와 예시 문항을 공부할 수 있는 정말 좋은 기회이니 반드시 확인하고 준비해야 합니다.

수시 유형3
_특기자 전형

일반적으로 어학, 과학, SW(소프트웨어), 예체능 등의 분야에서 능력이 우수하거나 실적이 있는 경우 지원합니다. 서류(학생부, 자소서, 추천서)와 면접(구술고사 포함)으로 선발하며 대부분 수능최저학력기준을 적용하지 않습니다. 특기 분야의 우수성도 중요하지만 학생부 내용도 중요해서 학생부 종합 전형과 구분하기 힘든 경우도 많습니다. 특기자 전형은 특목고 학생만 유리하다는 인식이 강하지만 최근에는 일반고 학생들의 합격률도 높아지고 있습니다. 과거에는 전공과 관련한 교과 이수단위에 가중치를 두는 방식으로 특목고 학생만 지원이 가능하게끔 지원 자격 제한을 두었으나 이 또한 완화되는 추세입니다.

사교육 유발요인이 큰 특기자 전형은 교육부의 축소 권고에 따라 점차 줄어들 전망입니다. 전통적으로 특기자 전형을 선호해온 연세대조차 특기자 전형 비율을 줄이며 이러한 사회적 흐름에 따르고 있습니다. 2020년 입시부터 연세대 인문사회 특기자 전형은 완전히 없어지며 국제계열, 수학과학 특기자 전형은 유지됩니다.

각 유형은 다음과 같습니다.

과학 특기자 전형

주로 수학, 과학 실력이 탁월하여 진로 관련 동아리활동이나 수상 실적이 있는 우수한 학생이 지원합니다. 기타 과목 성적은 상대적으로 낮은 지원자가 많습니다. 일반적인 수시 전형 자기 소개서와 달리 수학/과학적 역량을 추가해서 적어야 합니다. 주로 면접에서 수학, 과학 심층문제를 통해 당락이 결정됩니다. 영재고와 과학고 학생들이 절대적으로 유리할 수밖에 없습니다. 일반고 중에서는 수학, 과학 교과 과정이 거의 과학고에 준하는 과학중점학교 출신에게 유리합니다.

어학 특기자 전형

수시 전형에서 유일하게 공인 어학 성적을 기재할 수 있는 전형입니다. 뿐만 아니라 지원자의 글로벌 역량을 드러낼 수 있는 외부 활동, 수상 실적을 다양하게 기재합니다. 영어만 잘해서는 부족하며, 다양한 언어의 높은 공인인증점수가 있어야 서류 합격 가능성이 높아집니다. 또한 해당 언어로 면접이 이루어지는 경우가 많으므로 특례 전형을 준비했던 해외 고교 출신자나 국제고, 외고 학생들에게 유리합니다. 순수 어학 특기자 전형은 축소되고 대신 국제계열 전형 혹은 글로벌 인재 전형으로 바뀌어, 학생부 종합 전형과 유사한 면을 띠는 것도 고려해야 합니다.

SW 특기자 전형

과학기술정보통신부가 주관하며, SW 중심 대학으로 선정된 카이스트, 고려대, 서강대, 성균관대, 한양대, 중앙대, 건국대, 동국대 등 전국 25개 대학에서 선발합니다.

사교육 억제를 위해 다른 특기자 전형은 축소가 권고되고 있지만 SW 특기자 전형은 국가에서 주관하는 사업으로 오히려 그 선발 인원이 증가했습니다. 1차로 학생부, 자소서 및 서류 평가가 이루어지며, 2차에서는 면접으로 최종당락이 결정됩니다. 학생부 종합 전형인 경우는 교내 활동만 인정하지만 특기자 전형으로 분류된 경우 교외 활동 및 수상 실적이 포함됩니다. 정보 올림피아드와 같은 외부 수상 실적만큼이나 수학, 과학 교과의 내신등급이 매우 중요합니다. 수학적 사고력과 기초 논리력을 기본 소양으로 보기 때문입니다.

수시 유형4
_기회균형 선발 전형

기회균형 전형(줄여서 '기균')은, 기초생활수급자, 국가보훈 대상자, 군/경/소방공무원 및 민주화운동 관련자 자녀, 특성화고 졸업자, 농어촌 지역 학생, 다자녀가정 자녀, 특수교육 대상자,

북한 이탈주민 등에게 지원자격을 주는 선발 방식입니다. 사배자(사회적 배려 대상자) 전형으로 불리기도 합니다. 이는 매년 늘어나는 추세로, 2018년 기준 10.4%, 신입생 10명 중 1명이 기회균형 선발로 입학한 셈이니 결코 무시 못 할 숫자입니다.

주요 대학 모집 인원

서울대의 경우 2019년도 입시에서 총 정원 3,182명을 수시와 정시로 뽑는데, 이 정원 외 182명을 기회균형 특별전형으로 뽑습니다. 연세대는 원래 있었던 사회배려자 전형인 한마음 전형 외에도 2017년도 이후 학종 기균 전형을 추가했습니다. 고려대의 경우 농어촌학생 전형으로 116명, 사회공헌자 50명, 사회배려자 67명, 특수교육 대상자 37명 등 270명을 선발합니다.

기균은 알고 보면 '꿀전형'

학교에 따라서 다양한 전형이 있지만, 크게 서류평가와 면접으로 선발하며 수능최저학력기준이 있는 경우도 있습니다. 수능최저학력기준이 있는 경우, 수능에 강한 특목고 학생들이 많이 지원합니다.

특목고생이 어떻게 기회균형 선발 전형에 지원하고 합격하는가, 단순히 생각하면 의아할 수 있으나, 특목고 입시 자체에도 사배자 전형이 포함되어 있음을 잊으면 안 됩니다. 의외로 강남의 좋은 환경에 거주하며 학원도 많이 다니는 학생도 이 전형에 해당되는 요건을 갖추고 있는 경우가 많습니다.

농어촌 특례 전형(농특)의 경우, 도시 학생의 농촌 위장 전입이 사회적 문제가 되었을 정도로 상대적으로 쉬웠던 탓에, 최근 자격요건이 까다로워졌습니다. 하지만 여전히 일부 지방 고교 입시 설명회에서는 농특이 가능하다는 점을 적극 어필할 정도입니다.

타 전형보다 경쟁률도 상대적으로 낮고 내신 성적이 낮아도 '어려움을 이떻게 극복했는가'라는 면을 중점적으로 편단하여 선발하므로, 해당만 된다면 상당히 매력적인 전형입니다. 원하는 대학의 전형을 꼼꼼히 살펴볼 필요가 있습니다. 이 장의 첫머리에 남윤곤 소장님이 '기균'을 말씀하신 것도 같은 맥락입니다.

서울대 농어촌 기회균형 선발 특별전형의 경우, 아래의 가 또는 나에 해당하고 소속 고교장 추천을 받은 자에 해당하며, 고교별 추천 인원은 3명입니다.

가. 농어촌 재학(중학교 3년 + 고등학교 3년) + 농어촌 거주 6년 (지원자, 부모)

나. 농어촌 재학(초등학교 6년 + 중학교 3년 + 고등학교 3년) + 농어촌 거주 12년(지원자)

수시 유형5
_논술 전형

논술 전형은 지속적으로 교육부로부터 '단계적 폐지 유도'를 권고 받고 있습니다. 일선 고교에서 따로 논술 교육을 하지 않는 상황에서 사교육을 유발할 소지가 많았기 때문입니다. 이미 서울대와 고려대는 논술 전형을 폐지했습니다. 2020학년도 주요대학 논술 전형 인원 역시 2019학년도에 비해 줄었습니다.

학교	2019학년도 인원(명)	2020학년도 인원(명)	증감(명)
성균관대	900	532	−368
이화여대	670	543	−127
서강대	346	235	−111
한국외대	442	378	−64
연세대	643	607	−36

하지만 논술 전형은 내신 위주의 학생부 전형에 지원하기 힘든 내신 3~4등급 이하의 학생들이 적극적으로 고려할 수밖에 없는 전형입니다. 주요 15개 대학 기준으로, 논술 전형의 비율은 12.5%로, 여전히 많은 인원을 뽑고 있기 때문입니다.

주요 대학의 논술 전형 선발 방법

논술 전형은 학생부 성적에 구애받지 않는 대표적인 전형입니다. 반영하더라도 등급간의 차이를 미미하게 두어 실질 변별력이 낮으므로, 논술고사의 영향력이 절대적이라고 말할 수 있습니다. 이런 이유로 매년 경쟁률이 100대 1이 넘는 경우도 많고, '과연 제대로 채점이 될까?' 염려될 정도로 많은 지원자가 몰립니다. 2019년 수시 논술에는 경희대 한의예(인문)에서 196:1이라는 최고 경쟁률을 기록했고, 서강대 경영학과에는 모집 인원 84명에 6,099명이 지원해 6,000명이 넘는 학생이 탈락해야 했습니다. 자연계열은 더욱 심각해, 서강대 화공생명공학은 122.7:1의 경쟁률, 성균관대 공학계열은 195명 모집에 10,596명이 몰렸습니다.

논술 전형은 학생부 반영이 미미한 대신, 대부분의 대학에서 수능최저학력기준을 적용합니다. 논술 준비를 적극적으로 해오지 않은 학생이라도 수능 성적이 좋으면 일단은 지원하게 되는 이유입니다.[4] 연세대는 수능최저학력기준이 없는데, 이 경우 지

---

4 인문계의 경우 이화여대 스크랜튼, 경희대 한의예, 한국외대 LD/LT 학부가 3개 영역 등급 합 4로 가장 높습니다. 성균관대 인기학과인 글로벌리더학, 글로벌경제학, 글로벌경영학과의 경우 2개 영역 등급 합 3 이내입니다. 자연계 중 중앙대 의대, 경북대 의예, 치의예, 이화여대 의예과는 4개 영역 등급 합 5 이내입니다. 기타 인기 학과들은 대체로 3개 영역 등급 합 4~5 이내 수준입니다. 성균관대, 그리고 부산대 의예과는 영어 2등급 필수입니다.

원 장벽이 낮아 경쟁률이 높아지므로, 지원 자체가 상당한 모험이 될 것입니다.

주요 대학의 2020학년도 논술 전형 선발 방법은 다음 표와 같습니다.

대학명	선발 인원 (명)	선발 방법 (%)	수능최저 학력기준
건국대	451	논술 100	O
경북대	793	논술 70 + 교과 20 + 비교과 10(출결 + 봉사)	O
경희대	714	논술 70 + 교과 21 + 비교과 9(출결 + 봉사)	O
부산대	679	논술 70 + 교과 20 + 비교과 10(출결 + 봉사)	O
서강대	235	논술 80 + 교과 10 + 비교과 10(출결 + 봉사)	O
서울시립대	142	1단계: 논술 100 2단계: 1단계 성적 60 + 교과 40	X
성균관대	532	논술 60 + 교과 30 + 비교과 10(출결 + 봉사)	O
연세대	607	논술 100	X
이화여대	543	논술 70 + 교과 30	O
중앙대	827	논술 60 + 교과 20 + 비교과 20(출결 + 봉사)	O
한국외대	378	논술 70 + 교과 30	O
한양대	376	논술 80 + 학생부 종합평가 20	X
홍익대	397	논술 60 + 교과 40	O

논술에는 정답이 있다_글쓰기보다 중요한 건 오히려 수학

논술고사는 수능과 다르게 대학별로 그 유형이 상당히 다릅니다. 대표적인 문제 유형이 '수리논술'입니다. 한양대 상경계열은 일반적인 인문계 논술 외에도 수리논술이 출제됩니다. 한국외대 인문계열은 고난도의 영어 제시문이 출제됩니다.

수리논술이 제시되지 않더라도 대부분의 인문계 논술에는 자료 해석형 제시문이 출제됩니다. 이 경우 글로 된 지문뿐 아니라 도표 해석 능력까지 필요로 하는 경우가 많으므로 단순한 글쓰기 시험으로 접근해서는 곤란합니다.

게다가 연세대 논술에는 수리, 통계자료, 심지어 과학 관련 제시문이 포함됩니다. 수능최저학력기준이 없으니 글만 좀 잘 쓰면 운 좋게 합격할 수 있으리라 기대하면 오산입니다. 연세대 인문 논술은 뚜렷한 정답이 있는 시험입니다. 특히 수학적 이해력과 통계를 읽고 수치를 해석할 수 있는 능력이 없으면 아예 제시문을 파악하기조차 어렵습니다.

자연계의 경우, 서강대, 한양대는 수리 논술만 출제하며, 연세대, 성균관대는 수리 논술에 더해 과학 논술도 출제합니다. 자연계열 논술은 답과 함께 풀이 과정도 평가에 포함됩니다. 그 무엇보다도 수학, 과학의 깊이 있는 지식이 있느냐가 관건입니다. 논술을 글쓰기 시험으로 오인하면 안 되는 이유입니다.

| 정시

정시는 수능 이후에 원서를 지원하는 전형입니다. 수능 위주로 선발하므로, 내신이 좋지 않고 학생부 비교과 활동이 충실하지 않은 학생의 경우 올인해야 하는 마지막 보루입니다. 교육부 권고에 따라 2022년부터 대부분의 대학이 정시 선발 인원을 30%로 늘리게 됩니다.

대학별 인원 증가폭을 볼까요. 서울대의 경우 2020년에 비해 2022년에는 324명이 늘어날 것으로 예상되며, 고려대는 587명, 이화여대는 458명, 중앙대는 424명이 늘어날 것으로 보입니다.

정시 인원이 30%로 잡혀도, 실제로 수시에서 각 대학들이 정해진 인원을 뽑지 못해서 정시로 넘어가는 인원(이른바 수시 이월)까지 더 하면 실제 정시 선발 인원은 30%를 훌쩍 넘기게 됩니다.

정시는 수능 중심으로 선발

정시모집은 대부분 수능 100%로 선발합니다. 학생부를 반영하더라도 실제 영향력은 미미하므로, 사실상 수능이 합격을 결정짓는 절대적인 요소입니다. 국어, 영어, 수학, 탐구 과목의 4개 영역이 중심이 되는데 영어가 절대평가로 전환되어 실제로 나머지 과목의 중요도가 높아졌습니다.

대부분의 정시 선발에서는 원점수 대신 표준점수를 사용합니다. 표준점수는 난이도에 따라 점수를 다시 산출한 것으로, 난이도가 높은 시험일수록 높게 나타납니다.

2019학년도 입시에서 유난히 어려웠던 과목은 국어였습니다. 국어 표준점수 최고점이 150점이었던 반면, 수학 가형(자연계 학생들이 응시한 수학 시험)은 133점이어서 과목 간 격차가 17점이나 났습니다. 이렇게 되면 국어가 약한 자연계 학생들은 수학 성적으로 이를 만회할 수 없습니다.

누가 준비해야 하는가

수능 위주의 정시 전형은 내신의 부담에서 벗어난 N수생(재수생, 삼수생 등을 포괄하는 표현)에게 확실히 유리합니다. 특히 수시 전형 중 고려대 학교추천 전형, 서울대 지역균형 전형, 연세대 면접형 전형 등, N수생을 배제하고 오로지 재학생만을 모집하는 전형이 있어, 재수생 이상의 수험생은 더욱 더 정시에 집중하게 될 것으로 보입니다.

재학생들은 고교 입학과 동시에 내신 관리를 시작으로 수시 위주 전략을 수립하되, 수능 준비를 병행해야 합니다. 수시에 수능최저등급이 적용되기도 하거니와, 실제로는 전체 선발 인원의 40%에 육박하게 된 정시 선발을 놓칠 수 없기 때문입니다.

만들어진 스펙으로 대학 가던 시절은 끝났다

입시의 방식이 다양해지다 보니 학생들과 학부모님들은 입시에 대해 막연한 불안감을 갖고 있습니다. 오랜 기간 메가스터디에서 국어를 가르치며 학생들의 독서지도에도 남다른 열정을 발휘하고 있는 권미경 선생님은 종종 안타까울 때가 많다고 합니다. "학생들이나 어머님들이 예전보다 훨씬 더 불안해하세요. 사실 그럴 필요가 없는데 말이죠. 아리스토텔레스도 말했듯이, '현상은 복잡해보이지만 본질은 단순하다'는 사실을 꼭 알려드리고 싶어요. 아이들 대학을 보내 보니, 꼼수가 아닌 정공법이 가장 빠른 지름길이랍니다." 맞습니다. 대입 전형의 큰 구조를 파악하고 보면, 사실 대학 입시의 가장 빠르고 쾌적한 지름길은 역시 공부를 잘하는 것입니다. 내신 성적이 완벽하고, 학교 생활도 성실히 영위하고 수능을 잘 보면 아무런 걸림돌 없이 최상위 대학에 진학할 수 있습니다(그리고 이 3가지는 결코 서로 별개의 것들이 아닙니다). 이런 학생이 바로 학생부 종합 전형이 원하는 이상적인 지원자입니다. 학업능력과 성실성을 모두 인증한 셈이기 때문입니다.

세간에서 오해하듯, 공부 이외의 스펙으로 만들어진 학생부로는 결코 좋은 대학에 진학하기 힘듭니다. 스펙으로 분류되는 비교과 내용도 사실 교과 내용을 바탕으로 이루어지는 경우가 많습니다. 내신과 비교과, 그리고 필요하다면 수능까지 두루 대비하는 것이 가장 현명한 대비 방법입니다. 이렇게 두루 성실한 학생은 대학 생활도 성실히 영위합니다. 특정 분야에만 특별히 강점을 지닌 학생은 갈수록 입지가 줄어들 추세입니다. 특히 자연계 최상위권의 경우, 실제 정시 인원보다 수시 이월 인원이 많아 실제 정시 선발 인원이 크게 늘어나는 경향이 있습니다.

특정 과목에서 취약함을 가진 자연계열 최상위권 학생들은 수능 모든 영역 만점을 목표로 학습해야만 합니다.

최악의 경우, 플랜B가 있다

시대인재 학원 재수종합반 안길용

재수생 이상 N수생의 서울대 정시 합격 비율은 50%를 상회합니다. 재수 비용은 오롯이 개인의 부담이기에 여전히 줄어들지 않는 재수생의 숫자는 교육관계자에게 불편한 진실이 아닐 수 없습니다. 게다가 2019학년도 수능이 매우 어려웠던 탓에 2020학년도 입시를 준비하는 주요 재수학원들은 모두 어렵지 않게 정원을 채웠습니다.

미리부터 재수를 염두에 두고 입시 준비를 해서는 안 되지만, 그렇다고 아예 재수라는 선택을 배제할 수만은 없습니다. 입시의 또 다른 길인 재수에 대해, 메가스터디 기숙학원 원장을 역임하고 러셀 자습관의 초대 관장을 거쳐 현재 시대인재 재수종합반을 운영하고 계신 안길용 선생님께 말씀을 들어보았습니다.

Q 대치동 학생들이 재수를 많이 하는 이유는 무엇일까요?

A 아무래도 대치동은 교육 수준과 경제 수준이 높으므로, 진학하고자 하는 대학의 수준도 높습니다.

Q 재수 비용은 한 달에 얼마인가요?

A 저희는 현재 수업료만 한 달에 168만원을 받습니다. 거기에 추가해서 1학기 교재비는 30만원 정도고, 식비는 한 달 24만 원 정도입니다. 저희가 좀 비싼 편이고, 보통 재수종합반 수업료는 90~135만 원 수준입니다. 기숙학원은 300만 원이 넘을 겁니다.

Q 형편이 넉넉하지 못한 학생은 재수도 힘들군요. 그래도 학원마다 장학제도가 많은 것으로 아는데요.

A 몇 년 전 새로 런칭했던 학원들은 첫 해에 대규모 장학제도를 시행했습니다. 절반이 장학생일 정도로 말이죠. 그런데 학원이 입시 결과가 좋고 시장에 안착되면 장학금 규모가 줄어들고 장학생 선발 기준이 까다로워집니다. 모집이 잘 안 되면 장학금이 많아지지만, 재수하려는 우수 자원이 많아지면 자연스럽게 장학금이 줄어드는 것입니다.

Q 재수 비용이 이렇게 많이 드는데도 여전히 재수생이 많은지요?

A 여전히 많습니다. 특히 올해는 국어가 매우 어려웠기 때문에 상위권 학생들의 입시에 변수가 생겼습니다. 그래서 재수생이 많은 것으로 보입니다.

Q 재수생들은 주로 정시 준비를 하지요?

A 정시 비율이 높고, 수시 전형 중 논술 전형 준비도 많이 합니다. 인서울 주요 대학의 논술 전형은 예전에는 시간을 들여서 준비하기에는 변수가 너무 많았지만 최근에는 시험의 안정성이 커져서 도전해볼 만합니다. 다시 말해, 논술시험의 난이도가 많이 낮아졌습니다. 예전의 논술시험은 고교 교과과정만으로는 풀 수 없는, 수학으로 따지면 4점짜리 고난도 문항보다 훨씬 더 어려운 수준이었다면, 요즘은 반드시 교과서에 근거를 두고 출제하도록 되어 있기 때문에 그 수준이 수능과 많이 다르지 않습니다. 고난도 문제에 익숙한 영재고, 과학고 학생이나, 특정한 문제 유형이나 지문을 운 좋게 접해본 학생이 로또처럼 붙는 시험이 예전의 논술이었습니다. 지금의 논술은 일반고 학생들도 많이 합격합니다. 예전에는 한 학생이 수시 6회를 모두 논술 전형으로 지원하면 2개를 붙기가 힘들었는데, 요즘은 4개까지도 동시에 붙더라구요. 특히 의대가 그렇습니다.

Q 논술시험의 랜덤성이 줄어든 것이군요.

A 맞습니다. 이제는 일정한 실력 수준을 가려낼 수 있는 안정적인 시험이 되었습니다.

Q 독학재수학원은 인기가 좀 줄어든 것 같은데요.

A 맞습니다. 재수종합반의 획일화된 시스템에 반발한 움직임으로 한 때 붐이었죠. 게다가 학원비도 상대적으로 싸기 때문에 인기가 있었습니다(44만원에서 58만원 선입니다). 독학재수학원은, 본인이 원하는 강의만 수강하고 나머지 시간에는 자습실에서 자유롭게 자기 공부를 할 수 있으니 분명히 매력적인 선택지입니다. 그런데 이런 독학재수 형태가 가능한 학생들은 자기 관리가 철저한 최상위 학생 일부입니다. 재수종합반보다 상대적으로 관리력이 약하기 때문에 중하위권 학생들의 입시 결과가 좋지 않았습니다.

Q 이제는 재수종합반들도 선택 수업의 폭이 넓어지고 있지 않은지요?

A 네. 저희만 해도 선택 수업이 많아서 개별 시간표가 배부됩니다. 특히 상위권 학생들은 개념이 부족해서 재수를 하는 것이 아니라 1문제, 2문제를 더 맞추기 위해 재수를 하기 때문에 획일화된 수업으로는 니즈를 충족시키기 힘듭니다.

Q 어떤 학생들이 재수에 적합하고 어떤 학생들이 부적합한가요?

A 실제 객관적 실력보다 수능 성적이 낮은 경우라면 당연히 재수 성공 가능성이 높습니다. 기초 개념이 부족한 중하위권 학

생은 성적 향상률이 기대보다 높지 않습니다. 또한, 자신의 객관적 실력을 정확히 판단하지 못하고 눈이 지나치게 높은 경우, 재수에서 만족할 만한 결과를 얻지 못해 3수까지 하게 되는 경우가 많습니다.

Q 일단 낮은 대학에 들어갔다가 상위 대학으로 옮기는 편입이라는 선택지도 있습니다. 재수와 편입 중 어느 쪽이 나을까요?

A 주요 대학의 편입 선발 인원이 많이 줄어든 것으로 압니다. 실제로 대학에 진학해서 소위 말하는 '대학물'을 먹게 되면, 다시 고등학생처럼 열심히 공부하기가 생각보다 쉽지 않습니다. 준비해야 하는 과목이 문과는 영어, 이과는 영어와 수학으로 수능보다 적기 때문에 진입 장벽이 낮아 보이지만, 경쟁률도 높고 공부에 집중하는 것도 힘들어서 의외로 합격하기 힘든 것이 편입입니다.

Q 대학 진학율이 80%에 달하는 상황에서 대학 졸업장은 유명무실해졌으므로, 다른 방향으로 진로를 트는 학생들이 많아질 것이라고 예측하는 분들도 있습니다. 그런데 여전히 사교육의 열풍은 가라앉지 않고 있습니다. 어떻게 보시는지요?

A 사교육 열기는 더 높아진 것으로 체감됩니다. 한국의 경제 상

황이 정체기로 접어들었기 때문에, 사람들이 더욱 더 안정적인
직장을 원하는 것 같습니다. 누구나 대학을 가는 시대라서 대
학 졸업장이 의미가 없을 수도 있지만, 돌려 말하면 그 졸업장
이라도 없으면 정말 큰일이구나라고 생각할 수도 있지요. 부모
의 투자로 '기획상품'처럼 만들어진 인재에 대한 비판적인 시
각도 있지만, 그렇게 해서라도 안정적인 삶을 누리게 해주고
싶은 것이 부모의 마음일 것입니다. 대학이 취업의 도구로 전
락했다고 하지만, 취업의 도구라도 없으면 어떻게 하겠습니까.
이것은 부모의 입장이 되어보지 않으면 쉽게 비판하기 힘든
문제라고 봅니다.

3장

특목고/자사고에
적합한 지원자는 따로 있다

"이런 친구는
절대로 외고 오면 안 돼요!"

"제일 안타까운 건 중학교 내신이 좋다고 무작정 외고에 온 친구들이죠. 영어를 정말 잘하지 않으면 외고에서는 출발부터 지는 게임이에요."

대원외고를 거쳐 서울대에 진학을 앞두고 있는 수연이(가명)에게 외고 생활의 면면에 대해 물었습니다. 수연이는 의외로 고등학교 선택의 첫 단추를 잘못 끼워서 입시가 꼬여버린 친구들이 많다고 말합니다. 따로 지필고사를 치렀던 과거와는 달리 이제 외고는 중학교 2, 3학년 영어 내신 성적을 중심으로 학생을 선발합니다. 물론 면접 과정에서 다시 한 번 걸러지긴 하지만 관문이 넓어지다 보니, 외국어 중심의 특수 목적 커리큘럼에 적합하지 않은, '전반적으로 무난한 우등생'이 지원하는 사례가 있습니다. 그러나 막상 입학하고 보면 일반고와 달리 외고는 내신의 반이 영어와 제2외국어 수업으로 이루어져 있습니다. 여기서 학습 부담을 느끼게 되면 수연이의 말처럼 '출발부터 지는 게임'에 뛰어드는 것입니다. 정작 중요한 수학은 그 다음 문제가 되어버리는 것이지요. 막연히 명문대 진학율이 높다는 점만 보고 외고에 진학했다가 난생 처음 받아보는 처참한 성적표에 좌절하고 방황하는 학생들이 정말 많습니다.

수시 최적화 자사고에서 수시를 과감히 포기하고 정시를 준비하는 학생들의 경우도 먼 길을 돌아서 가고 있는 일례라고 할 수 있습니다. 서울대 수시에 특화된 명문 자사고 하나고는 상대적으로 정시 대비가 소홀할 수밖에 없습니다(2018년의 경우 수시 52명, 정시 3명, 총 55명 서울대 합격). 학생부 종합 전형 위주로 다양한 비교과 활동을 수행하다 보니, 수능에 올인할 수 있는 시간이 턱없이 부족한 탓입니다. 막상 고2 겨울방학에 와서 수능을 준비하는 하나고 학생들을 만나보면 내신도 애매하고(4~6등급), 수능 모의고사도 생각보다 저조해서 지도하는 입장에서 난감한 경우가 많았습니다. 자사고에서 상위권에 포진하지 못한 반 이상의 학생들은, '이 고생 할 거면 그냥 일반고 가서 서울대 쉽게 갔었을 것'이라는 후회를 하지 않을 수 없습니다.

그렇다면 어떤 학생들이 특목고와 자사고에 진학해야 할까요?

특목/자사고 VS 일반고,
전략적으로 올바른 고등학교 선택법

특목/자사고만이
답은 아니다

집 앞에 있는 일반고를 갈 것이냐 아니면 특목고나 자사고를 갈 것이냐를 고민할 때 문제가 되는 것은 바로 '면학 분위기'와 '입시 지원 열의'일 것입니다. 실제로 교육특구라 불리는 강남, 서초, 송파구 및 목동 지역, 지방의 일부 지역 학교들을 제외하면 일반고의 학력 수준은 매우 낮은 것이 현실입니다.

한 학교에서 수능을 제대로 준비하는 학생이 몇 명 되지도 않고, 학교에서 다양한 비교과 활동을 위한 커리큘럼을 마련해주기는커녕 생활기록부 작성에도 소극적인 자세를 보인다면 더더욱 일반고 진학이 망설여질 것입니다.

그러나 단지 그 이유만으로 특목/자사고 진학을 고려해서는 안 됩니다. 우수한 인재들만 모여서 경쟁하는 분위기에서 적어도 상위 30%에 들 만한 실력이 뒷받침되지 않는다면 우수한 학생들의 들러리만 설 가능성이 높습니다. 이처럼 현재 학업 실력이 애매하다면 차라리 일반고에 진학해서 꾸준히 상위권을 유지하는 편이 입시 지원에 있어서 다양한 기회를 갖는 길입니다. 아래의 서울대 합격생 출신 고교 분석을 보면 잘 알 수 있습니다.

2019학년도 서울대 합격생의 고교 유형별 현황

		일반고	자사고	자공고	과학고	영재고	외국어고	국제고	예술/체육고	특성화고	검정고시	기타(외국고 등)	계
총계		1,755명 (51.1%)	533명 (15.5%)	141명 (4.1%)	170명 (5.0%)	294명 (8.6%)	272명 (7.9%)	47명 (1.4%)	179명 (5.2%)	7명 (0.2%)	21명 (0.6%)	13명 (0.4%)	3,432명
수시	지역균형	533명 (33.4%)	24명 (3.9%)	50명 (8.2%)	–	–	–	–	4명 (0.7%)	1명 (0.2%)	–	–	612명
	일반	584명 (33.4%)	271명 (15.5%)	36명 (2.1%)	161명 (9.2%)	275명 (15.7%)	199명 (11.4%)	32명 (1.8%)	169명 (9.7%)	1명 (0.1%)	7명 (0.4%)	12명 (0.7%)	1,747명
	기회균형	127명 (77.4%)	7명 (4.3%)	13명 (7.9%)	2명 (1.2%)	1명 (0.6%)	6명 (3.7%)	1명 (0.6%)	1명 (0.6%)	5명 (3.0%)	1명 (0.6%)	–	164명
	계	1,244명 (49.3%)	302명 (12.0%)	99명 (3.9%)	163명 (6.5%)	276명 (10.9%)	205명 (8.1%)	33명 (1.3%)	174명 (6.9%)	7명 (0.3%)	8명 (0.3%)	12명 (0.5%)	2,523명
정시	일반	507명 (56.2%)	230명 (25.5%)	42명 (4.7%)	7명 (0.8%)	18명 (2.0%)	67명 (7.4%)	14명 (1.6%)	4명 (0.4%)	–	13명 (1.4%)	–	902명
	기회균형	4명 (57.1%)	1명 (14.3%)	–	–	–	–	–	1명 (14.3%)	–	–	1명 (14.3%)	7명

자료 출처: 서울대학교 입학 본부 보도자료

2019학년도 서울대 입시에서 일반고 학생의 합격율이 51.1%, 자율고는 19.6%, 과학고 5%, 영재고 8.6%, 외국어고 7.9%입니다. 특히 수시 지역균형 전형은 일반고 출신 합격생의 비중이 87.1%에 달하므로, 서울대를 노리는 최상위권 학생들이라면 특목고에서 치열한 내신 경쟁에 시달리는 것보다 일반고에서 확실한 전교 1등을 유지해 학교장 추천을 받아 지역균형 전형으로 서울대에 가는 것이 훨씬 수월합니다.

성적만큼이나 성향도 중요하다

고교 선택에 있어서는 재능과 현재 성적도 중요하지만 학생의 성향도 매우 중요합니다. 현재 성적이 부족하더라도 천천히 철이 드는 남학생 중에서는 고등학교에 들어간 이후부터 폭발적인 성적 향상을 이뤄내는 경우가 아주 많습니다. 또한, 승부욕이 강하고 주도적인 성향인 경우라면 특목/자사고의 치열한 내신 경쟁에서도 무너지지 않고 승부를 볼 가능성이 큽니다.

요즘은 취업뿐만 아니라 심지어 이성교제와 결혼에 있어서도 대학 졸업장만큼이나 출신 고등학교와 그 인맥이 중요하다고들 합니다. 대입에서의 유불리만큼, 우수한 친구들과 교우관계도 중요하게 본다면 명문고 입시는 도전할 만한 이유가 있습니다.

반면 어려서부터 부모의 지원으로 우수한 성적을 유지하고는 있지만 성격이 유약하고 선천적인 승부욕이 약한 경우라면 자칫 치열한 특목/자사고 입시부터 자존감이 크게 무너질 수 있습니다. 운 좋게 입학하더라도 상위권에서 중하위권으로 신분하락(?)이 일어나는 상황에서 자신감을 잃고 입시에서 길을 잃어버리게 됩니다. 원만한 교우관계는커녕 기가 죽어서 3년을 괴롭게 보낼 수도 있습니다. 모두에게 주목받던 학생이었다가 아무도 관심을 갖지 않는 '들러리'가 되었을 때 학생들이 느끼는 열패감은 어른들의 상상을 초월합니다. 그 트라우마를 극복하지 못해 대입까지 영향을 주는 경우를 너무 많이 보았습니다. 반드시 아이의 성향을 고려하여 고교 선택에 임해야 할 것입니다.

남녀공학, 피해야 할까?

고등학교 선택의 또 다른 화두는 바로 공학이냐 아니냐일 것입니다. 한국교육과정평가원이 2018학년도 수능 성적을 분석한 결과, 남녀공학은 국어 영역, 수학 가형(자연계), 수학 나형(인문계) 모두 최하위를 기록했습니다. 이에 비해 여고는 국어, 수학 가형에서 평균 학업성취도가 높았고, 남고는 수학 나형에서 수위를 차지했습니다. 공학은 이쯤 되면 남,녀 학생 모두에게 기피 대상입니다.

하지만 조금 더 자세히 들여다볼까요? 학교의 종류와 관계없이 대체로 일찍 철이 드는 여학생의 평균 성적이 남학생보다 높습니다(국어 표준점수는 4.5점 차이, 수학 가형은 0.1점 차이).

학생부 관리가 중요해진 지금, 여학생만큼 꼼꼼하지 못한 남학생들은 내신 관리와 비교과 관리에 상대적으로 더욱 취약합니다. 따라서 차분하지 못한 남학생은 공학은 피하는 것이 좋습니다. 그러나 평균적으로는 여학생의 성적이 남학생보다 좋지만 이과 최상위권만큼은 남학생이 여학생을 압도한다는 것이 정설입니다. 성실한 이과 최상위권 남학생이라면 공학도 나쁜 선택지는 아닙니다.

성실한 여학생의 경우라면 중하위권 남학생들이 내신을 뒷받침해주는 공학이 내신 경쟁이 치열한 여고보다 더 나은 선택일 수도 있습니다. 특히 고1 내신 수학은 반복 훈련이 관건인 단원이므로 수학마저 여학생에게 유리할 수 있습니다.

공부 이외의 측면에서 공학은 이성교제가 쉽고 이로 인해 학업을 소홀히 할 수 있다는 단점도 있지만, 오히려 이성 앞에서 행동을 더 조심하게 되는 측면도 있습니다. 따라서 학생의 성향을 잘 고려한 후 판단하는 것이 옳으리라 생각됩니다.

농어촌 자율학교에서
영재고/국제고까지,
유형별 특장점 및 지원방법

이과 상위권의 또 다른 선택지
과학중점학교

영재고, 과학고에 떨어진 학생들은 일반고 중에서도 '과학중점학교'[1]에 지원하는 경우가 많습니다. 과학중점학교란 과학실 4개와 수학 교실 2개를 갖추어야 하고 전체 이수단위의 45% 이

---

1 대표적인 과학중점학교로는 경기고, 서울고, 반포고, 대진고, 마포고, 명덕고, 용산고, 무학여고, 여의도고, 영등포고, 잠신고, 김포고, 분당중앙고, 늑생고, 수리고, 수시고, 능도고, 대덕고, 부산장안고, 부산고, 진주여고, 속초고, 원주고, 춘천고, 군산제일고, 포항고 등이 있습니다.

상을 과학, 수학 교과로 편성합니다(일반계 고교는 30% 내외, 과학고는 60% 내외). 과학 과목도 II과목[2] 4개를 모두 들어야 합니다. 일반고에 비해 과학 관련 대회와 동아리활동이 활발히 이루어지므로 학생부 종합 전형에 유리합니다. 몇몇 학교는 실제로 서울대 수시 합격자 수가 지역 과학고와 비슷한 수준으로 실적이 좋습니다.

문제는, 대부분의 과학중점학교는 영재고와 과학고를 준비했던 학생들이 지원하므로 내신 경쟁이 치열하다는 겁입니다. 게다가 과중반(과학중점학급)을 2개로 운영하면서 이들 학급만 수강하는 심화과정(과학 II 과정이 대표적인 예) 과목을 해당 2개 학급 내에서만 등급을 매길 경우, 내신 경쟁은 상상을 초월하게 됩니다. 소수의 뛰어난 학생들을 9등급으로 줄 세우는 것이므로, 한두 문제만 틀려도 4등급 이하로 밀려버리는 경우가 심심찮게 생기는 것입니다.

또한, 과중반이 아닌 나머지 이과생, 그리고 문과생이라면 과중반 학생들이 내신 상위권을 싹쓸이하는 것을 지켜만 봐야 할 수도 있습니다. 학교의 프로그램 자체도 과중반 위주로 편성될 가능성이 큽니다.

---

2 과학 과목은 물리, 화학, 생물, 지구과학으로 나뉘며 깊이에 따라 다시 기본 과정인 I, 심화 과정인 II로 나뉩니다

따라서, 확실하게 수학, 과학에 특기가 있으며 기타 과목도 우수한 학생이 학생부 종합 전형을 노리고 지원할 만합니다. 그렇지 않다면 멋모르고 진학했다가 오히려 상대적인 불이익을 당할 수도 있습니다.

자사고의 아성을 위협하는
농어촌 자율학교

농어촌 지역의 사립 일반고나 국립고 중에서 교장 임용, 교육과정, 학생 선발 등에서 자율성을 갖도록 지정된 학교입니다. 대부분 학교가 도심에서 떨어져 있어서 기숙사 생활을 하는 경우가 많습니다.

이중 전국 단위 모집을 하는 유명한 명문고들이 있습니다. 바로 공주 한일고, 공주사대부고 등입니다.[3] 광역 단위 모집을 하는 경우도 있는데, 이들 중 양서고, 부산 장안고가 유명합니다.

이들 학교는 외고 및 자사고와 비교해서 학생들의 수준이나

---

3 이들 학교는 자율형 공립고로 분류되기도 합니다. 자율형 공립고는 자율형 사립고와 비슷해 보이나 교육과정의 재량권에서 차이가 있습니다. 자율형 사립고는 국민공통기본교육과정의 50%까지를 자율적으로 지정 가능하지만, 자율형 공립고와 과학중점고는 35%까지 지정이 가능합니다. 이외의 선택교육과정은 자사고, 자공고, 과학중점고 모두 100%의 자율성을 부과합니다.

대학 진학 실적이 뒤처지지 않고, 교육과정도 매우 특색 있는 과정을 운영하는 경우가 많습니다.

공주 한일고는 매년 10명 내외의 서울대 수시 합격자를 배출하고 있으며, 공주사대부고도 비슷한 수준입니다. 특히 한일고의 의치한 합격자 수는 한 학년 정원이 150명으로 적은데도 불구하고 매년 50명을 훌쩍 넘기고 있습니다.

게다가 농어촌 특별전형에 해당되는 경우가 많아 입시에 유리합니다. 그럼에도 학비는 일반고와 비슷한 수준이므로, 특목/자사고를 대체하는 매력적인 선택지로 추천할 만합니다. 단, 우수한 학생들이 몰리는 것 또한 마찬가지이므로 내신 경쟁은 필수입니다. 기숙사 생활도 부담으로 작용할 수 있습니다.

대표적인 학교들의 전형 방법과 서울대 입시 결과

		선발 방식	2019 모집 인원	2018서울대 입시 실적
전국 모집	공주 한일고	내신 100% (교과 80 + 비교과 20)	142명	17명
	공주사대부고	내신 100%	168명	16명
	거창 대성고	내신 100% (교과 160 + 비교과 40)	161명	2명
	남해 해성고	내신 100% (교과 160 + 비교과 40)	92명	4명
	거창고	내신 석차 백분율 순위	92명	4명
광역 모집	부산 장안고	내신 석차 백분율 순위	120명	6명
	양서고	내신 100% (교과 150 + 비교과 50)	210명	16명

이 외에 일반고로서 뛰어난 입시 결과를 보여주는 학교들도 있습니다. 강서고, 단대부고, 숙명여고, 진선여고, 중산고 등, 전통의 교육특구 강호들이 서울대 및 의치한 입시 결과에서 꾸준히 좋은 성적을 내고 있습니다. 이들 학교들은 특목/자사고 못지 않은 교육열로 내신 경쟁 또한 치열하다는 점이 반대급부로 작용합니다.

외고 지원에 앞서 다시 생각할 것들

외고는 말 그대로 외국어교육이라는 특수한 목적을 가진 학교입니다. 교과시수 중 40%를 전공어 및 외국어 수업(영어, 일본어, 중국어, 독일어, 프랑스어, 스페인어)으로 편성합니다. 따라서, 영어는 물론 다른 외국어도 구사가 가능한 학생에게 유리합니다. 이후의 취업에 있어서도 영어 이외의 외국어를 구사할 수 있다는 점은 매우 큰 장점으로 작용합니다. 보편적이지는 않아도 특수 외국어에 대한 수요는 꼭 있게 마련이기 때문입니다.

이때 영어를 잘한다는 수준은 자유로운 의사소통이 가능한 회화 실력, 그리고 원서를 강독할 수 있는 정도의 깊이 있는 실력까지 요구합니다. 실력이 부족한 국내파 학생들은 회화 수업이

각 외고 2018년도 서울대 입시 결과

학교명	2018 서울대 등록 총원	수시	정시
대원외고	53	36	17
한영외고	34	25	9
명덕외고	28	21	7
안양외고	19	14	5
대일외고	17	16	1
고양외고	17	15	2
경기외고	15	11	4
대전외고	10	10	0
성남외고	9	7	2
수원외고	9	7	2
과천외고	8	5	3
깅원외고	8	4	4
이화외고	7	6	1

나 심화독해 수업 등에서 내신 점수의 바닥을 깔아주기 십상입니다. 교재 자체가 원서인 경우가 많고, 아예 시험 범위가 존재하지 않는 경우도 있습니다.

수행평가 역시, 해당 언어로 된 에세이, 발표 및 조별 과제가 대부분입니다. 외국어 능력이 부족한 경우 이 또한 큰 부담이 됩니다. 결국, 영어를 기본으로 구사하며 제2 외국어권에 거주한 경험이 있고 수학도 우수한 학생의 경우 외고 지원에 매우 적합하며, 그렇지 않다면 신중한 판단을 요합니다.

최근의 입시 결과는, 대원외고가 여전히 명성을 유지하는 가운데 한영, 명덕, 대일외고가 그 뒤를 따르고 있습니다. 대원외고를 제외한 나머지 외고들은 지속적인 입시 변화에 적응하지 못해 예전의 입시 결과에 못 미치는 양상입니다.

설립 목적에 부합하듯 초기의 외고들은 해외 대학 진학반을 적극 운영하고 실적도 좋았습니다. 그러나 경제 및 사회적 상황의 변화로 해외 대학 진학 붐이 잦아들고, 국제고와 자사고, 국제학교가 증가한 지금은 상황이 크게 달라졌습니다. 10년 전 2008년도에만 해도 대원외고의 해외 대학 진학율은 30%를 넘었으나 2018년의 경우 3%대에 불과할 정도입니다.[4]

입시의 트렌드가 국내 최상위권 대학 진학으로 수렴하는 가운데 대원외고는 다양한 수준 높은 프로그램을 운영하여 학생부 종합 전형 입시 체제에 가장 잘 적응한 케이스입니다. 대원 아카데미를 통해 대학 전공과목 수준의 특화수업을 제공하며, 각종 토론, 원서 강독, 논문 대회 등으로 학교 생활 자체만으로도 상당한 분량의 생활기록부를 만들어낼 수 있습니다.

그런데 오히려 이런 활발한 비교과 활동이 입시의 발목을 잡기도 합니다.

"막상 대학 입시를 치러보니, 이렇게 비교과 준비할 힘으로 그냥 내신 공부와 수능에 집중할 걸 그랬어요."

앞선 에피소드에 소개된 수연이가 저에게 남긴 말입니다.

---

4 2018년 경기외고 해외대 진학율 20명 9.3%, 대원외고 9명 3.2%, 한영외고 9명 3.4%.

2019학년도부터의 외고 입시에서 주의해야 할 점은 중학교 2,3학년 영어 성적이 변별력을 잃게 되었다는 점입니다. 이전까지는 석차 9등급제 성적을 반영하던 것이 2019학년도부터는 절대평가 점수인 '성취도'를 반영하기 때문입니다. 지원자 대부분은 영어 성취도가 올 A일 것입니다. 동점자 모두가 2단계 면접 전형으로 넘어가지 않고 1단계에서 국어와 사회 교과 성적순으로 합격자를 가리게 되므로, 이들 과목의 중요성이 매우 커졌습니다. 출결 관리 또한 당락에 영향을 미치는 주요 변수가 되었습니다.

2019년도 각 외고 모집 인원 및 선발 방식

학교명	2019 모집 인원	선발 방식
대원외고	250	
한영외고	250	
명덕외고	250	
안양외고	250	
대일외고	250	1단계: 중 2,3학년 영어 내신 성적(160점)
고양외고	250	(정원의 1.5~2배수)
경기외고	200	2단계: 1단계 성적(160점) + 면접(40점)
대전외고	250	동점자 발생시 국어/사회 과목으로 처리
성남외고	200	교과 및 영어 면접 금지되며 자소서와 생기부
수원외고	200	바탕한 질문
과천외고	250	
강원외고	125	
이화외고	150	

외교 전문가 양성,
해외 대학 진학에 특화된 국제고

국제고는 외국어 교육을 중시하는 특목고라는 점에서는 외고와 비슷합니다. 입시 전형도 중학교 영어 내신과 자소서, 생기부 기반 면접 방식으로 동일합니다.

그러나 국제고는 외국어뿐 아니라 국제정치, 국제법 등 외교 전문가 양성을 목표로 합니다. 따라서 외고처럼 언어별 전공은 나뉘어 있지 않습니다. 이수 과정도, 외국어뿐 아니라 국제 정치, 문화와 같은 사회 과목이 강화되어 있습니다.

외고와 마찬가지로 문과 상위권, 특히 여학생들이 선호하는 학교인데다 학년별 인원도 200명 내외여서 내신 경쟁이 치열합니다. 입시 실적은 다음과 같습니다.

국제고 2018년도 서울대 입시 결과

학교명	2018 서울대 등록 총원	수시	정시	특기사항
청심국제고	6	5	1	국제고 중 유일한 사립 해외대 진학율 36.5%
고양국제고	15	9	6	
인천국제고	10	8	2	
서울국제고	9	6	3	
동탄국제고	9	4	5	
부산국제고	7	5	2	
세종국제고	4	4	0	

국제고는 해외에서 거주하다 귀국한 학생들이 많아 상대적으로 분위기가 자유로운 편입니다. 이는 자칫 입시 몰입도를 저해하는 원인이 되어 다른 특목고에 비해 면학 분위기가 느슨하다는 단점이 있습니다. 최근의 입시 실적도 저조한 편입니다(참고로, 국제중 역시 이와 같은 문제를 안고 있습니다).

해외 대학 진학을 목표로 하지 않는 경우, 다양한 외국어 및 국제관련 커리큘럼이 오히려 입시 준비에 걸림돌이 될 수 있습니다. 국내 대학에 진학할 것인지, 해외 대학을 목표로 할 것인지를 미리 정하고 국제고 입학을 고려하는 것이 현명합니다.

자연계 최상위권의 집결지
영재고

흔히 과학고와 자주 혼동되는 영재고는 명칭이 '과학고등학교'로 되어 있지만 법적으로 고등학교가 아니며 중학생도 입학이 가능합니다. 원래 과학고등학교에서 영재학교로 전환된 6개와 2015년 이후 글로벌 융합형 인재 양성을 목적으로 개설된 2개의 과학예술영재학교까지 총 8개의 영재학교가 있습니다.

영재고 2018년도 서울대 입시 결과

학교명	2018학년도 서울대 등록 총원	수시	정시
KAIST 부설 한국과학영재학교 (부산)	23	22	1
서울과학고등학교	57	51	6
경기과학고등학교	51	50	1
대구과학고등학교	29	27	2
대전과학고등학교	47	47	0
광주과학고등학교	22	22	0
세종과학예술영재학교	33 (2015년 개교, 첫 졸업생)	33	0
인천과학예술영재학교	*2016년 개교 후, 2019학년도 첫 입시에서 28명		

영재고의 학년당 정원은 100명 안팎입니다. 위의 표를 보면 한 눈에 보기에도 정원 대비 서울대 수시 입학 실적이 탁월한 것을 알 수 있습니다. 특히 4월부터 입시를 치르는 영재고에 먼저 원서를 낸 후 탈락자가 그 해 하반기에 과학고를 지원하는 양상이 자리잡으면서, 영재고에서 자연계 최상위권 학생들을 먼저 확보하고 있습니다.

영재고의 경우 재수 비율도 10%대로 다른 특목/자사고 및 교육특구 일반고보다 현저히 낮습니다. 서울대, 카이스트, 포항공대(이른바 서카포 혹은 설카포)에 진학하기에 최적의 코스인 셈입니다. 아무리 뒤처지는 학생이라도 대구, 광주, 울산 과학기술원이나 연세대, 고려대, 한양대, 성균관대 공대까지는 어렵지 않게 합격합니다.

커리큘럼 자체가 대학교 과정과 다름없는 심화과정으로 이루어져 있고 각종 과학경진대회 준비가 활성화되어 있어서 학생부종합 전형에 매우 유리합니다.

그러나 영재고는 진학하는 것 자체가 엄청난 학습 부담과 비용을 요구하고, 진학해서도 살인적인 학습량을 소화해야 합니다. 커리큘럼 자체가 이미 대학교 수준이고 내신 경쟁도 치열합니다. 교과목도 수학, 과학에 집중되어 있어서 어타의 과목을 공부하기에는 절대적인 시간이 부족합니다. 역량이 부족한 상태라면 운 좋게 영재고에 진학한다 하더라도 잘 적응하지 못할 위험이 큽니다. 신중한 선택이 필요합니다.

아울러, 8개 영재학교 모두는 과학고와 더불어 의, 치, 약학계열로의 진학에 불리함을 유념해야 합니다.

2019학년도 기준 영재고 모집 인원과 경쟁률

학교명	2019학년도 모집 정원	2019학년도 경쟁률(~:1)
KAIST부설 한국과학영재학교(부산)	120	11.73
서울과학고등학교	132	6.15
경기과학고등학교	132	18.56
대구과학고등학교	99	16.68
대전과학고등학교	99	12.03
광주과학고등학교	99	8.70
세종과학예술영재학교	96	20.30
인천과학예술영재학교	83	17.72

중학교 내신과 생기부를 바탕으로 선발하는 외고/과학고와는 달리 영재고는 지필고사뿐 아니라 2~3일의 캠프까지 진행, 총 3단계의 선발 방식을 택하고 있습니다. 전형 방법은 다음과 같습니다.

- 1단계 서류평가

학교생활기록부, 자기소개서, 지도교사 추천서 등을 제출합니다. 내신 절대평가 등급에서 B이상을 받아야 합격권에 들 수 있습니다. 대구과학고, 세종과학예술영재고, 광주과학고의 경우 1단계에서 서류로 우선선발을 하기도 합니다. 올림피아드 성적은 공식적으로는 보지 않는 것으로 되어 있으며, 실제로 서류전형보다는 2단계 자체시험이 결정적입니다.

- 2단계 영재성 평가

대부분 이 단계에서 당락이 결정됩니다. 8개 학교가 모두 같은 날 지필고사를 치릅니다. 따라서 여러 학교에 지원할 수 없습니다(2019년의 경우 5월 20일). 수학, 과학, 언어 분야의 객관식, 서술형, 논술형 문제로 이루어져 있고, 과목간 융합형 문제도 출제됩니다. 정답만큼 이를 도출하는 풀이과정이 매우 중요합니다. 과학예술영재학교의 경우, 음악, 미술, 에세이가 출제되기도 했습니다.

고교 입시 지필고사가 거의 사라진 현재, 엄청난 사교육 비용을 유발하는 지점도 바로 이 영재성 평가 시험입니다. 그러나 서울과고가 매년 출제 문제를 공개하고 있고 이미 타 학교 기출 문제도 상당 부분 공유되고 있어 반드시 고가의 학원 수업이 필요한 것은 아님을 기억해야 합니다.

• 3단계 캠프

대개 2단계에서 많은 학생들이 탈락한 후 3단계에서는 경쟁률이 2:1 이하가 됩니다. 1박2일 혹은 2박3일의 일정으로 학교에 머물면서 지필고사, 구술면접, 토론, 영어 인문 관련 조별 활동, 실험 시험 등을 치릅니다.

학생부 종합 전형에 특화된 과학고

영재고에 밀렸다고는 하지만 여전히 훌륭한 입시 결과를 내고 있어 이과 최상위권 중학생들이 선호하는 학교입니다. 전국에 20개 과학고가 있으며, 대개 상반기 영재고에 도전한 후 실패하면 다시 과학고에 지원합니다. 영재고 8개 학교의 입시가 같은 날 치러지는 탓에 지원한 영재고에 탈락하면 다른 영재고에 지

원할 수 없습니다. 따라서 탈락 인원은 고스란히 과학고 입시로
넘어가게 됩니다.[5]

2018학년도 과학고 서울대 입시 실적

학교명	2018학년도 서울대 등록 총원	수시	정시
세종과고	27	21	6
한성과고	17	14	3
경남과고	15	15	0
인천과고	12	12	0
부산과고	10	9	1
대구일과고	7	7	0
대전동신과고	7	7	0
경기북과고	6	6	0
울산과고	6	6	0
인천진산과고	5	5	0
창원과고	4	4	0
부산일과고	3	3	0
충남과고	3	3	0
경산과고	2	2	0
충북과고	2	2	0
경북과고	1	1	0
전남과고	1	1	0
강원과고	0		
전북과고	0		
제주과고	0		

---

5 영재고를 준비하는 경우 대개 영재학교(전전기) → 과학고(전기) → 자사고(후기) →
   일반고(자사고 탈락 시)의 순서로 고입이 진행됩니다.

2019년 과학고 지원 규모

학교명	2019학년도 모집 정원	입학 경쟁률 (~:1)
세종과고	160	3.80
한성과고	140	4.25
경남과고	100	3.14
인천과고	80	3.16
부산과고	100	2.66
대구일과고	80	3.29
대전동신과고	80	3.75
경기북과고	100	8.53
울산과고	72	2.99
인천진산과고	80	3.16
창원과고	80	3.83
부산일과고	100	2.85
충남과고	72	3.38
경산과고	60	2.27
충북과고	54	2.85
경북과고	40	2.80
전남과고	80	2.66
강원과고	60	2.88
전북과고	60	2.45
제주과고	40	2.83

과학고는 수시, 특히 학생부 종합 전형에 특화되어 있습니다. 애초 과학고의 정규 교육과정에서 수능을 염두에 두고 있지 않기도 합니다. 수학 과학에 특화된 만큼 언어, 외국어 영역에 허점이 있는 경우가 많아 정시는 불리합니다.

주로 서울대, 카이스트, 포항공대에 입시 결과가 집중되어 있으나 대구, 광주, 울산 과학기술원 및 연세대, 고려대, 한양대 공대/자연대 진학도 활발합니다.

영재고와 마찬가지로 의학계열 진학이 불리하다는 점, 상위 과학고 외에는 차라리 일반고에 진학해서 서울대를 노리는 것이 유리하다는 점 등을 생각하면 과학고 진학은 신중을 기해야 할 부분입니다. 과학고에 진학할 정도의 우수한 학생이라면 일반고 내신은 상대적으로 훨씬 쉽기 때문입니다. 일부 실적이 부진한 과학고의 경우 일반고의 실적에도 미치지 못하는 저조한 성적을 내고 있습니다.

전형 방법

중학교 내신 성적과 면접, 자기소개서로 선발합니다.

• 1단계 서류평가

중학교 교과(보통 수학 50%, 과학 50%를 반영), 학교생활기록부, 자기소개서, 교사 추천서로 평가합니다. 서류에 교내외 대회 입상 실적이나 영재학급, 영재교육원 수료 여부, 교과 관련 인증시험 점수는 언급하지 못하도록 되어 있습니다. 따라서 수학/과학과 관련한 독서활동 및 탐구활동을 구체적으로 풀어나가는 것이 관건입니다.

• 2단계 면담

1단계에서 제출한 서류의 진위 여부를 파악합니다.

• 3단계 면접

교과형 구술고사와 인성평가로 이루어져 있습니다. 수학, 과학, 융합형 문항을 미리 받아보고 입학사정관에서 풀이를 설명합니다. 교과 지식 뿐 아니라 창의성을 요하는 문항, 실생활에서 찾을 수 있는 과학 현상에 대한 문항이 주로 출제됩니다. 또한 융합형으로 인문 사회 분야의 제시문이 포함되는 경우도 있습니다.

명실상부한 입시 명문
전국 선발 자사고

자사고는 크게 전국 선발 자사고와 광역 선발 자사고로 나눌 수 있습니다. 국가나 지방자치단체로부터 운영비를 지원받지 않으므로 학비가 3배 가까이 비싸지만, 일반고에 비해 교육과정과 학사 운영을 자율적으로 정할 수 있어 다양하고 특성화된 프로그램을 제공합니다. 따라서, 학생부 종합 전형에 유리한 입시 명문들이 많으며, 특목고와 비교할 때 정시로 서울대에 합격하는 비율도 높은 편입니다.

그러나 특목고와 마찬가지로 우수한 학생들을 추려 뽑은 탓에 치열한 내신 경쟁은 감수할 수밖에 없습니다. 적어도 자사고 내신 3~4등급까지가 명문대 입시의 마지노선이라고 볼 때, 나머지 절대 다수의 하위등급 학생들은 어쩔 수 없이 수시 카드를 버리고 정시에 올인해야 만 합니다. 입학과 동시에 상위권으로 자리매김할 실력과 투지가 없다면 지원을 재고해보아야 합니다.

주요 전국 단위 자사고 2018년 서울대 입시 결과

학교명	2018학년도 서울대 등록 총원	수시	정시	특기사항
하나고	55	52	3	
외대부고	55	31	24	
민사고	33 (해외대 24명)	22	11	해외대 24명
상산고	30	9	21	의치한 190명
현대청운고	19	9	10	
포항제철고	18	15	3	
북일고	15	8	7	
인천하늘고	13	11	2	
김천고	10	9	1	
광양제철고	5	4	1	

입시 결과에서도 나타나듯, 하나고는 대표적으로 수시에 특화된 자사고로 학생부 전형을 위한 다양한 교육과정으로 유명합니다. 단, 정시 대비에 취약하다는 단점이 있습니다. 이와 반대로 상산고는 정시에 특화되어 있습니다. 외대부고는 수시와 정시

양쪽을 아우르는 입시 결과로, 최근 가장 인기 있는 명문고로 부상했습니다.

해외 대학 진학을 목표로 하는 경우, 국제고와 더불어 민사고와 외대부고를 고려해볼 필요가 있습니다. 두 학교 모두 해외 대학 진학을 위한 커리큘럼을 갖추고 있으며 입시 실적도 뛰어나기 때문입니다.

아울러 자사고 입시 결과를 이야기할 때 빠지지 않는 것이 바로 의치한(의대, 치대, 한의대) 합격자 수입니다. 매년 의치한 합격자 수 최고를 자랑하는 상산고, 그리고 외대부고, 현대청운고도 정원 대비 훌륭한 입시 결과를 유지하고 있습니다. 의치한 의예과를 지망하는 탁월한 성적의 최상위권 자연계 학생이라면 주목할 만합니다.

전형 방법

학교 명	2019학년도 모집 정원	경쟁률 (~:1)
하나고	200	2.35
외대부고	350	1.79
민사고	165	1/69
상산고	360	1.32
현대청운고	180	1.6
포항제철고	360	2.06
북일고	360	0.99
인천하늘고	225	1.72
김천고	240	1/15
광양제철고	280	1.04

- 1단계 서류 전형

학생부와 자기소개서 등의 서류로 일정배수를 선발합니다. 대부분의 학교들은 국어, 수학, 영어 + 사회 혹은 과학의 4과목 체제로 내신을 반영합니다.

2018년부터 자사고는 후기 전형으로 12월에 입시가 시작됩니다. 이에 따라 중학교 내신 반영 학기가 늘어났습니다. 민사고, 북일고, 인천하늘고, 하나고, 현대청운고는 중학교 3학년 2학기 내신 성적까지를 반영합니다.

상산고의 경우 2학년 1학기에서 3학년 1학기로 반영 학기수가 적습니다. 각 학기별 반영 비율은 20, 30, 50%로, 3학년 1학기 내신 성적이 매우 중요해졌습니다.

- 2단계 면접 및 체력검정

중학교 내신 성적이 대동소이한데다, 학생부 중 세특(세부능력 및 특기사항)과 행특(행동 특성 및 종합의견)이 제외되었기 때문에 자사고의 당락은 면접에서 결정됩니다. 각 학교의 기출 문제를 꼼꼼히 분석하고 생각하는 바를 잘 정돈해서 말하는 모의훈련을 해야 합니다. 특히 교과 부분은 중학교 교과과정을 학년별로 잘 정리하고 숙지하고 있어야 자신의 생기부에 기반한 추가 심화 질문에 대비할 수 있습니다.

특히 민사고의 면접은 100분 동안 5개 영역으로 진행되어, 10분

~15분 내외로 진행되는 타 자사고에 비해 매우 깁니다. 필수 4개 영역은 언어, 수리, 인성, 영어이며, 선택 영역은 6개 영역(물질의 이해, 생명의 이해, 힘과 운동의 이해, 지구의 이해, 정보의 이해, 인간사회의 이해) 중 1개를 택하여 진행합니다. 국, 영, 수, 과, 사의 고른 영역에서 교과적 이해도와 논리적 사고력을 함양할 것을 주문하는 것을 알 수 있습니다.

상산고의 면접은 '창의융합' 면접(60점)과 '인성 및 독서' 면접 (40점)으로 구성됩니다. 역시, 교과지식을 실생활 상황에 적용할 수 있는지, 제시된 상황과 자신의 독서활동을 연계할 수 있는지가 관건입니다.

외대부고와 하나고는 계열별 공통 질문을 없애는 대신 개별 질문을 강화하였습니다. 이에 따라 자신의 자기소개서를 충분히 분석하고 진로, 독서 활동 등의 기재 내용에 대한 심화 질문에 대비해야 합니다.

명암이 엇갈리는
광역 선발 자사고

전국 선발 자사고에 비해 광역 선발 자사고는 일부 상위 학교들을 제외하고 그 매력도가 떨어지고 있습니다. 수 년간의 입시 결과가 누적되어 자사고간 학력의 옥석이 가려진 데다, 일반고와 전국 선발 자사고 및 특목고 사이에서의 어정쩡한 포지셔닝이 오히려 입시에서의 선택과 집중을 가로막기 때문이기도 합니다. 내신 경쟁의 부담으로 정시에 올인하는 인원이 많은 것도 특징입니다. 재수 비율도 상대적으로 높습니다.

주요 광역 선발 자사고 2018년 서울대 입시 결과 및 재수 추정 비율

학교명(지역)	2018학년도 졸업생(명)	2018학년도 서울대 등록 총원	수시	정시	특기사항	재수 추정 비율(%)
중동고(강남)	416	29	5	24		60.6
세화고(강남)	391	22	6	16	의치한 51명	54.2%
휘문고(강남)	473	19	5	14	의치한 118명	65.3%
안산 동산고	407	14	9	5	해외대 3명	48.2%
현대고(강남)	451	12	8	4	의치한 21명	56.1%
세화여고(서초)	403	12	4	8		59.3%
충남삼성고	327	12	0	12	해외대 14명	21.1%
배재고(강동)	427	11	8	3		47.3%
보인고(송파)	421	10	4	6		48%
양천고(목동)	403	9	4	5		60.8%
인천포스코고	238	6	0	6	해외대 8명	

전형 방법

서울 지역 선발 방법은 추첨과 면접으로 나눕니다. 추첨 기준 경쟁률에 따라 추가적으로 면접을 실시하는 경우도 많습니다.

2018년 기준, 휘문고, 이대부고, 중동고, 중앙고, 현대고 등이 면접을 실시했습니다. 면접 문항은 대부분 자소서에 기초한 심화 질문으로, 자소서 기재 내용의 진실성 여부와 독서활동과 관련된 심화 질문이 주를 이룹니다.

광역선발 자사고는, 1단계에서 중학교 내신 성적, 2단계 면접 및 서류 평가로 학생을 선발합니다. 경쟁률은 크게 높지 않으나 포스코의 탄탄한 지원으로 기대를 모으는 인천포스코고의 글로벌 인재 전형은 2:1이 넘는 경쟁률을 보입니다.

한눈에 보는
지원자별 추천 고등학교

	구분	모집 시기	모집 단위	주요 학교	적합한 경우
일반고	평준화/ 비평준화	후기	시도		내신 경쟁에서 유리한 고지를 차지하려는 학생
	농어촌 자율학교		시도/ 전국	공주 한일고, 공주사대부고, 거창고(전국) 경기 양서고, 부산 장안고, 장안 제일고(시도)	저렴한 학비, 자사고의 우수한 커리큘럼을 원하는 성실하고 우수한 학생 (대부분 기숙사 생활을 해야 함)

특목고	외고	후기	시도	대원외고 등	영어 + 제2외국어에 뛰어나며 자유로운 회화, 영작이 가능, 수학도 우수한 학생
	국제고	후기	시도	서울, 고양, 인천 국제고 등	해외 거주 경험자/ 해외 유학 희망자
	과학고	전기	시도	한성과고 등 전국단위 영재고에 밀리는 추세	영재고 입시 준비생. 서울대, 카이스트, 포항공대 지망생
	마이스터고	전기	전국	수도전기공고, 서울로봇고 등	
	예고/체고	전기	전국	서울예고, 경기체고 등	
자율고		후기	시도/전국	외대부고, 하나고, 민사고, 상산고, 울산 현대청운고, 천안 북일고, 포항 제철고(전국) 휘문고, 세화고, 현대고, 중동고 등(시도)	국, 영, 수 고르게 탁월하고 내신 경쟁에서 뒤처지지 않을 투지가 있는 학생
영재고	과학예술 영재학교	4월 접수 7월 발표	전국	서울과학고, 경기과학고, 부산한국과학영재학교 등 8개교	수학과 과학에 타고난 재능이 있으며 대학교 수준의 학업 소화, 원서 해독이 가능한 정도의 영어 실력도 갖춘 서울대/카이스트/포항공대 지망생
특성화고		후기	시도/전국	애니메이션, 요리, 관광, 등	

고교 선택에 따른 최적의 입시 로드맵

- 수학, 과학에 어려서부터 탁월한 재능이 있는 반면 상대적으로 기타 과목 흥미도가 떨어진다면 → 영재고, 과학고 → 설/카/포 공대/자연대 진학
- 영어와 제2외국어 역량이 이미 자리를 잡은 상태에서 수학이 탁월하다면 → 외고 → 다양한 최상위 대학 인문계로 진학
- 해외 거주 기간이 길고 강압적인 입시 분위기에 거부감을 느끼며 해외 대학 진학을 원하는 경우 → 국제고 → 해외 대학 진학
- 모든 과목에 탁월하며 특히 수학/과학 공부에 흥미를 느끼는 이과 최상위 학생이라면 → 명문 자율고나 일반고 → 의/치/한/ 설카포 공대/자연대 진학
- 성실하고 전체 교과과정 두루 우수하지만 승부욕과 멘탈이 약하고 수학/과학에서 탁월한 재능까지는 보이지 않는 경우 → 일반고 → 서울대 학생부 전형과 정시 도전
- 탁월하지는 않지만 전체 교과 성적이 두루 우수하고 성실하며 승부욕이 강한 경우 → 자율고 → 학생부 전형으로 SKY 수시 도전 + 재수까지 염두에 두고 정시 재도전
- 주변 환경에 휩쓸리기 쉬운 중/하위권 문과 학생 → 면학 분위기가 좋은 일반고 → 인서울 상위권 대학 도전
- 주변 환경에 휩쓸리기 쉬운 중/하위권 이과 학생 → 면학 분위기가 좋은 일반고 → 인서울 이공계/지방 국립대 이공계 진학

4장

대학 진학의 열쇠
'생기부/자소서' 관리법

"생기부가 제대로 작성되려면 선생님의 귀염둥이가 되어야만 해요."

    학생부 종합 전형으로 합격한 학생들의 생기부는 어떻게 다를까요? 실제로 학교 현장에서는 학생부 전형을 미리부터 준비하는 학생들과 수능에 올인하는 학생들은 성향부터 다르다고들 합니다. 학생부는 학생이 기록하는 것이 아니라 선생님들이 기록하는 것이기에, 단순히 3년 동안 큰 어긋남 없이 학교생활을 하는 것 이상의 성실성과 적극성이 있을 때 충실한 학교생활기록부가 작성될 수 있습니다. 매사 단정하고 적극적인 전형적인 모범생이야말로 학생부 전형에 적합한 친구입니다. 반면, 정시에 올인하려는 친구들은 꾸준한 노력형이 아닐 가능성이 높습니다. 실제로 제가 만나 뵌 교수님들은 정시보다는 수시로 들어온 학생을 더 선호하셨습니다. 성향 자체가 더 성실하더라는 것이죠.

"선생님들하고 정말 친해야 해요. 그런 걸 잘 하는 친구들이 있어요. 사실 제가 어떤 과목 시간에 뭘 배워서 어떻게 성장하게 되었는지는 제가 선생님한테 알려드려야 하는 거잖아요. 저는 그런 걸 잘 못했어요." 서울의 한 자사고에서 학생부 종합 전형을 포기하고 재수를 선택해 정시로 서울대에 들어간 한 학생의 말입니다.

생각해보면 당연한 일입니다. 선생님 입장에서는 수많은 학생들의 생활기록부를 일일이 작성해주는 것이 여간 고된 업무가 아닙니다. 학생 편에서 먼저 다가가 자신이 수업 시간에 어떤 걸 배우고 어떻게 한 단계 도약할 수 있었는지, 어떻게 자신의 꿈에 더 다가가게 되었는지에 대해 이야기해준다면 오히려 선생님께도 도움이 될 것입니다. 수줍음이 많고 소극적인 성격이라면 방학마다 선생님들께 한 학기를 정리하는 감사의 인사와 함께 자신의 성장 과정이 담긴 편지를 보내는 것도 좋은 방법일 수 있습니다.

대학은 학생부를 통해
무엇을 평가하고자 할까

대학마다 표현 방식은 다르지만 학생부를 통해 파악하고자 하는 것은 다음의 4가지로 정리할 수 있습니다.[1]

학업 역량/학업 충실성

대학에서 학업을 수행할 수 있는 능력입니다. 학생부의 '교과 학습 발달상황'에 기재된 교과 성적과 학업 관련 교내 수상 실적이 검토됩니다. '세특'에 기재된 각 교과목에서 학습한 내용과

---

1 6개 대학(연세대, 중앙대, 경희대, 한국외대, 건국대, 서울여대) 공동 연구진이 발간한
   〈학생부 종합 전형 공통 평가요소〉와 서울대, 성균관대 등의 학생부 종합 전형 가이드
   북을 참조하였습니다.

학습 태도, 문제 해결 경험이 매우 중요합니다.

지적 호기심/전공적합성

지원한 모집단위와 관련하여 얼마나 흥미를 가지고 있고 이를 위해 어떤 준비를 해왔는지가 확인됩니다. 학업 관련 교내 수상, '창체'상의 동아리활동 및 학내 활동, '세특'상의 수업 참여도 및 전공 관련 성적 및 심화과목 수강 여부 등으로 평가합니다.

인성/학업 외 소양

'공동체의 일원'으로서 배려하고 협력할 수 있는 사회적 존재인가가 핵심입니다. 학업 외 교내 수상, '창체' 상 드러난 리더십, 공동체 의식, 출결 사항 등이 평가 대상입니다.

자기주도성 /발전 가능성 /문제 해결력

이 항목은 비단 성적을 향상시킨 것만을 의미하지 않습니다. 한계에 부딪혔을 때 이를 어떻게 창의적으로 극복하려고 했는지, 그 노력이 다양한 경험을 통해 구체적으로 드러나야 합니다.

주요 대학 3관왕의
실제 생기부

　실제로 학생부 종합 전형으로 주요 대학에 합격한 학생의 생활기록부는 어떨까요? 아래에 발췌된 생기부의 주인은 2019학년도 입시에서 고려대 전자/서강대 아트 테크놀로지/서강대 전자 무려 3곳의 수시에 중복 합격한 경기도 지역의 한 공립고 학생입니다. 내신 성적이 탁월하게 높지 않았는데도 수시에서 명문대에 줄줄이 합격한 비결은 무엇일까요?

진로희망

학년	특기 또는 흥미	진로희망		희망 사유
		학생	학부모	
1	음악 감상, 악기 연주, 로직프로텐 공부, 독서	음향 공학자	음향 공학자	평소 음악 감상을 즐기고 피아노와 플룻 등 악기 연주를 즐겨하면서 음악을 더욱 정확하게 전달할 수 있는 방법을 고민하던 중 공간과 소리를 연구하는 음향공학자에 대해 알게 되었고 독학으로 관련 공부를 할수록 점점 더 흥미가 많아지고 적성과 잘 맞는다는 확신을 가지게 됨.
2	악기 연주, 독서, 로직프로텐 관련 공부, 음악 감상	음향 공학자	음향 공학자	어릴 때부터 자주 공연을 관람하고 많은 악기를 배우는 등 음악과 친근한 환경에서 자라면서 음악을 좋아하게 됨. 음향의 개념에 관심을 가지게 된 이후, 물리 음향뿐만 아니라 심리 음향의 가치를 깨닫게 되고 공학적 소양과 인문학적 소양을 동시에 요구하는 음향공학자가 되기를 희망함.
3	독서, 음악 감상, 악기 연주	음향 공학자	음향 공학자	평소 다양한 음악을 즐겨 들으며 각 앨범들의 사운드를 비교해봄. 또한 다양한 음향 장비를 접하며 좋은 소리란 무엇일까에 대해 고민해보며 많은 사람들이 좋은 음악을 들을 수 있도록 하는 음향 공학자가 되고 싶다고 생각함.

개정 전의 학생부이므로 진로희망사항 란이 따로 있으며, 학부모의 진로희망도 동시에 기재되어 있습니다(2022학년도 입시부터는 진로희망 기재란이 없어지고 대신 '창체' 진로희망 특기사항에 기재하도록 바뀝니다). 이 학생의 경우 일관되게 구체적인 진로를 기재하였으며 그 진로에 대한 다양한 호기심과 탐구활동이 학생부 곳

곳에 드러납니다.

흔히들 이런 일관된 진로 적합성이 이상적인 학생부라고 인식하고 있지만, 반드시 한 가지 진로를 바꾸지 않고 고집해야 하는 것은 아닙니다. 청소년기의 진로란 언제든 바뀔 수 있으므로, 중요한 것은 나에게 맞는 직업에 관한 탐구활동을 얼마나 진지하게 수행하였는가입니다. 단, 진로를 수정하였다면 반드시 '왜'인지 이유가 드러나야 합니다. 진지한 고민과 탐색 끝에 신중히 내린 결정임을 증명하지 못하면 좋은 점수를 받을 수 없습니다.

수상 경력

역시 개정 전의 학생부이므로 30개가 넘는 수상 실적이 빼곡히 기록되어 있었습니다. 아래는 그중 일부를 발췌한 것입니다.
(2022학년도부터는 학기당 1개, 총 6개만 기재할 수 있습니다.)

구분	수상명	등급	수상 연월일	수여 기관	참가 대상 (참가 인원)
교내상	주제별 체험학습 보고서 쓰기 대회	최우수상 (1위)	2016.04.15	○○고등학교장	1학년 중 참가자(411명)
	과학탐구대회(청소년과학탐구 토론부문, 공동수상, 3인)	최우수상 (1위)	2016.05.30	○○고등학교장	1학년 중 참가자(30명)
	STEAM 창의체험활동 보고서 대회	동상(3위)	2016.06.15	○○고등학교장	1학년(418명)

자연계 학생으로, 과학탐구와 관련된 교과 수상 경력이 눈에

떱니다.

	독서토론대회	최우수상 (1위)	2016.08.29	○○고등 학교장	1,2학년 중 참가자(54명)
	수학연구활동 발표대회 (공동수상, 3인)	우수상 (2위)	2016.10.05	○○고등 학교장	1,2학년 중 참가자(162 명)
	직업인 인터뷰 보고서 쓰기대회	최우수상 (1위)	2016.10.12	○○고등 학교장	1학년 중 참 가자(66명)
	논술문쓰기대회	장려상 (3위)	2016.10.20	○○고등 학교장	1학년 중 참 가자(85명)
	2016 봉사활동 체험수기 대회	장려상 (3위)	2016.11.30	○○고등 학교장	1학년(413명)
	꿈틀 포트폴리오 대회	최우수상 (1위)	2016.12.29	○○고등 학교장	1학년(413명)
	교과우수상(국어)		2016.12.30	○○고등 학교장	수강자
	교과우수상(사회)		2016.12.30	○○고등 학교장	수강자
	교과우수상(음악과 생활)		2016.12.30	○○고등 학교장	수강자
	모범상(학습계획 실천 부문)		2016.12.30	○○고등 학교장	1학년(413명)
	미래인재상 (사회과학 인재 부문)		2017.02.09	○○고등 학교장	전교생 (1210명)
	교과우수상 (문학, 생명과학, 일본어)		2017.07.20	○○고등 학교장	수강자
	교과우수상(음악과 진로)		2017.07.20	○○고등 학교장	수강자

수학뿐 아니라, 진로와 관련된 교과인 음악에서의 수상 경력
도 기재되어 있습니다. 교과 이외에도 진로활동, 독서, 인성 부문
등에서 다양하게 우수한 결과를 얻었음을 알 수 있습니다.

예전처럼 모든 수상 경력을 다 쓸 수 없으므로 이제는 많은 수상 경력 중 어떤 것을 선택할 것인지가 관건이 되었습니다. 관심을 갖고 있는 분야에서 성과를 낸 것을 기재하되, 한 가지 과목과 방향성에 국한되기보다는 되도록 다양한 수상 경력을 기재하는 것이 오히려 도움이 될 것으로 보입니다. 대학에서 선호하는 인재는 한 분야만 고집하기보다는 다양한 방면에 지적 호기심을 갖고 탐구활동을 할 준비가 된 학생이기 때문입니다.

창의적 체험활동 상황

학년	창의적 체험활동 상황		
	영역	시간	특기사항
1	자율활동	88	청소년 문제 예방 및 청소년의 성장, 발달을 촉진하기 위한 솔리언 또래 상담자 기초훈련 프로그램(2016.04.22. - 2016.11.05/12시간)에 참여하여 좋은 친구 되기, 대화하는 친구 되기, 도움 주는 친구 되기 및 학교 폭력 예방 교육 등의 훈련 과정을 이수함. '북촌 한옥마을에서 인사동까지 과거와 현대의 문화 비교하다'를 주제로 실시한 현장체험학습(2016.04.06/7시간)에 참여하여 현대 문화 속에 녹아 있는 선조들의 지혜를 깨달음. ○○체력비타민제(2016.05.20)에서 반 전체가 단합하는 에어로빅 경연, 후프 통과하기, 달리는 줄다리기, 셔틀콕 던져 넣기에 참가하여 협력적 문제 해결 역량을 키우고 특히 학급 대표로 600M 계주의 1번 주자로 활약하여 스포츠 정신을 함양함.

'창체' 중 1학년 자율활동 기록란의 일부입니다. "반 전체가 단합하는 … 협력적 문제 해결 역량…"이라는 표현은 평가요소 중

'인성'에 해당되는 중요한 문구입니다. 아울러, '학급 대표'로 계주 주자로 활약한 내용은 학생의 적극적인 활동 내용을 구체적으로 명시합니다.

학년	창의적 체험활동 상황		
	영역	시간	특기사항
1	자율활동	88	교내 과학의 날 행사의 청소년 과학탐구 토론활동(2016.04.08/ 3시간)에 참여하여 '폐FPCB 재활용 방안'이라는 주제로 팀원들과 협력하여 자료를 찾고 프레젠테이션 자료로 제작하였음. 전략적으로 토론을 펼쳐 우승하였으며 인문학적인 기지와 과학적인 지식을 융합시키는 능력을 인정받아 학교 대표로 뽑히는 성취를 이루어 냄. 교내 석학과 대화 프로그램에 참여하여 '아인슈타인과 상대성 이론'(2016.03.28) 강연을 통해 일반 상대성 이론과 특수 상대성 이론, 중력파관측에 대해서 설명을 듣고 아인슈타인의 상대성 이론이 현대 과학에 끼친 영향과 그 의미에 대해서 그리고 '과학기술의 발전과 미래 로봇사회'(2016.04.18) 강연을 통해 로봇과학의 발전과 로봇이 미래 사회에 미치는 영향에 대해 구체적인 설명을 듣고 로봇이 어떻게 우리의 현실 세계를 바꾸고 움직이게 하는지에 대해 생각해보았으며 '미래사회와 수학'(2016.06.20) 강연을 통해 수학이 문화, 문명의 기초 언어, 과학 기술의 언어, 수학은 미래 인재를 위한 기본 언어로서의 영향력에 대해 생각해보고 간담회에 참석하여 수학 학습 방법에 대해 도움을 받음. 교내 STEAM concert 프로그램에 참여하여 '재미있는 생명과학 이야기: 줄기세포를 찾아서'(2016.09.01) 강연을 통해 줄기세포 연구의 다양한 활용방안 대한 구체적인 설명을 들음. 줄기세포와 관련된 연구를 통해 얻어진 질병의 치료법을 살펴보고 이에 관련되어 해결해야 할 문제점에 대해서도 생각해봄. 또한 '매듭론 이야기'(2016.11.02) 강연을 경청하고 위상수학의 한 분야인 매듭이론이 다양한 분야에서 응용된다는 구체적인 설명을 듣고 활용 범위가 넓은 만큼 매듭이론이 현대 사회에서 중요한 위치를 차지하고 있다는 것을 알게 되는 계기가 됨.

'학교 대표로 뽑힌' 경험을 통해 학생의 우수성과 적극성을 파

악할 수 있고, 이 학생부 내용이 단지 '복사/붙여넣기'에 지나지 않는 것이 아니라 개별 학생의 개성을 드러내고 있음을 말하고 있습니다. '과학탐구 토론활동'과 그 구체적인 활동 상황도 보입니다. 이과생으로서 수학, 과학과 관련된 비교과 활동이 빼곡이 기록되어 있습니다. 학업 역량과 지적 호기심, 전공 적합성 등을 확인할 수 있는 부분입니다.

학년	창의적 체험활동 상황		
	영역	시간	특기사항
2	동아리 활동	69	(ReFactor(컴퓨터공학))(33시간) **동아리 부장**으로 연간 계획을 수립하고, 멘토, 멘티 활동을 기획하고 실행함. Java 컴퓨터 언어와 관련 지식을 습득하고 동학년 부원들의 **협력**을 이끌어 내 후배 부원들에게 실질적인 도움을 주었고 동아리 발표회(2017.12.22)를 주도적으로 진행함. 이런 전반적인 활동을 통해 진로를 탐색하였을 뿐만 아니라 부원들의 의견을 수렴하여 **공동작업**을 하면서 리더십과 배려를 실천하는 등 자신의 역량을 최대한 발휘함. (D.E.C.E(공학진로탐색): 자율동아리) 공학에 관심을 갖고 **주도적으로 동아리를 결성**하여 키트를 활용한 녹음기, 스피커 제작, 관련 독서 전공 탐색 등을 진행함. 물리에 두려움이 있는 **친구들에게** 원리를 설명하면서 보람을 느낌. 의견이 다른 **친구들의 참여를 이끌어** 냄. (…)

위의 내용은 2학년 동아리활동 중 단연 눈에 띄는 항목입니다. '컴퓨터공학' 정규동아리의 부장으로, 탐구활동뿐 아니라 리더십과 배려까지 갖추었음을 기재했습니다. 아울러 자율동아리를 '주도적으로 결성'하고 '공학 진로를 탐색'하였으며, '친구들

에게 원리를 설명'하면서 '참여를 이끌어냈다'는 내용 하나 하나 가 모두 이 학생이 학업적 역량뿐 아니라 진로와 관련된 진지한 모색을 추구하고 있으며, 주변을 돌아보며 공동체의식을 잊지 않고 있음을 부각하고 있습니다.

학년	창의적 체험활동 상황		
	영역	시간	특기사항
2	진로활동	34	(…) '관심 학과와 직업 발표하기' 시간(2017.11.07)에 **전자공학과**에 진학을 희망하고 있으며 **전자공학과의 세부전공** 6가지(전기에너지, 제어계측, 전자물리, 통신, 반도체, 컴퓨터) 가운데 **통신**을 전공하여 음향기기 관련의 스튜디오 레코딩 마스터, 사운드 퀄리티 튜닝, 오디오 엔지니어링, 신호 조작 작업을 세계적인 오디오 회사에서 펼치고자 하는 포부를 PPT로 발표함.

창체 중 진로활동란 역시 '음향공학자'의 꿈을 이루어 줄 관련 학과의 세부전공까지 언급되며, 구체적이고 진지한 진로 탐색 활동이 기술되어 있습니다.

교과학습 발달상황 – 세부능력 및 특기사항

'창체'에 기록된 다양한 활동들은 교과학습 발달상황과 '세특'에서도 잘 연계되어 드러납니다.

교과	과목	1학기				2학기				비고
		단위수	원점수/과목평균(표준편차)	성취도(수강자수)	석차등급	단위수	원점수/과목평균(표준편차)	성취도(수강자수)	석차등급	
국어	국어	4	94/71.8(14.8)	A(413)	1					
국어	국에II					4	91/68.5(17.4)	A(413)	1	
수학	수학I	4	85/64(17.0)	A(413)	2					
수학	수학II					4	87/68.1(19.2)	A(413)	3	
영어	영어I	4	93/68.6(21.1)	A(413)	2					
영어	심화영어회화					4	90/70.7(19.5)	A(413)	3	
사회(역사/도덕포함)	사회	3	97/73.6(15.5)	A(413)	1	3	97/79.2(12.5)	A(413)	1	
사회(역사/도덕포함)	한국사	3	98/68.9(19.2)	A(413)	1	3	95/61.4(21.1)	A(413)	2	
과학	과학	3	94/72.5(17.8)	A(413)	2	3	94/73.4(18.4)	A(413)	2	
기술.가정/제2외국어/한문/교양	기술·가정	2	86/74.5(12.1)	A(413)	3	2	82/71.5(12.6)	A(413)	3	
기술.가정/제2외국어/한문/교양	과학교양	2		P	P	2		P	P	
이수단위 합계		25				25				

1학년 성적을 보면, 단위수가 높은 주요 과목에서 고르게 좋은 등급을 받았음을 확인할 수 있습니다. 그렇다면 1학년 교과상의 세특은 어떨까요?

과목 세부능력 및 특기사항

(…)

국어‖ : **국어 부장으로서 책임감을 가지고 수업 준비와 진행을 도왔으며**, 성실하고 열정적인 학생임. 특히 문법에 흥미를 느끼고 문법을 깊이 있게 공부하여 매우 심화된 수준까지 문법을 분석하는 능력이 있음. 독서량이 풍부하여 독해력이 뛰어나고 문학적 감수성도 풍부함. 생각을 너무 깊이 하다 보니 간혹 문학 작품의 해석을 독특하고 개성적으로 하여 일반적인 해석의 범위를 넘어나는 경우가 있어서 시험에 대비하기 위해 **보편적인 해석의 기준을 터득하기 위해 수능 기출 문제를 많이** 풀어 보며 연습함. 고전시가 창작 활동을 할 때 '꿀 먹은 벙어리', '여왕벌' 등의 관용적 표현과 비유적 표현을 적절히 활용하여 작품성 높은 시가를 창작함. '태평천하(채만식)'를 읽고 교내 독서토론 아카데미(2016.08.19 - 2016.08.29) 예선 및 본선1,2라운드에 참가하여 '국민을 보호하지 못하는 국가라도 국민은 국가에 의무를 다해야 한다'라는 주제의 3인1팀 **찬반 토론을 수행함.** 또한 **결선에 진출하여** '개인의 이익과 국가의 이익이 충돌할 때 무엇을 우선해야 하는가'를 주제로 원탁 토론을 수행하여 탁월한 논증 능력을 입증하였고 입론, 확인 심문, 반론, 최종 발언의 토론 과정을 통해 문제 해결력, 비판적 사고력, 논리적 표현력 등을 키움.

수학ⓘ : 수학 개념을 깊이 있게 이해하려는 노력이 탁월한 학생으로 비슷한 수학 기호 사이의 개념 차이를 매우 정확하고 깊이 있게 이해함. 점의 대칭이동과 도형의 대칭이동에서 식 표현의 차이점을 이해하고 이를 근본적 이유와 구체적인 예시를 통해 학생들에게 발표함. 페르마 점의 성질을 찾는 과제에서 단순한 **인터넷 검색으로 찾을 수 있는 수준으로 과제를 끝내는 것이 아니라, 그런 성질을 갖게 된 이유와 증명을 찾아 수학적으로 정확하게 이해하여 제출함.** 수업에 집중하는 자세와 수학이론과 내용을 깊이 있게 스스로 탐구하는 자세를 모두 가지고 있음. 도형의 이동 단원의 멘토로 학우들에게 평행이동과 대칭이동의 내용과 문제를 정리하여 알려주었으며, 중요한 핵심을 짚어 주어 학급 **학생들에게 도움을 줌.** STEAM 창의체험활동 수학 영역(2016.05.23 - 2016.06.01/4시간)에 적극 참여함. 수학과 미술이 융합된 활동인 '손으로 만드는 프랙탈과 새로운 세상 토러스와 클라인병'에 참여해 예술적 작품을 제작함으로써 창의력이 신장됨.

(…)

한 가지 이론을 배우는 것에 그치지 않고 이를 어떻게 더 발전시켰는지가 구체적으로 기재되어 있습니다. 부족한 점(문학작품의 해석)을 인지하고 그것을 해결하기 위해 구체적으로 어떤 노력을 했는지(보편적 해석의 기준을 터득하기 위해 수능 기출 문제 풀이)기 적혀 있습니다. 또한 '멘토'로서 다른 학생들을 이끌고 도움을 주었다는, 리더십과 책임감, 자기주도성과 관련된 기술이 눈에 띕니다. 학업 능력과 더불어 탐구심, 발전 가능성, 인성까지 두루 잘 기술되어 있는 생기부입니다.

음향과학이라는 진로희망사항은 아래에도 구체적인 활동으로 잘 반영되어 있습니다. 자기주도성도 빠지지 않고 등장합니다.

과목 세부능력 및 특기사항
(…) (1학기) 과학 : STEAM 창의체험활동 과학 영역(2016.05.23 ~ 2016.06.01 /8시간)에 적극적으로 힘써힘. '니비가 에빌레로 바뀌는 미솔, 진해질 딤지 광심유연동, 섹섹깔의 3D세포 만들기와 증강현실, 내 몸을 표현해 봐, 땅 속에서 우주까지'의 활동에 참여함으로써 과학에 대한 흥미와 예술적 소양을 기름. (2학기) 과학 : 음악과 과학에 대해 고민해보며 음파에 대한 내용을 집중적으로 공부함. 자신이 좋아하는 음악의 기반이 과학임을 알게 되어 과학의 중요성을 다시 깨닫게 됨. 특히 파동과 음파 부분을 집중적으로 공부하여 이에 대한 지식을 갖춤. 더 나아가 자신이 평소 관심있어 하는 에너지와 관련된 펠티에 소자 자료를 주도적으로 조사하여 친구들에게 발표하는 시간을 가짐. (…)

단순한 과학 교과 지식의 습득이나 체험활동이 아니라, 음향공학자라는 진로활동과 연계된 내용이 구체적으로 기재되어 있는 것입니다. 당시 학생이 목표로 하는 진로와 학과 공부의 세부 내용이 유기적으로 연결되는 이러한 일관성은 생기부의 신뢰도를 높여주는 중요한 지점입니다.

그렇다면 2학년 때의 성적과 세특은 어떨까요?

교과	과목	1학기				2학기				비고
		단위수	원점수/과목평균(표준편차)	성취도(수강자수)	석차등급	단위수	원점수/과목평균(표준편차)	성취도(수강자수)	석차등급	
국어	문학	4	96/69.3(18.2)	A(409)	1					
국어	독서와 문법					4	96/69.1(19.1)	A(403)	1	
수학	확률과 통계	3	92/66(18.5)	A(319)	2	2	96/71(21.3)	A(308)	2	
수학	미적분I	4	85/67.5(18.8)	B(319)	3					
영어	미적분II					5	83/66.7(19.9)	B(308)	4	
영어	영어II	4	96/73.4(19.1)	A(319)	2					
영어	심화영어회화					4	87/73(19.0)	B(308)	3	
과학	물리I	2	93/59.6(22.9)	A(319)	2	2	94/59.2(23.7)	A(308)	2	
과학	물리실험	1	90/87.6(6.7)	A(25)	4	1	88/86.5(6.7)	B(25)	5	
과학	지구과학I	2	89/63.4(22.7)	B(319)	3	2	87/58.9(22.9)	B(308)	3	
과학	화학I	2	90/65.3(20.1)	A(319)	2	2	88/61.3(20.5)	B(308)	2	
과학	생명과학I	2	91/63.3(16.8)	A(319)	1	2	89/58.6(21.0)	B(308)	2	
예술	영화제작실습	3	91/85.1(7.0)	A(13)		3	98/93.9(3.5)	A(13)		
기술·가정 제2외국어 한문/교양	일본어I	2	94/62.1(22.7)	A(119)	1	2	91/52.2(24.6)	A(116)	2	
기술·가정 제2외국어 한문/교양	과학융합	1		P	P	1		P	P	
이수단위 합계		30				30				

특이하게도 물리실험 과목은 수강자 수가 25명으로 매우 적습니다. 이는 학생이 과학중점학급으로, 소수의 학생들만 수강하는 심화수업을 들었음을 의미합니다. 따라서 비록 석차등급은 낮지만 소수의 인원 내부에서 상대평가를 하였음을 고려 받을 수 있습니다. 이 학생의 진로적성과 밀접한 관련이 있는 물리 과목의 세특 내용은 아래와 같습니다.

과목 세부능력 및 특기사항
(…)
물리Ⅱ : 수업시간에 교사와 교감을 나누며 집중하는 태도를 보이는 학생으로 학업 성취도를 떠나 새로운 지식을 쌓고 다양한 관점을 접하면서 점차 앎의 지평을 넓혀가는 즐거움을 느끼며 학업에 임하는 모습이 돋보임. 수업이 끝난 뒤에 조금이라도 의문이 생기는 부분에 대해 집요하게 질문하고 완벽하게 이해하고자 노력하며 급우들과 물리학적 상황에 관해 토론하면서 깊이 있게 학습하여 높은 성취도를 보임. 쿤의 과학 혁명의 구조에 대하여 설명함으로써 과학이 패러다임의 전환 과정임을 다양한 정상과학 이론의 변화 과정의 사례를 들어서 설명하였음. 이 발표를 통해 그럼에도 불구하고 우리가 과학을 학습해야 하는 이유를 논리적으로 설명함. 방과후학교 물리2 탄탄반(18시간)을 수강함.
물리실험 : 빗면의 기울기에 따른 가속도 측정 실험에서 마찰 계수를 측정하는 실험을 부가적으로 시행하여 마찰계수를 확인하고 빗면의 기울기를 근사하게 찾아냄. 물결파 실험에서 스트로보스코프의 주파수를 미세하게 조절함으로써 파동의 진행 속력을 근사하게 계산해내고 물리광의 합당한 정도를 정성적으로 확인함. 영의 간섭실험에서 거리, 슬릿 사이의 간격, 광원 등의 변인을 조작함으로써 실험 결과를 측정하고 무늬 사이의 간격을 크게 하는 요인을 정확하게 정리함. 실험 교구의 기능과 위치를 정확히 알고 있어 수월하게 실험 준비를 할 수 있으며, 자원하여 실험실 뒷 정리하는 적극적인 태도를 보임. (…)

해당 과목 수업시간에 학생이 적극적으로 참여하고 교사와 소통하였음이 잘 드러납니다. 더 나아가 학생의 호기심에 의해 부가적인 실험을 수행하였음이 기재되어 있습니다. 교과목 내용을 수동적으로 배운 것이 아니라 실험교구 및 실험실에 대한 주인의식을 갖추었음도 드러나 있습니다. 이런 모든 것들은 학생이 진지하고 적극적으로 학습활동에 참여하고 있음을 보여줍니다.

주요 과목 외에서도 영화, 제2외국어 수업 등에서 학생의 다양한 관심사가 '음향공학'이라는 진로 분야로 자연스럽게 귀결되어 있습니다. 학생부의 곳곳에서 학생의 진지한 진로 탐색이 드러나 있어 신뢰도를 높여줍니다.

과목 세부능력 및 특기사항
(…) 영화제작실습 : 경기도 교육청 교육과정 클러스터 운영교로 본교에 개설된 영화제작 실습 과목을 이수함. 예술 분야에 대한 전반적인 관심도가 높으며 특히 영상 관련 음향 작업을 훌륭히 완수해냄. 시나리오 작성 시에는 완성도가 높은 작품을 제출하였으며, 매 과제물 마다 성의가 있음. 실습시 맡은 바를 책임있게 끝까지 완수하는 모습이 인상적임. (1학기) 일본어 : 미래의 자기 가족 소개하기 작문 활동을 통해 자신의 미래의 직업은 음향공학자이고, 남편은 프로그래머이며 자신이 기르는 고양이는 꽁치를 좋아한다는 표현을 쓸 수 있음. (…)

다음은 마지막 3학년 기록입니다.

교과	과목	1학기				2학기				비고
		단위수	원점수/과목평균 (표준편차)	성취도 (수강자수)	석차등급	단위수	원점수/과목평균 (표준편차)	성취도 (수강자수)	석차등급	
국어	고전	5	92/74.6(14.8)	A(301)	2					
수학	기하와벡터	4	78/62.2(18.6)	C(301)	3					
수학	수학연습II	4	80/62.1(20.1)	B(301)	3					
영어	심화영어독해II	4	87/68.1(18.9)	B(301)	3					
과학	고급물리	1	76/68.8(18.5)	C(45)	5					
과학	물리II	2	91/58.4(22.0)	A(175)	3					
과학	지구과학II	2	89/53.2(24.7)	A(195)	3					
과학	화학II	2	95/56.6(24.0)	A(207)	2					
과학	생명과학II	2	96/60.7(24.4)	A(227)	2					
기술·가정 제2외국어 한문/교양	논술	2		P	P					
이수단위 합계		28								

174

1학년, 2학년과 비교해 성적은 오히려 조금 떨어졌지만 과학
4과목의 II과정을 모두 수강한 점, 심화과목을 꾸준히 수강한 점
등을 눈여겨봐야 합니다. 또한, 아래의 세특 내용이 다소 부족한
교과등급을 만회하게 해줍니다.

과목 세부능력 및 특기사항

(⋯)
고급물리 : 유체 내에서 단진동하는 물체의 운동을 해석하는 탐구과제에서 물체의 알
짜힘을 구한 후 다음 과정을 해결하는데 어려움을 겪자 교사와 친구들에게 솔직하게
질문을 하면서 해결해 나감. 의문에 대해 질문하는 것을 주저하지 않는 태도가 높이
칭찬할 만함. 이러한 경험을 바탕으로 과제 해결에 힘들어하는 친구들을 석극석으로
도와주는 등 심화된 과제 탐구에 자신감을 얻음.
(⋯)

탐구 과정에서 어려움을 겪었으나 질문을 통해 적극적으로 해
결하려는 했다는 점, 자신의 발전뿐만 아니라 친구들의 돕는 배
려와 협력의 정신을 보여준 점이 구체적으로 드러나 있습니다.

과목 세부능력 및 특기사항

(⋯)
물리III : 포물선 운동에서 중력이 가한 충격량과 운동량 변화량 사이의 관계 및 중력이
한 일과 운동에너지의 변화량 사이의 관계를 벡터의 분해와 차 및 벡터의 내적을 이용
하여 논리적으로 증명함. 전기장과 전위의 관계를 기하학적인 관점으로 잘 이해하여
전위를 전하가 느끼는 공간의 왜곡으로 설명하였으며 다양한 형태의 전위 공간에서
전하의 운동을 정확히 예측함. 균일한 자기장 내에서 로렌츠 힘에 의한 점전하의 운동
을 전자기학 및 역학의 관점으로 설명하고 그 주기를 정량적으로 구함. 평소 음악 감
상과 스피커에 관심이 많아 수업시간에 학습한 전기 신호 중에서 스피커의 구조에 적
용되는 원리를 구체적으로 학습하고자 조사 활동을 함. 이 과정에서 유닛의 크기에 따
라 주로 재생되는 음역이 있다는 사실과 이를 해결하기 위해 크로스 오버 앰프 시스템
을 사용한다는 사실을 알게 되었으며, 흥미로운 주제로 급우들에게 발표하여 큰 관심
을 얻음. 평소 교사와 교감을 나누며 수업에 집중하는 태도를 일관성 있게 보이며, 질
문이나 발표를 할 때 논리적 오류없이 유창하게 막힘 없이 해내는 모습을 보임.

(…)

화학Ⅱ : 적극적으로 수업에 참여하였으며, 매시간 중요한 내용을 따로 정리하여 포스트잇에 메모하는 습관과 이해가 잘 되지 않는 내용은 질문을 통해 해결하려는 자세가 돋보임. 이상기체 상태방정식을 이용한 기체의 분자량 측정 실험에서 드라이아이스 조각 내는 역할을 맡아 자신의 역할을 충실히 수행하고 모둠원과 협조하여 데이터 계산을 순서에 따라 잘 수행함. 몰농도, 몰랄 농도, % 농도 등의 정의를 설명할 수 있으며, 각 농도 간의 변환계산을 자유롭게 할 수 있음. 묽은 용액의 총괄성을 이용하여 문제를 해결할 수 있음. 의약품과 녹색화학이라는 주제로 발표를 진행하여 고혈압 치료제인 발사르탄의 특정 합성법에서 발생하는 부산물 중 발암물질인 NDMA에 대해 소개함. 또한 적당한 온도에서 생약성분을 말려야 하는데 수익성을 이유로 고온에서 이를 말려 나오는 발암물질을 소개함. 이를 통해 의약품을 합성하는 과정에서 단순히 이익만을 고려하지 않고 안전성을 더 우선으로 하여 인간과 자연에까지 해가 없도록 해야 함을 피력함.

생명과학Ⅱ : 데카르트의 방법서설을 읽다가 다른 철학자들이 동물을 바라보는 시각에 대해 궁금해져서 스스로 관련 내용을 찾아 조사하고 동물실험이라는 주제로 학급에 발표함. 동물실험을 찬성하는 베이컨, 데카르트의 주장과 반대하는 피터 싱어, 톰 레건의 주장을 일목요연하게 정리하고, 다른 대안으로 인도적인 실험동물 기술에 관한 원칙을 안내한 러셀&버치를 소개한 점이 돋보였음. 수능 선택 과목이 아님에도 수업에 성실히 참여하고 학습 내용을 꼼꼼히 필기하는 습관을 가지고 있으며, 교사와의 활발한 상호작용으로 활기찬 수업 분위기를 조성함. (…)

처음부터 다 이해하진 못해도 질문과 협업, 교사와의 상호작용 등을 통해 어려움을 극복하고 한층 성장했다는 것을 구체적으로 알 수 있습니다. 진로 분야나 다른 궁금증을 해결하기 위해서 주도적으로 조사를 수행하고 발표한 활동이야말로, 학생의 탐구심을 잘 보여주는 대목입니다. 또한 곳곳에서 교사와의 상호작용에 대한 언급이 등장하여, 일관성 있게 학생의 성실도와 협업능력을 강조하고 있습니다.

이렇듯, 교과 발달상황과 세특은, '막힘 없이 줄곧 탁월한 학업기량을 유지했다'라는 내용보다 오히려 지적 호기심과 탐구활동, 문제를 해결하는 태도 등이 구체적으로 기술되어 학생의 발달상황이 드러나는 것이 핵심입니다.

위에 발췌한 교과목 외에 다른 과목에서도 일관적으로 이 학생이 얼마나 탐구심이 강하고 공동체의 일원으로 잘 기능하고 있는지, 그리고 향후의 진로를 진지하게 모색하고 있는지가 드러나 있습니다.

아울러, 과학중점학교에서 가질 수 있는 여러 탐구활동의 기회들이 잘 기재되어 있고 학생의 주도적인 참여 태도 또한 상세히 드러납니다.

각 학과목 선생님들이 기록해주는 세특이 이 정도로 충실하게 만들어지려면 학생의 학업성취도뿐 아니라 수업에서의 태도 또한 매우 중요합니다.

'선생님에게 아부해서 생기부를 잘 써달라고 해야지'라는 목적의식을 가지라는 뜻이 결코 아닙니다. 대신 생각을 바꾸어봅시다. 수준이 균일하지 않은 다수의 학생들을 상대로 지식을 전달하는 일은 결코 쉽지 않습니다. 외롭게 교단에 서서 여러 명의 학생들을 상대해야 하는 선생님의 고충을 이해하려고 애쓴다면, 나도 모르게 방관자가 아닌 적극적인 조력자로 수업에 참여하고, 이를 주도하고 있을 것입니다. 그리고 그 내용은 저절로 충실하게 생활기록부에 기록될 것입니다.

독서활동상황

독서활동에는 책 제목과 저자만 기록합니다. 필독도서 위주의 독서목록보다는, 자신의 개성이 드러나는 목록이 좋습니다. 친구들과 비슷한 활동을 공유하는 창체나 세특과 달리, 개인적으로 좀 더 깊이 있는 지적 활동을 해온 분야이기 때문입니다.

학년	과목 또는 영역	독서활동상황
2	문학	(1학기) 데미안(헤르만 헤세), 이방인(알베르 까뮈)
	독서와 문법	(2학기) 베로니카, 죽기로 결심하다(파울로 코엘료), 순례자(파울로 코엘료), 연금술사(파울로 코엘료)
	확률과 통계	(1학기) 존재의 수학(루돌프 타슈너)
		(2학기) 통계학 빅데이터를 잡다(조재근)
	미적분I	(1학기) 수학의 언어로 세상을 본다면(오구리 히로시), 철학 수학(야무차)
	미적분II	(2학기) 수학 인문으로 수를 읽다(이광연), 미적분으로 바라본 하루(오스카 E. 페르난데스)
	물리I	(1학기) 청소년을 위한 시간의 역사(스티븐 호킹), 패러데이&맥스웰 공간에 펼쳐진 힘의 무대(정동욱), 모든 순간의 물리학(카를로 로벨리)
		(2학기) 위험한 과학책(랜들 먼로), 전자 정복(데릭 청, 에릭 브랙), 슈뢰딩거의 고양이(애덤 하트데이비스)
	음악과 진로	(1학기) 대중음악 히치하이킹하기(권석정 외), 나비야 청산가자(진회숙)
		(2학기) 노름마치(진옥섭)

2학년의 독서목록입니다. 한 해 동안 20권의 목록을 기록하였습니다. 이전까지 과학중점학급에서 물리 심화수업을 수강한 것과 연계하여, 물리 관련 도서가 부각되어 있음을 알 수 있습니

다. 또한 진로와 관련된 도서명도 빠지지 않았습니다.

면접과정에서 특히 독서활동은 집중적인 추가, 심화 질문의 대상이 될 수 있습니다. 정말 본인이 흥미를 느껴서 읽은 책이어야 정확한 내용을 파악하고 정리할 수 있습니다. 남들이 다 읽는 추천도서에 연연하기보다는 자신이 끌리는 분야의 책을 읽고 이를 개성으로 드러내는 것이 유리합니다. 관심 있는 분야의 책은 여러 번 읽고, 관련된 자료를 추가적으로 더 찾아보아야 합니다. 아무런 연관성 없는 책들을 되는대로 많이 읽기보다는, 하나의 주제에서 출발해서 가지를 치듯 독서의 범위를 넓히는 것이 중요합니다.

행동 특성 및 종합 의견
담임선생님이 작성해주시는 란입니다. 학생의 학업역량만큼 중요한 인성이 잘 드러나는 부분입니다. 이 학생에 대해서 담임선생님은 어떤 평가를 해주셨을까요?

학년	행동 특성 및 종합 의견
1	겸손하며 부지런하고 자기성찰의 능력을 갖추고 있어 또래 친구들보다 사고의 깊이가 있고 자율적이고 헌신적이며 책임감 있게 행동함. 입학 첫 날부터 가장 일찍 등교하여 같은 반에 배치된 통합지원학급 학생을 자발적으로 도와준 것을 계기로 통합지원학급 학생의 도우미로서 한 해 동안 함께 점심식사를 하고 전달물을 챙기거나 학교생활 전반에 도움을 주었을 뿐만 아니라 서로 많은 대화를 하면서 우정을 나눔. 학급에 전달되는 각종 게시물을 일 년 동안 지속적으로 깔끔하고 일목요연하게 잘 게시하고 전달하였으며 사려 깊게 관찰하다가 과제물이나 수행평가 등에 참여가 저조한 친구들을 독려하거나 학습 내용과 관련하여 친구들에게 도움을 주면서 협력하여 학업성취를 이루는 것의 가치를 잘 실천하였음. 학급 규칙을 만드는 활동에서 주도적으로 아이디어를 내고 각종 학교 행사 프로그램의 학급당 참여 인원수가 제한되어 있어서 의견충돌이 예상되는 상황에서 한 명 한 명 학생의 생각을 존중하면서 의견을 조율하는 등 민주적인 자세로 문제 해결에 접근하는 리더십을 발휘하여 학급 회장은 아니지만 리더로서의 역할에 헌신적임. 평소 적절한 언행과 바른 태도로 생활하며 항상 예의 바르고 주변의 귀감이 되고 수업시간의 발표에 정성을 다하며 즐거운 마음으로 과제를 준비하는 모습에 교과 선생님들이 흐뭇함을 느낀다는 칭찬을 많이 받음. 토론 활동에서 논리적이고 침착하게 집중력을 유지하며 강한 면모를 보이고 우리말과 영어 글쓰기, 논술, 보고서 쓰기 등 다양한 학교 활동에서 역량을 발휘하였으며 특히 자신의 희망 진로와 관련이 있는 음악과 수학, 음악과 공학을 통합하는 영역에 관심이 높아 스스로 프로그램을 찾아 이기거나 같은 분야에 관심을 가진 친구들과 자발적으로 심화된 활동을 하는 것을 즐김. 자신의 관심 분야에 대해 탐구하고 정리하여 발표하는 자기주도적인 형태의 활동에서 역량을 발휘하며 교내의 다양한 체험활동에 참가할 때 마다 논리력, 표현력, 자발성, 창의력과 탐구적인 자세를 높이 평가받고 있으므로 장차 자신의 분야에서 최고의 위치까지 오를 것으로 기대됨.

1학년 행동 특성 및 종합 의견입니다. 추상적인 칭찬의 단어들을 나열한 것이 아니라 구체적인 배려의 행동이 이루어진 계기, 이것이 어떻게 지속적인 우정과 헌신으로 이어졌는지가 에피소드로 잘 드러나 있습니다. 배려와 나눔의 실천 또한 구체적인 사례로 드러나며, 음향공학자라는 진로 방향 여시 잘 언급되어 있습니다.

학년	행동 특성 및 종합 의견
2	차분한 성격으로 항상 긍정적으로 생각하고 친구들의 사소한 농담에도 미소를 잘 지어서 학급 분위기를 밝게 만들어줌. 생각이 깊은 학생으로 자신의 의견보다 상대방의 감정을 먼저 배려하려는 태도가 몸에 배어 있어서 자신의 몸이 고단할 정도로 주변 사람들을 위해 각종 도움을 제공하는, 마음씨가 고운 학생임. 어른에 대한 예의가 바르고, 자신에게 주어진 일을 말보다 행동이 앞서는 실천력으로 수행함. 기본적인 학습 습관이 잘 형성되어 있고, 효율적이면서도 융통성 있게 자기주도학습 계획을 세우는 능력을 바탕으로 지구력 강한 학습 생활을 통해 전반적인 교과 성적이 매우 우수하며, 특히 **확률과 통계 및 독서와 문법 교과**에 남다른 재능을 보임. 언어 구사 능력이 뛰어나고 사회 문제에 폭넓은 이해를 갖추고 있음. 모둠 활동에서 필요한 자료가 생겼을 때, 친구들을 배려해서 인터넷에서 어렵게 찾아낸 **자료를 넉넉하게 출력해 옴**. 수업 전후로 물건을 잘 챙기지 못하는 급우들을 수시로 챙겨주어 **수업 활동이 원활하게 진행되는 데 도움을 줌**. 특히, **국어 교과 공부 도우미 역할**을 자원하여 급우들이 국어 공부를 하면서 갖게 되는 궁금함이나 어려움에 대해 진철하게 상담해주어 학급의 면학 분위기에 긍정적인 영향을 끼침. ○○체력비타민제에서 후프 통과하기, 600미터 계주, 달리는 줄다리기, 8자 줄넘기 마라톤, 셔틀콕 던져 넣기 등 **모든 종목에 학급의 대표급 선수로 출전**하여 친구들과 호흡을 맞추는 연습에 솔선수범하는 자세로 참여함. 음악 분야에 재능이 있어 교우들과 함께 합창 활동을 하고, 동아리 발표회의 뮤즈 합주에서 플루트 연주를 하여 전체적으로 더욱 풍성한 합주가 이루어지는 데 기여함. **수학과 음악 사이의 연관성**이 관심이 있어서, 휴식 시간을 활용하여 수학적인 내용을 작곡에 적용해봄으로써 수학이 예술로써 표현될 수 있음을 급우들에게 보여줌. 교내 수학문화 축제 행사에서 '수학으로 게임하자'를 주제로 체험 부스를 운영하여 작도법을 활용한 타원 당구대를 만드는 활동을 통해 부스 운영 방식과 효율적인 팀워크를 형성하는 방법을 알게 됨. 학급 서기로서 **출석부 관리 도우미 역할**을 자원하여 1년 동안 성실히 활동하고, 교실 뒤쪽 쓰레기통의 봉투를 교체하는 일을 자발적으로 맡아서 정해진 시간에 깔끔하게 처리해냄. 특히, 대학수학능력시험 고사실을 설치하는 과정에서 휴지통 비우기, 벽의 낙서 지우기, 바닥 청소하기 등의 업무를 자원하여 맡은 후 늦은 시간까지 남아서 책임감 있게 수행함.

2학년의 내용은 보다 더 구체적입니다. 나눔과 배려의 자세가 어떻게 일상의 작고 큰 행동으로 발현되었는지, 교과내외 활동은 어떻게 참여하였는지를 꼼꼼히 기록하고 있습니다. 진로와 관련된 언급도 구체적으로 기재되었습니다.

이 생활기록부는 누가 읽어도 해당 학생이 '선생님과 급우들에게 사랑받을 만한 자격이 있는 성실한 학생'으로, '음악과 물리, 수학을 좋아하며 음향공학자라는 자신의 미래를 향해 적극적이고 진지하게 노력하고 있음'을 알 수 있습니다. 모든 활동들은 교내에서 이루어졌지만 무엇 하나 부족한 점 없이 충실합니다. 유망한 진로와 관련된 도서, 필요한 활동에 대해 아무리 컨설팅을 받은들, 이렇게 자연스럽고 훌륭한 생기부는 만들기 힘듭니다.

수시 3관왕
실제 자소서

　학생부와 더불어 입시에서 중요 서류로 제출되는 자기소개서는 어떻게 작성해야 할까요? 우리가 위에서 살펴본 학생부의 주인공이 고려대학교 전기전자공학부에 제출한 자소서를 살펴보겠습니다.[2]

2　2022학년도부터는 자소서 기재 부담을 줄이기 위해 기존의 4개 문항 5,000자에서 3개 문항 3,100자로 분량이 축소됩니다. 재학 기간 중 학업 경험과 교내 활동을 쓰는 1,2 문항이 통합되어 1,500자 이내로 쓰게 되는 것입니다. 배려와 나눔 등에 관한 실천 사례를 쓰는 3번 문항은 질문 방식을 바꿔 학생의 개성이 잘 드러나도록 할 예정입니다.

1. 고등학교 재학기간 중 학업에 기울인 노력과 학습 경험을 통해, 배우고 느낀 점을 중심으로 기술해주시기 바랍니다. (띄어쓰기 포함 1000자 이내)

　　좋은 소리란 음악 애호가들에게는 어떠한 대가를 치르더라도 갖고 싶은 보석 같은 존재입니다. 저는 중학교 때 음악을 듣기 시작하면서 좋은 소리를 찾기 시작했고, 소리에 관한 관심도 함께 갖게 됐습니다. 고등학교 입학 후, 오디오 엔지니어 분을 만나고, 심화 영어회화 시간 이에 대해 발표하며 음향공학자라는 꿈을 갖게 됐습니다.

　　물리Ⅱ 시간에 스피커의 구조에 관한 발표를 준비하며 음향과 관련된 책을 찾아보던 중 접한 '심리 음향학'은 저에게 새로운 세상이었습니다. 좋은 소리를 만들기 위해서는 공학적 지식에 더하여 소리를 듣는 사람에 대한 이해가 필요함을 깨닫게 됐고 이에 폭넓은 공부의 필요성을 깨달았습니다.

　　음악과 음향에 관심이 많은 저는 수학 시간 평균율과 순정률에 관한 내용을 배운 후 발표했던 다양한 음계의 수학적 원리를 바탕으로 교내 수학 연구 발표 대회에 참가해 등비수열과 내분점 등의 수학적 원리를 이용한 단순한 음계와 악기를 만드는 프로젝트를 진행했습니다. 실제 사용되는 음계처럼 음악적으로 가치가 있는 음계는 아니었지만, 수학 시간 배운 내용만을 활용해 새로운 것을 만들 수 있다는 점이 매력적이었습니다.

소리는 파동이기 때문에 이를 이해하는 것이 음향공학의 이해에 필수적이라 생각해 1학년 때부터 관련 서적들을 읽으며 공부했습니다. 이를 바탕으로 2학년 물리에서 배울 파동과 관련된 내용과 함께 정리해 동아리에서 친구들과 공유했습니다. 3학년 때에는 그간 물리 과목에서 배운 내용을 떠올리며 긴섭, 정상파외 공명 등 물리Ⅱ의 파동에 관한 내용을 혼자 공부했습니다. 고전 시간에도 음향 관련 지문이 나오자 흥미를 느껴 머리전달함수와 공간전달함수 등 입체 음향에서 중요한 내용을 조사하여 발표했습니다.

학교에서의 수업과 독서 그리고 탐구 활동은 막연했던 소리에 관한 제 관심을 학문적으로 접근해 새로운 지식을 쌓는 계기가 됐습니다. 이런 지식을 바탕으로 앞으로 소리에 대한 더 나아간 지식과 음향공학에 대한 공학적인 지식을 공부해 음향공학자로서의 제 길을 열어가고 싶습니다.

학생부 상의 교과 발달사항 세특이 자소서에도 자연스럽게 연계됨을 잘 알 수 있습니다. 음향공학자라는 희망 진로와 관련하여 1학년 때는 수학, 2학년부터는 물리와 물리 심화과정을 통해 어떻게 본인의 호기심과 향후의 연구과제를 발전시켜왔는지가 잘 기술되어 있습니다. 모호한 표현이 없고, 실제 학교생활에서 느낀 호기심과 이를 통해 얻은 지식, 그리고 지원 동기가 맞물려 피력됩니다. 이처럼 학생부와 자소서는 유기적으로 잘 연계되어야 합니다.

2. 고등학교 재학 기간 중 본인이 의미를 두고 노력했던 교내 활동(3개 이내)을 통해 배우고 느낀 점을 중심으로 기술해주시기 바랍니다. 단, 교외 활동 중 학교장의 허락을 받고 참여한 활동은 포함됩니다. (띄어쓰기 포함 1500자 이내)

수학 연구 발표 대회를 통해 저는 학문의 융합을 경험할 수 있었습니다. 1학년 때 음계의 수학적 원리를 알게 되자, 파동을 주제로 공부한 것 중 정상파가 떠올라 처음에는 간단한 악기를 만들 생각으로 친구들과 함께 교내 수학 연구 발표 대회에 참가했습니다. 하지만 친구들과 의논하다 보니 음계의 원리가 생각보다 간단해 직접 음계를 만들어보고 싶다는 생각을 했고, 이를 주제로 대회에 참가했습니다. 직접 무언가를 만드는 경험이 너무 재미있어 2학년 때도 대회에 참여했습니다. 음계와 같이 흔한 주제가 아닌, 12음렬기법과 수학의 연관성을 주제로 대회에 참가해 12음렬기법을 이용한 간단한 음악을 만들어 기법의 원리를 알아보았습니다. 이 과정에서 나온 이해가 가지 않는 내용이나 보고서를 작성할 때 발생한 어려움은 친구와 의논하며 해결해 프로젝트를 성공적으로 끝냈습니다. 이 경험을 통해 수학과 음악, 그리고 물리의 융합을 직접 느낄 수 있었습니다.

상이한 두 입장의 의견을 경청하고, 비판적으로 생각하며, 논리적으로 상대방을 설득하는 토론에 매료되어 2년 연속 교내 토론 대회에 참가했습니다. 처음에는 비판적 사고 습관으로 준비가 힘들어 대부분의 학생이 꺼리는 확인 질문과 반론에는 자신 있었지만, 그 때문에 제 의견에도 확신을 갖지 못하는 경우가 있어 입론은 어려웠습니다. 저는 토론에 대한 욕심으로 입론을 잘할 수 있는 방법을 고민해 반박과 확인 질문을 예상해 입론을 철저히 준비했고, 실전에서 당황하는 일을 줄일 수 있었습니다. '공교육 교과 교사를 딥러닝 탑재 AI 로봇으로 대체해야 한다'라는 논제의 입론서를 쓸 때도 어려움은 여전했지만, 상대방이 예상했던 반박을 하자 고심 끝에 준비한 재반론을 통해 잘 대처할 수 있었습니다. 이러한 준비가 실전에서 도움이 됨을 실감하자 토론에 더욱 자신감을 가질 수 있었고, 개인이 모든 과정을 준비해야 하는 결승에서도 좋은 성과를 거둘 수 있었습니다.

전기공학에 관한 관심으로 동아리를 찾았으나 우리 학교에는 관련 동아리가 없었습니다. 이에 2학년 때 비슷한 진로를 희망하지만 같은 아쉬움을 갖고 있던 친구들과 함께 공학 진로 탐색 자율 동아리를 만들었습니다. 물리 시간에 앙페르 법칙을 배운 후 동아리에서 간단한 키트를 활용해 스피커를 제작했는데, 완성 후 실제로 작동시켜보니 스피커라는 말이 무색하게도 귀에 직접 대고 있어야만 들릴 정도로 소리가 작아 당황스러웠습니다. 이후, 키트의 각 요소를 조사한 후, 스피커에 들어 있는 자석의 문제를 의심해 이를 자세히 찾아보았습니다. 이를 통해 키트에 포함된 자석의 자력은 일반 냉장고 자석과 비슷한 약 10가우스 정도였는데 이는 실제 스피커에 사용되는 100가우스 이상의 자석에 비할 바가 못 되는 것임을 알게 되었습니다. 결국, 자력의 문제로 소리가 작았던 것임을 알 수 있었습니다. 처음부터 성공했다면 그냥 넘어갔을 소리의 출력에 필요한 구성 요소에 대해 자세히 알아볼 수 있었을 뿐만 아니라, 이를 통해 때로는 실패가 우리에게 더 많은 것을 가르쳐준다는 것을 경험할 수 있었습니다.

2년 연속 같은 대회에 출전했고, 학생부 상에도 이 결과물이 드러나 있었음을 유의할 필요가 있습니다. 반짝 생겨난 탐구심이 아니라 꾸준히 관심 분야에 천착하는 성향을 보여줄 수 있습니다. 학문간의 융합이라는 거창한 주제를 실제로 자신이 경험한 교과 수업과 지식, 그리고 깨달음으로 잘 풀었습니다. 아울러,

학생부에서 강조된 수학과 물리에 관한 학습 내용이 대회 출전 및 동아리활동 등으로 자소서에서 꾸준히 강조되어 있습니다.

태도 면에서는 보다 깊은 탐구를 위해 동아리를 조직한 적극성 또한 기재되어 있습니다.

3. 학교 생활 중 배려, 나눔, 협력, 갈등 관리 등을 실천한 사례를 들고, 그 과정을 통해 배우고 느낀 점을 기술해주시기 바랍니다. (띄어쓰기 포함 1000자 이내)

'스마트폰 앱 악기를 활용한 중주하기'라는 낯선 프로젝트를 진행하게 된 계기는 2학년 '음악과 진로' 시간 선생님께서 내어주신 수행평가 때문이었습니다. 악기와 스마트폰 앱을 모두 활용하는 과제였기에, 실제 악기를 다룰 수 있는 친구들은 악기를 연주했고, 그렇지 못한 친구들은 앱 악기를 연주하기로 했습니다. 중학교 때부터 플루트로 오케스트라 활동을 했고, 음악에도 관심이 많아 이전에도 앱 악기를 자주 사용했던 저에게는 중주라는 과제도, 앱 악기도 모두 익숙했습니다. 친구들은 멋있는 곡을 연주하기를 원했고, 저 또한 중학교 때의 대규모의 오케스트라 합주를 생각하며 의욕에 불타올라 화려한 곡들을 찾아보았습니다. 이에 처음에는 〈Creep〉이라는 곡을 골라 연습을 했습니다. 하지만 같은 조 친구들은 중주에 익숙하지 않았고, 심지어는 소위 '박치'인 친구도 있어서 화음을 이루기가 어려웠습니다. 연습이라도 많이 해야 할 터인데, 악기가 음악실에 있어 음악 시간 이외에는 연습을 할 수 없어 연습 시간까지 부족했을 뿐 아니라 의욕을 잃은 친구들은 연습도 열심히 하지 않아 얼마 남지 않은 수행평가 날까지 제대로 합주가 가능할 것 같지 않았습니다. 리더로서 프로젝트를 한 명의 낙오도 없이 성공적으로 마쳐야 한다는 책임감 때문에 곡을 바꾸기로 마음먹었습니다. 음악 교과서를 살펴 비교적 연주가 쉬워 보이는 〈바람이 불어오는 곳〉이라는 곡으로 바꾸자 제안했고, 모두 이에 찬성했습니다. 그러나 다룰 수 있는 악기가 없는 친구의 경우에는 처음 접하는 앱 악기를 연주해야 해 여전히 연습이 더 필요했습니다. 그래서 시간을 정하여 만나기로 약속한 후, 그 친구와 아침마다 함께 연습했습니다. 처음에는 어려워서 도저히 못 하겠다며 투덜거리던 친구도 제가 순서만 알면 연주할 수 있도록 악보에 숫자를 붙여 설명하니 점차 따라오기 시작했고, 수행평가 전까지 합주가 가능한 실력을 키울 수 있었습니다. 비록 화려한 편성은 아니었지만, 한 명의 낙오자도 없이 하모니를 이뤄 연주할 수 있었음에 뿌듯했습니다.

음향공학자라는 희망 진로와 관련하여 학교생활에서의 '스마트폰 앱을 활용한 중주'라는 경험을 공동체의식과 잘 합쳐서 녹여냈습니다.

4. 해당 모집단위 지원 동기를 포함하여 고려대학교가 지원자를 선발해야 하는 이유를 기술해주시기 바랍니다. (띄어쓰기 포함 1000자 이내)

학교 수업이나 활동, 혼자만의 공부를 통해 소리와 음악에 관한 관심을 이어왔습니다. 그중에서도 물리 시간에 스피커의 구조에 관한 발표를 준비하며 여러 자료를 찾던 중 접하게 된《심리음향학》을 통해 제가 앞으로 어떠한 공부를 해야 하는지 구체화할 수 있었습니다. 이 책의 앞 부분에는 이미 익숙한 음향학 관련 내용이 포함되어 있어서 쉽게 이해할 수 있었지만, 뒷부분에 소개된 내용은 실제 소리를 들으면서 느껴보기만 했을 뿐, 깊게 생각해본 적이 없는 내용이었습니다. 공기 중에서 전달되던 음파가 우리의 귀에 전달되면 우리의 몸 또한 매질로 작용하고, 그 신호를 우리의 뇌가 받아들이는 과정에서 신호에 다양한 변화가 일어나며, 우리가 느끼는 소리는 가공된 정보라는 사실을 알게 되었습니다. 이렇게 가공된 정보가 물리적인 소리와 항상 일치하는 것은 아니어서 어떻게 지각되고 해석되느냐를 고려하지 않고는 좋은 소리를

만들 수 없다는 점을 깨닫게 되었고 이에 폭넓은 공부의 필요성을
느끼게 됐습니다.

저는 이러한 공부를 할 수 있는 곳이 바로 고려대학교라고 생
각했습니다. 저는 학생 설계 전공을 통해 음향공학의 기초가 되는
전기전자공학을 기반으로 하여 심리학, 생명과학 등의 다양한 분
야를 함께 공부할 것입니다. 전기전자공학부에서는 신호와 시스
템, 디지털 신호 처리, 통신 시스템, 전파 공학 등의 강의를 들으며
음향공학의 기초가 되는 신호 처리를 주제로 공부할 것입니다. 이
를 바탕으로 사람의 지각, 인지 과정은 물론, 인체의 감각 기관과
뇌에 관한 내용을 함께 공부하고 싶습니다. 이렇게 '소리'라는 하
나의 주제를 중심으로 다양한 분야의 지식을 습득해 소리와 음향
공학에 대한 이해의 기초를 마련할 것입니다.

저는 지식을 단순히 받아들이기보다는 스스로 생각하고, 그 본
질을 탐구하고 싶습니다. 단순히 호기심을 채우는 공부를 넘어서
좋은 음악을 좋은 소리로 많은 사람에게 들려줄 수 있는 방법에
대해 끊임없이 고민하는 음향공학자가 되고자 합니다. 이러한 저
의 꿈을 고려대학교에서 펼치고 싶습니다.

혼자서 부딪혀 보았지만 한계를 느꼈고, 이에 거 대학에서 더
심화된 공부를 이어가고 싶다라는 의욕이, 향후의 연구 과제를

밝힘으로써 더욱 잘 드러나 있습니다. 자소서의 마지막 항목까지 자신의 지적 호기심을 좀 더 깊이 탐구하기 위한 열망과 구체적인 계획이 일관성 있게 기술되어서, 학생의 진정성을 잘 느낄 수 있습니다.

선택받는 학생부/자소서
작성 비법

학생부와 자소서는
한 몸이다

암암리에 자소서 대필이 이루어지고 사회문제로까지 부각된 요즘입니다. 그러나 자기 자신만큼 자소서를 잘 쓸 수 있는 사람은 없습니다. 설사 학교생활을 충실하게 보내지 못했더라도, 자신의 이야기를 토대로 작성해야 면접이란 관문을 통과할 수 있습니다. 생활기록부는 담임선생님이 작성해주신 것이고, 자소서는 내가 작성하는 것입니다. 생기부에 다소 모호하게 기술된 부분이 있다면 이를 자소서에 구체적인 에피소드로 풀어나가야 합니다.

아울러, 생기부와 자소서는 유기적으로 연계되어야 합니다. 일관된 진로를 유지하지 않고 꿈이 자주 바뀌었다 해도 괜찮습니다. 단 왜, 어떤 과정을 통해 진로희망을 바꾸게 되었는지, 그리고 새로 갖게 된 탐구심을 충족하기 위해 학교에서 어떤 활동을 적극적으로 수행했는지가 설득력 있게 기술되어야 합니다. 그리고 이러한 내용이 자소서에 연계되어야 합니다.

이때 중요한 것은 '키워드'입니다. 앞서 사례로 든 학생의 경우, 지속적으로 '음향공학', '수학/물리', '질문하고 문제를 해결하는 적극성', '꾸준함', '협력하는 태도'라는 키워드가 이어지고 있습니다. 다양한 방면에 호기심을 가지느라 비교과 내용에 일관성이 없다면, 이를 하나로 묶을 수 있는 더 큰 키워드를 찾아내야 합니다. 이를테면, 다양한 지적 호기심으로 여러 활동에 참여했다는 것은 '적극적인 탐구자세'를 가졌다는 것을 의미합니다. 이 키워드가 대학에서의 공부에 어떻게 긍정적으로 작용할지를 설득하면 됩니다.

휴일에는
도서관으로

자신이 지원한 학과의 분야를 좀 더 깊이 있게 파고들어 일반에 공개된 논문을 찾아보는 것도 좋은 탐구활동이 됩니다. 그 논문의 어려운 내용을 이해해야 한다는 것이 아닙니다. 관련 분야의 유명한 학자들을 검색해보고, 그 학자들의 저작물을 살펴본다든지, 지원학과의 교수님들이 어떤 논문을 쓰셨는지 제목과 목차를 훑어보는 것만으로도 매우 큰 도움이 됩니다. 특히 면접을 앞두고는 지원단위 교수님들의 성함과 전공 분야, 논문 리스트를 확인해볼 것을 추천 드립니다.

국립도서관, 국회도서관 등에 직접 방문해보는 경험도 좋습니다. 여의치 않다면 집에서 전자도서관을 이용해서 학위논문이나 학술지를 검색해봅니다. 끝까지 다 읽지 못하더라도 자신이 관심을 가진 학문 분야에서 어떤 일들이 일어나는지, 트렌드가 되고 있는 화두를 알아두면 좋습니다.

이러한 활동을 자소서에 녹여내면 십중팔구 면접관의 추가 질문을 받게 될 것입니다. 이때 중요한 것은 모르는 것을 아는 척하는 것이 아니라, '내가 이 분야에 이만큼의 관심이 있고, 그래서 좀 더 깊이 파고들다 보니 논문까지도 찾아보았다. 아직은 어려워서 이해할 수 없지만 대학에 진학해서 본격적으로 배워보고 싶다' 라는 겸손한 자세입니다.

면접 대비 이렇게 하면
백전백승

정답은
내 서류에 있다

　학생부 전형은 면접을 통해 학생부와 자소서의 진위 파악이 이루어집니다. 한 마디로, 면접이라는 시험에서 시험 범위는 나의 학생부와 자소서인 것입니다. 본인의 학생부에 잘 이해되지 않는 표현이 있다면 반드시 확인하고 준비해야 합니다.

　지원하는 학과의 교과 내용보다도 중요한 것은 바로 진실성입니다. 면접을 앞두고 모의면접을 실시해보면, 가끔씩 무언가 납득이 되지 않는 학생부를 들고 오는 친구들이 있습니다. 이게 가능해? 싶을 정도로 모든 분야에서 탁월한 전인적인 인재로 표현되어 있는데 막상 자리에 앉았을 때엔 자세도 불안정하고 자기 표현도 서툽니다. 이런 경우 학생부의 내용을 구체적이고 집요하게 파고들어 집중적으로 진위 여부를 가리게 됩니다. 영자신문 동아리와 회화반에서 주도적인 역할을 했다고 되어 있는데 영어 교과 등급은 지속적으로 3등급인 학생이 있었습니다. 이런 경우도 마찬가지로 꼬리에 꼬리를 무는 질문의 대상이 됩니다. 영어로 자기소개를 해보라고 했는데 말 한 마디 못한다면, '회화반에서 주도적인 역할을 했다'라는 학생부 내용은 바로 거짓으로 드러나는 것입니다.

자신이 직접 체험한 바가 학생부에 기재되어 있고 이것이 다시 자기소개서에 녹아 있다면 면접관의 질문에 당황하지 않고 구체적인 답변을 할 수 있을 것입니다.

가장 중요한 것은, 태도

면접을 대비할 때는 부모님이나 선생님 같은 모의면접관을 두고, '문을 열고 들어오는 것부터 자리에 앉고 다시 문을 닫고 나가는 것까지' 전체 과정을 반복적으로 연습해야 합니다. 학생이

문을 열고 들어오는 바로 그 순간부터 평가가 시작되기 때문입니다. 면접의 시작과 끝을 핸드폰으로 녹화해서 자신의 모습을 객관적으로 보는 것이 큰 도움이 됩니다. 눈을 두리번거리거나 등을 굽히고 앉거나 하는 좋지 않은 자세는 집중적인 반복훈련으로 교정하고 가는 것이 좋습니다. 긴장할수록 평소의 습관과 태도가 튀어나오는 법입니다.

시사 경향 파악은 기본

최근에 이슈로 떠오른 일들을 훑어보고 자신의 입장을 간략하게 정리해두는 편이 좋습니다. 무엇보다 자신이 지원하려는 전공과 최근의 이슈들을 연계시켜서 고민해보아야 합니다. 순수 교과면접이 아닌 인성면접에서도 교과적 지식이 연계되는 경우가 많음을 간과하면 안 됩니다.

세상을 바라보는
눈을 기르자

세계관이나 가치관을 한 문장으로 적어보기를 추천합니다. 공동체의 일원으로서 어떤 사회가 바람직한 사회라고 생각하는가? 갈등상황에서 나는 어느 편을 택할 것인가? 내가 존경하는 인물은 누구이며 왜 존경하게 되었는가 등을 미리 정리해두어야 구체적인 사안을 여러 개 접했을 때 일관적인 답이 나올 수 있습니다.

독서 목록에 기입한 도서들은
무조건 다시 읽어둔다

자신이 읽었다고 제출한 책인만큼, 반드시 다시 숙지해야 합니다. 전공과 관련된 도서는 물론, 교양서적도 마찬가지입니다. 모든 내용을 다 이해했다고 말할 필요는 없습니다. '이런 이유로 선택해서 읽었는데, ○○부분은 이해했지만 ××부분은 이해하지 못해서 추가적으로 다른 책을 찾아보는 등의 노력을 기울였다'라고 답하면 충분합니다.

교과서의 목차를
정독하자

3년간 자신이 학교에서 무엇을 배웠는지 한 번 정도 정리해 보길 추천합니다. 주요 과목의 교과서 목차를 훑어보고 어떤 학기에 어떤 내용을 배웠는지 숙지해둡니다. 이는 자신의 학업과정을 구체적으로 설명하는 데 매우 중요한 단서들이 됩니다.

짧은 글을
소리 내어 읽자

특히, 평소 내성적인 성격이라면 큰 소리로 글을 읽는 훈련을 꾸준히 해야 합니다. 막상 면접을 앞두고 기본적인 발성이 되지 않아서 모기 소리로 말끝을 흐리는 학생들이 정말 많습니다. 허리를 펴고 배에서 나오는 소리로 또박또박 같은 지문을 여러 번 읽는 훈련이 큰 도움이 됩니다. 배에 힘을 주고 소리 낼 줄을 알아야 배포도 생기고 자신감도 붙습니다.

학종의 시험 범위는 '나의 학생부'

똑같이 훌륭한 학생에 대해서라도, 선생님마다 학생부에 기재해주시는 내용의 양과 질이 다를 수 있습니다. 몇 년 전 서울대에 입학한 한 제자의 생기부를 보고 당황한 적이 있습니다. 1학년 담임선생님의 종합의견이 8줄이었는데 비해 2학년 담임선생님은 30줄을 작성해주신 것입니다. 내용 역시 1학년의 내용은 다소 추상적이었습니다.

> 명확한 목표의식을 갖고 노력하는 학생으로 누구보다 밝고 예의 바르고 인사성이 좋으며, 성적도 행동도 모범적이어서 학급의 모범이 되는 학생으로 여러 교과선생님들까지 칭찬을 아끼지 않는 훌륭한 학생임. 학습태도가 바르고 언행이 고우며 차분한 성격으로 친구들에게 친절하게 대하는 등 타인을 위한 이해와 배려심을 가지고 있음.

물론 저는 이 학생을 평소에 접하고 있었으므로 위의 글귀가 모두 사실이라는 점을 잘 알고 있었습니다. 하지만 아이를 모르는 입학사정관들에게 이런 두루뭉술한 칭찬은 사실 크게 와 닿지 않습니다. 반면, 2학년의 내용은 양의 차이를 떠나서 매우 구체적이었습니다.

> 국제적인 광고기획자에 대한 미래를 설계하고 개척해내는 학생으로 (…) 프랑스어, 영어로 노래 부르기를 좋아하고 (…) 온라인을 통하여 외국인 친구들에게 한국 문화를 홍보 (…) 제2 외국어 노래 경연대회에서 프랑스어 노래를 불러 전교생의 박수를 받았으며

(…) 교내 토론대회를 거쳐 학교장 추천으로 '다문화 사회에서의 문화 충돌'에 관한 토론을 준비, 리더십을 발휘하였고 (…) 결석한 친구가 있으면 프린트를 챙겨주고 부족한 학습 부분을 설명해줌.

학생이 어떤 학교생활을 해왔는지가 구체적으로 눈에 그려지는 대목입니다.
만일 학생부에 추상적인 표현이 많다면 자소서는 물론 면접을 통해 보충할 수 있도록 자신이 어떤 구체적인 경험을 하였는지 부가적인 내용을 꼼꼼히 준비해야 합니다. 학생부 종합 전형의 시험 범위는 바로 자신의 학색부임을 명심해야 합니다.

5장

입시의 성패를 가르는
결정적 시기들

"중3 겨울방학 때 놀았던 게
가장 후회되죠."

   2006년 겨울방학부터 본격적으로 시작된 메가스터디 '윈터스쿨'은 당시로서는 대단히 획기적인 프로그램이었습니다. 12월 말부터 2월 말까지, 아침 8시부터 저녁 4시 반까지 국, 영, 수, 탐 수업을 하고 다시 밤 10시까지 자습을 하는 보기 드물게 강력한 체제였죠. 생활 관리가 느슨해질 수 있기에 수준에 따라 반을 편성하고 담임강사를 두어 출결과 상담을 진행했고, 매일 아침 영단어 시험을 보고, 매일 수학 문제 30문항을 서술형으로 풀어서 제출하게 했습니다. 그리고 매주 모의고사를 치러서 이 모든 성적을 집으로 발송했습니다.

   반드시 자습을 시켜야 한다. 이것이 당시 이 프로그램을 적극

지원한 손주은 회장의 신념이었습니다. 사실 학원 입장에서는 힘들게 자습 관리를 하기보다는 황금 같은 저녁 시간대에 강의를 개설하여 수익을 창출하는 것이 더 유리합니다. 그러나 '수업 후에는 반드시 이를 자기 것으로 만드는 자습 시간이 필요하다' 라는 말씀에 토를 달 사람은 아무도 없었습니다.

당시 대치동에는 방학이라고는 하지만 아침부터 강의를 개설하는 학원이 많지 않았고, 대부분 과목별 단과 수업만이 있었습니다. 자기 공부는 알아서 스스로 하는 최상위권 위주로 구성된 대치동 학원가에서 '관리체제'를 도입하는 것 자체가 정서에 맞지 않는다는 우려도 있었습니다. 그러나 느슨하게 보내버리기엔 겨울방학은 2월의 개학을 감안하더라도 매우 긴 시간입니다. 특히 중3 학생의 경우, 고입 전까지 기나긴 시간을 어영부영 보내기 쉽습니다. 거꾸로 생각하면, 이 시기는 압도적인 공부 양으로 폭발적인 성적 향상을 꾀할 수 있는 절호의 기회인 것입니다.

다소 파격적이었던 이 프로그램은 처음부터 엄청난 성공을 거두었습니다. 곧 당사의 다른 지점까지 빠르게 전파되었고, 심지어 타 학원에서도 유사한 프로그램을 속속 도입하기 시작했습니다. 그리고 10여 년이 지난 이제는 겨울방학을 앞둔 학생과 학부모님이라면 한번쯤은 고민해볼 대표적인 학원 프로그램으로 자리잡았습니다.

그런데 이 강남메가스터디 윈터스쿨보다 더 빨리 마감되는 곳이 있었습니다. 바로 '기숙학원' 윈터스쿨입니다. 특히 최상위권 재수반으로 유명한 양지메가 기숙학원의 윈터스쿨은 9월이면 모든 인원이 마감될 정도로 인기가 높습니다. 학교-학원 왔다 갔다 하는 시간조차 아까운 것이지요. (물론, 본인보다는 부모님의 의지로 등록하는 경우도 많습니다.)

이런 프로그램이 인기가 있다는 것은, 그만큼 겨울방학, 특히 중3 겨울방학의 집중적인 학습이 중요하다는 걸 보여줍니다. 아침부터 밤까지 오롯이 공부에 투자할 시간이 2달이나 주어지는 것입니다. 그렇다면 이와 더불어 놓치지 말아야 할 중요한 입시의 타이밍은 언제이고, 이때 무엇을 해야만 할까요?

초1

12년 입시 로드의 출발점

영어유치원, 논술공부, 연산 학습… 요즘은 미취학 아동이나 초등학교 저학년도 결코 선행에서 자유로울 수 없습니다. 교육 정책의 취지와는 달리 사교육 시작 연령은 매년 더 낮아지는 추세이고요. 하지만 많은 전문가들이 지적하듯이 초등 저학년 선행은 자칫 학교 수업을 지루해하거나 수업 태도에 문제가 생기는 등 부작용을 낳을 위험이 많습니다. 학교생활을 얼마나 성실히 수행했는가가 가장 중요한 평가 기준이 되는 앞으로의 입시를 생각하면, 바른 자세로 앉기나 자기 물건 챙기기, 친구들과 의견 나누기 같은 학교 생활의 기본을 잡아주시는 게 장기적으로 더 도움이 됩니다. 아이의 성향과 능력에 맞는다면 가벼운 영어나 수학 선행을 시키셔도 좋지만 제가 추천하고 싶은 것은 따로 있습니다.

한자
공부

한자는 국어 어휘력의 기본이 됨과 동시에 향후 아이가 접하게 될 모든 과목에 영향을 끼칩니다. 어릴 때부터 부담이 되지 않는 선에서 가볍게 한자 공부를 시작해서, 꾸준히 이를 지속하는 것이 좋습니다. 국어의 어휘력은 한자가 조합된 한자어를 얼마나 빨리 이해하고 다시 조합해낼 수 있는지에 달려 있습니다. 한자 하나 하나는 제각각 뜻을 가지고 있기 때문에, 이를 조합한 한자어는 비록 처음 듣는 것이라도 충분히 뜻을 유추할 수 있습니다. '논문論文'이라는 단어와 '취지趣旨'라는 단어를 익히면 '논지論旨'라는 새로운 단어도 이해할 수 있습니다. 무조건 새로운 단어로 외우는 것이 아니라 기초 단어들만 알면 무궁한 조합이 가능한 것입니다.

한자어에 대한 이해는 나중에 일본어와 중국어를 공부할 때도 큰 도움이 됩니다. 한자 문화권에서 한자를 많이 안다는 것은 무엇보다 큰 무기입니다.

초5~초6
중등 과정으로의 도약을 준비하는 시기

적어도 초등학교 3학년까지는 학업 스트레스를 주지 않는 것이 좋다가 저의 개인적인 생각입니다. (물론 공부 자체를 좋아하는 타고난 공부벌레들은 예외지만, 그런 아이들은 정말 극소수입니다.) 하지만 4~5학년부터는 아이의 공부 상황을 체크해볼 필요가 있습니다.

수학 다지기
+ 선행

그렇다면 왜 초5, 빠르면 초4부터일까요?

4학년 때부터 세 자리 수의 연산이 등장하면서 수학을 어려워하는 학생들이 많아지기 때문입니다. 어지간히 똑똑하다고 칭찬받는 아이인데도 세 자리 수를 두 자리 수로 나누는 데 부담을 느낀다면, 수학 공부에 조금 더 집중할 수 있게 해주어야 합니다.

5학년 때는 분수 연산이 관건입니다. 특히 분모가 다른 분수의 덧셈과 뺄셈에서 이해력의 차이가 보이기 시작합니다. 아울러, 많은 아이들이 서술형 문제를 어려워합니다. 문장으로 표현된 문제를 식으로 표현하지 못한다면 이는 분명히 연산의 개념이 확립되지 않은 것입니다. 만일 학생이 여기서 벽에 부딪혔다면 사칙연산의 기본 원리부터 다시 챙겨주어야 합니다. 이것은 중학교 입학을 앞두고 매우 중요한 점검입니다. 중학교 수학과 초등학교 수학 사이에는 아이 입장에서 낯선 느낌이 들 정도로 급격한 변화가 있기 때문입니다.

중등 수학이 낯선 이유는 바로, '부호와 기호의 등장'입니다. 어릴 땐 숫자들의 관계를 파악하면 되었는데, 중학교부터는 '문자를 통해' 숫자들의 관계를 표현하고 식을 세울 수 있어야 합니다. 즉 산술에서 대수로 넘어가는 중요한 지점입니다. 적응 기간도 필요합니다.

문제는, 대수에 충분히 익숙해지지 않은 상태에서 바로 문제를 풀어야 하는 상황이 되는 것입니다. 이미 친구들이 편안하게 다음 단계로 넘어가는 것을 초조하게 지켜보면서 아이는 '나는 수학머리가 없구나'라고 오해할 수도 있습니다. 그렇게 많은 아이들이 너무 일찍 수포자의 길로 접어듭니다.

따라서, 초등학교 고학년부터는 그간 배운 초등 수학 교과과정을 탄탄히 다지고, 자신감이 조금 붙은 후라면 조금이라도 중학교 선행을 시작하는 게 좋겠습니다. 처음부터 100% 이해는 못 하더라도 낯섦과 두려움을 최소화할 수 있습니다.

특히 문과 성향의 학생들은 개념을 이해하는 과정을 매우 힘들어합니다. 수학머리가 좋은 또래 친구들이 척척 이해하는 것을 보게 되면 자신감도 떨어지고 더욱 더 수학에 거부감을 느낍니다. 이 경우, 차라리 쉬운 문제를 얇게 자주 반복하면서 거꾸로 개념이 이해되게 하는 방법도 나쁘지 않습니다.

능력과 상황에 따라 다르지만 많은 진도를 나갈 필요 없이 1학기 정도 앞서 나가기를 추천 드립니다. 아예 선행을 하지 않고 수업만으로 바로 심화문제까지 풀 수 있는 학생은 정말 극소수입니다.

한국식
영어문법

초등학교 저학년까지 어학원 등을 통해 듣기와 말하기에 치중한 영어교육을 받았다면 초등 고학년부터는 서서히 '한국식' 영어문법을 시작해야 합니다. 해외에서 오래 살다 와서 일상대화도 영어로 하는 친구조차 이때는 한국식 문법을 공부해야 합니다. 중학교 내신 문제의 변별력이 문법에 달려 있을 뿐만 아니라, 고등학교까지 계속 이어지며 발목을 잡기 때문입니다. 그리고 이 한국식 문법은 영어로 된 문법과 정말 많이 다릅니다. 가끔 영어로 된 문법책을 가지고 공부하려고 하는 학생들이 있는데, 허세를 충족시키는 데는 좋겠지만 여전히 옛날식 문법 문제가 나오는 학교 시험에는 전혀 도움이 되지 않습니다. (to 부정사의 용법을 구분하는 문제가 아직도 출제되는 것이 현실입니다.)

초등학교 고학년 수준에서 문법책의 용어와 개념을 이해하는 것은 매우 힘든 일이고 옳지 않다고 생각할 수도 있습니다. 그런데 놀랍게도, 제 경험상 고3까지 가서도 이 문법을 제대로 이해하지 못하는 학생들이 80% 이상입니다. (90% 이상이라고 쓰고 싶지만, 예외적인 경우를 고려해 낮춰 썼습니다) 즉, 3등급 이하부터는 기본적인 문장의 구조와 접속사/관계사를 통한 문장의 확장을 전혀 이해하지 못하고 있다는 뜻입니다.

문법체계를 공부하는 핵심은 바로 '문장의 구조'를 이해하는 것입니다. 문장 성분과 품사를 구분하는 것부터 시작해서 중학교 내신 문제에 자주 등장하는 지엽적인 부분까지, 미리 접하고 여러 번 반복하기를 추천 드립니다. 문법에 익숙해지지 않으면,

막무가내로 본문을 외워서 내신을 준비하는 답답이 공부를 6년 동안 반복해야 합니다. 게다가 요즘은 이렇게 교과서를 외우는 학생들 때문에 선생님이 문법 사항 위주로 본문 내용을 조금씩 바꿔서 출제합니다(예를 들면 능동태 문장이었던 것을 수동태로 바꿔서 낸다든지). 문법체계를 모르면 틀릴 수밖에 없습니다.

그렇다면 어떤 문법 교재를 쓰는 것이 좋을까요? 한국식 문법 교재는 대부분 서로 유사합니다. 어떤 책이든 쉽게 표현되어 있는 것을 고르되, 한 번 택했으면 고3까지 기본서로 두고 수십 번 반복해야 합니다. 내가 따로 구입한 교재, 학원에서 쓰는 교재, 거기에 학원에서 나눠준 프린트들이 섞여버려서 나만의 기본 문법서가 없는 상황이 되면 곤란합니다. '단권화'의 원칙을 잊지 마세요.

문법은 한 번 익히고 이해가 되면 더 이상 공부할 게 없을 정도로 아느냐 모르느냐의 차이가 큽니다. 미리 익혀두어서 중, 고등학교에서의 내신 전쟁을 대비하는 것이 좋습니다. 당장 수능 지문에서는 한 문장의 길이가 3줄, 4줄씩 되는 어려운 문장을 해독해야 합니다. 이때 무엇부터 시작해야 할까요? 반드시 주어와 동사를 찾고, 각각의 절이 어떤 연결고리로 어떻게 확장되었고 각각의 구가 어떻게 축소되었는지 그 구조를 파악해야 합니다. 그 문장의 모든 단어 뜻을 안다고 해도, 구조를 모르면 징검다리처럼 띄엄띄엄 상상독해를 할 수밖에 없습니다.

중3 겨울방학
사춘기의 끝, 본격 입시의 시작

일단, 개인차는 있지만 그 힘들었던 사춘기가 어느 정도 마무리된 시점입니다. 이제는 자기 자신이 독립적인 존재임을 확인했을 뿐더러, '그렇다면 나는 무슨 일을 하고 어떻게 살아가야하나' 걱정이 되기 시작합니다. 어른으로서의 인생에 대한 두려움이 처음으로 엄습하는 시기입니다. 여러 모로 철이 든 것이지요. 새 마음으로 공부를 시작하기에 좋은 시기입니다.

마침, 대학 입시는 중학교까지의 성적을 보지 않습니다. 모두가 깨끗한 종이에 새 그림을 그릴 수 있습니다. 제 아무리 유명한 영재라도 3년 후 2월 말, 정시 최종 추가합격이 끝날 때까지는 입시는 끝난 게 아닙니다. 마지막 순간에 웃기 위해 이제까지의 대세를 뒤집을 기회는 바로 이때, 중3 겨울방학입니다.

공부는 머리로만
하는 게 아니다

그런데 문제는 공부란 것이 '이제부터 해야겠어' 마음먹는다고 바로 시작되는 것이 아니라는 점입니다. 제 아무리 축구를 잘하는 호날두라도 은퇴 몇 년 뒤 다시 그라운드에 서면 곧바로 다리가 움직여주진 않을 것입니다.

공부는 머리로도 하지만 몸으로도 합니다. 엉덩이를 붙이고 앉은 다음 내 손으로 쓰고, 그 다음에서야 머리로 이해되는 것이 공부입니다. 고입 입시를 준비했든, 그렇지 않고 일반고에 진학하기로 결정했든, 앞으로 3년의 고등학교 생활은 호각을 불자마자 바로 입시가 시작입니다. 입학과 동시에 4월부터 수행평가와 중간고사가 있고, 그 모든 일들이 생활기록부에 기록되어 대학 입시에 내가 들고 갈 성적표가 될 테니까요.

그러니, 미리 공부하는 몸을 만들어놓아야 한다는 점에서 더욱 중3 겨울방학은 중요합니다. 한 달 단위, 주간 단위의 계획을 세우고 실패도 해보고 다시 고쳐 나가고 하는 일련의 시행착오 과정을 미리 겪어놓지 않으면 준비도 없이 3월부터 입시를 시작해야 하는 것입니다.

| 역시
| 수학!

그렇다면 무엇을 공부해야 할까요? 지금까지 내 공부에 부족한 점을 메우고, 고1 1학기 선행을 하는 것이 가장 기본입니다 그중에서도 역시 '수학'이 가장 중요합니다.

앞서, 초등 수학에서 중등 수학으로의 전환이 왜 어려운지에 대해 간단히 설명 드렸습니다. 고등 수학도 같은 원리입니다. 고등 수학은 중등 수학보다 훨씬 더 추상적인 개념들로 이루어져 있습니다. 실체가 무엇인지 확실하게 이해하지 못하면 문제가 무엇을 묻고 있는지 해석조차 할 수 없습니다.

특히 고1 수학은 모든 수능 출제 범위의 기초 개념이 됩니다. 흔히 '고1 수학은 수능 출제 범위가 아니다'고 말하는데, 그것은 시험과 무관하다는 게 아니라 '당연히 알아야 하는 베이스'라고 간주하기 때문입니다.

예를 들어 고2 과정에서 지수로그 함수의 그래프 문제를 접했다고 해봅시다. 사실 그래프는 단순합니다. 문제는 고1 때 배우는 '함수'입니다. 게다가 지수에 2차방정식이 들어갔다고 하면,

이는 고1때 배우는 '2차방정식'을 알아야 풀리는 문제입니다. 이제까지 배운 여러 개념들이 겹겹이 중첩되어 한 문제에 출제되는 것입니다.

따라서, 중3 겨울방학 때는 이제까지의 중등 과정을 다시 한번 복습하고, 고1 과정을 기초 개념이라도 배워두어야 합니다.

고등학교 내신 문제는 배려심이 없습니다. '처음 배운 내용이니 모두 기초문제로 출제해줄게'라고 하지 않습니다. 대입에 바로 반영되는 점수이므로 변별력이 있어야 합니다. 그리고 이 변별력을 위해서라도 반드시 심화문제가 출제됩니다. 학교에 들어가서 처음으로 개념을 배우고, 기초문제를 풀고, 심화문제까지 풀기에는 버겁습니다.

고1 여름방학
역전의 발판을 만드는 시기

비교적 철이 늦게 드는 남학생들도 이 시기가 되면 제법 듬직해집니다. 장난기가 줄어들고 진지하게 미래를 고민하기 시작합니다.

1학기 동안 내신에서 만족스러운 결과를 얻은 학생이라면 이제 본격적으로 수능 준비를 병행할 때입니다. 주요 과목 고1 학력평가 모의고사를 적어도 3개년 이상은 풀어보고 자신의 취약 과목과 단원을 파악해야 합니다. 만일 1학기 성적이 좋지 않았더라도, 괜찮습니다. 짧은 여름방학이지만 분초를 아껴 공부한다면 폭발적인 성적 향상도 가능합니다. 청소년기의 두뇌 회전은 어른들에 비해 놀라울 정도로 빠릅니다. 충분히 역전이 가능함을 믿고 최선을 다해 2학기를 준비해야 합니다.

고2 여름방학
입시의 마지막 승부점

이 시기에서는 입시의 큰 방향을 잡아야 합니다. 어느 정도 학생부가 만들어진 상태이기 때문에, 학생부와 수능 준비 중 어느 쪽에 비중을 더 두어야 할지를 고민해야 합니다.

아울러, 수능에서 응시할 탐구과목을 1회독 해두는 것이 좋습니다. 막상 고3이 되었는데 다른 과목에 밀려서 탐구가 부실한 학생은 결국 수능 전까지 탐구 공부에 발목이 잡혀서 전반적인 수능 성적에도 악영향을 끼칠 수 있기 때문입니다.

진로, 진학 고민 베스트4

입시와 관련된 고민은 시기에 따라 성적이나 진로에 따라 천차만별이지만 단계별로 크게 부딪히는 장벽들도 있습니다. 학생들과 학부모님들을 만나면 꼭 받게 되는 질문을 추려보았습니다.

Q1. 중1 아들이 특별한 적성을 찾지 못해 고민하고 있습니다. 모든 과목이 중상 정도 수준이고 특별히 싫어하는 과목은 없지만 그렇다고 탁월하게 두각을 나타내지는 못합니다. 공부 욕심도 없고 노는 것만 좋아합니다. 강북 지역에 거주하고 있는데 주변 고등학교는 입시실적이 좋지 못합니다. 특목고나 자사고 대비반에 지금이라도 넣어야 할지 잘 모르겠습니다. 진로를 미리 잡아야 고교 선택에도 가닥이 잡힐 텐데 어떻게 하면 좋을까요?

A1. 아마 많은 학생들이 비슷한 상황에 놓여있지 않을까 합니다. 즉, 딱히 말썽을 피우는 것은 아니지만 공부로 주목받지 못하고 있고, 교육특구에서 벗어난 지역에 거주하여 일반고 진학이 꺼려지고, 특별한 진로를 선택하지 못한 경우입니다.

이 학생의 경우에는 아주 희망적인 단서가 있습니다. '특별히 싫어하는 과목이 없다'는 것입니다. 다시 말해, 수학과 과학에 대한 무조건적인 거부감이 없다는 뜻입니다. 이것은 수학을 빼고 생각할 수 없는 현재 입시에 있어서 정말 큰 축복입니다. 이 경우 진로는 당연히 이공계를 추천합니다. 인서울 대학에 진학하지 못한다 하더라도, 상대적으로 문호가 넓은 지방 국립대 이공계에 진학하면 대기업의 지역할당제라는 매우 큰 메리트도 있습니다. 자연스럽게 외고는 선택지에서 제외합니다.

'특별히 공부 욕심이 없지만 그렇다고 말썽을 피우고 있지도 않는다'면, 현재 아이가 승부욕이 강하다고 보기는 힘듭니다. 일단 자사고 입시를 6개월 정도 준비해보고 성적추이를 관찰해보는 것이 좋을 것 같습니다. 의외로 학원에서 두각을 나타낸다면 자신감도 붙고, 철이 들어가며 공부 욕심이 생길 수도 있습니다. 자사고에 진학할지 말지 여부는 그 때 결정해도 늦지 않습니다.

Q2. 초등학교 5학년 남학생인데 미국에 사는 친지에게 부탁해 어학연수를 가야할지 고민입니다. 간다면 어느 정도 기간이 적당할까요? 매년 방학마다 미국에 가는 친구도 있는데, 그것도 방법일까요?

A2. 해외 대학 진학이 목표가 아니라면, 시기가 조금 애매합니다. 초등학교 5학년은 수학이 매우 중요해지는 시기입니다. 특목고 입시를 염두에 두고 있다면 더욱 신중해야 합니다. 미국에 가서 튜터나 학원, 혹은 인강을 통해 한국 수학을 따로 공부할 수 있다면 모르지만, 그렇지 않다면 방학을 활용하는 것을 추천 드립니다. 1달 정도면 영어실력 향상에는 큰 도움이 되지 않겠지만, 넓은 세상을 보고 진취적인 미래를 꿈꾸게 하는 효과가 있을 것입니다. 아울러 영어에 대한 막연한 불안감을 없애는 수확도 기대할 수 있습니다. 매년 방학마다 연수를 가는 것은 영어 체득과 영어문화권의 이해에는 도움이 되겠지만, 초등학교 고학년부터는 학습리듬을 깰 수 있으니 바람직하지 않습니다.

Q3. 부모님의 등쌀에 어쩔 수 없이 이과를 선택했지만 수학과 과탐이 너무 어려워서 재수부터는 문과로 돌려야 하나 고민인 예비 재수생입니다 수능 등급은 국어 4, 영어 2, 수학 4, 과탐 5/4입니다. 사

회과목은 내신 성적이 잘 나왔었습니다.

A3. 일단 후보로 두고 있는 사탐 2과목의 수능 문제를 노베이스로 풀어보길 권합니다. 생각보다 만만치 않을 것입니다. 새로 사탐 공부를 2과목이나 시작해야 한다면 그 시간과 노력으로 차라리 수학과 과탐 성적을 올리는 것이 나을 것입니다. 수능 사탐은 내신 사회과목과 수준이 확연히 다릅니다. 익혀야 할 개념이 많은데, 그 개념들은 또 서로 비슷해서 구분하는 것도 처음에는 쉽지 않습니다. 암기할 내용도 많습니다. 이는 엄청난 시간을 요합니다. 여기에 문제풀이까지 하려면 재수 1년 중 상당 시간을 사탐 공부에 쏟아 부어야 합니다. 국어 성적이 높지 않다는 것도 마음에 걸립니다. 대개 국어와 사탐은 성적추이가 유사합니다.

또한, 이과 수학에서 문과 수학으로 바꾸는 경우, 등급 향상은 기대만큼 크지 않습니다. 이미 탄탄히 자리잡고 있는 문과 상위권 학생들의 벽은 의외로 공고합니다. 정말로 원하는 문과 전공이 있지 않다면 수학과 과학을 피하기 위해 문과로 바꾸는 것은 추천하지 않습니다.

Q4. 고1 입학을 앞두고 있는 중3 여학생입니다. 3년 동안 다녔던 동네 수학학원을 큰 입시학원의 지점으로 바꿔야 할지 고민입니다. 지금 다니는 학원에서 아이가 자신감도 얻고, 자기보다 학년이 높은 언니 오빠들과 같이 공부하면서 실력도 많이 늘었기에 굳이 학원을 바꿔야 하나 고민이 되기도 합니다. 그러나 아이가 너무 매너리즘에 빠져 있는 것 같기도 하고, 우물 안 개구리처럼 우쭐해 있어서 자극을 주고 싶기도 합니다.

A4. 한 학원을 오래 다니는 것은 장점도 있지만 분명히 단점도 있는데, 이 부분을 잘 파악하신 것 같습니다. 진도에 구멍이 나지 않도록

차근차근 공부하기에는 한 학원을 오래 다니는 것이 좋습니다. 그런데 아이가 거기에 안주하고 있다면 환경을 바꿔보는 것도 좋겠습니다. 이미 기존 학원에서 자신감을 얻는 경험을 했기 때문에, 보다 경쟁적인 큰 학원에서 막강한 경쟁자들을 만난다 할지라도 쉽게 좌절하지 않을 것입니다.

내신과 수능을 한꺼번에 잡는 고교 최적화 학습법

메가스터디 강사, 〈장영진 모의고사〉 출제자 장영진

'내신 따로, 수능 따로'
: 오해와 공포에서 비롯되는 가장 비효율적인 학습

수능은 내신과 물론 다른 시험입니다. 학원가에서는 수능을 내신보다 한 급 위의 시험으로 묘사하곤 하며, 학생들도 별도로 공부해야 한다고 생각하는 경향이 짙습니다. 그러나 이러한 판단은 상당 부분 오해입니다. 수능은 내신과 출제 과목이 일치하므로 차이점보다는 공통점이 훨씬 많습니다.

수능이 내신과 다른 점은 단 두 가지, 즉 출제 범위와 문제의 유형입니다. 수능은 출제 과목의 전체를 시험 범위로 하므로 내신을 통해 단계적으로 학습한 각각의 범위를 순서대로 엮어서 복습을 하는 것이 중요합니다. 수능은 변별력의 확보를 위해 신유형 문항을 꾸준히 출제하는데 매년 완전히 새로운 문항을 출제하기보다는 조금씩 형태를 바꾸거나 진화시키는 방법을 선택합니다. 또 특정한 형식의 문항을 장기적으로 출제하는 경우도 있습니다. 이러한 수능 시험만의 독특한 유형은 내신 문제의 유형과는 확실히 다른 점이 있습니다.

이러한 점 때문에 수능은 고3으로 올라가는 겨울 방학 때부터 따로 시작하는 것으로 생각하는 경향이 있으며, 입시 업체들은 이러한 점을 부추깁니다. 고3 수능 강좌와 컨텐츠가 범람해 있는 것도 이러한 인식들이 광범위하게 자리잡았음을 보여줍니다.

하지만 출제 과목이 같은 이상 수능은 내신과 8할이 같은 시험이며, 내신 공부의 단계적인 복습과 수능 유형 문제에 대한 적절한 경험을 미리 할 수 있다면 내신 공부가 수능의 기반이 되는 훨씬 더 성공적인 수험 생활을 할 수 있습니다.

전국연합학력평가 활용하기
: 내신과 수능을 연결하는 징검다리

고1, 고2때 각 4번씩 실시되는 전국연합학력평가(이하 학력평가)는 '내신 따로, 수능 따로' 공부의 단점을 메꿀 수 있는 아주 좋은 컨텐츠입니다.

학력평가는 매번 누적 범위로 출제되므로 약점 단원을 파악할 수 있는 기회로 활용할 수 있습니다. 학력평가를 앞두고 앞선 3개년 시험의 문제를 풀어보는 것만으로도 해당 범위까지의 훌륭한 복습이 가능합니다. 고2 학력평가부터는 수능 출제 과목이 시험 범위에 해당되는데 수능의 빈출 주제와 유형을 담고 있으면서 고2 수준에서 풀기에 적절한 문항들이 꽤 많이 출제됩니다. 특히 교과

과정이 바뀐 경우에는 새로운 교과과정에서 출제될 수 있는 유형의 문제를 미리 경험할 수 있는 장점도 있습니다. 내신 공부를 마친 이후에 학력평가를 이용하여 수능 문제의 유형을 미리 경험하면 수능에 대한 막연한 두려움에 빠지지 않을 수 있습니다.

내신보다 진도가 늦은 학력평가
: 내신의 진도에 맞는 문제 찾아 풀기

그런데, 학력평가를 적절히 활용하기 위해서는 기왕 하는 김에 조금 적극적일 필요가 있습니다. 학교의 일정에 따른 내신과 학력평가의 시험 범위는 때로 꽤 간극이 벌어지기도 합니다. (고2까지의 학력평가 등급으로 절대 고3 모의평가 등급을 낙관할 수 없다는 상식은, 사실 상당 부분 이러한 시험 범위의 격차 때문에 발생합니다.) 이럴 때는 학력평가 일정을 기다리기 보다는 4번의 내신 시험 범위와 가장 가까운 학력평가 시험으로 내신 과정을 복습하는 것이 좋습니다. 학력평가는 시험 자료가 꽤 긴 시간 누적되어 있으므로, 5년치 문항 정도면 충분합니다.

대부분의 학생들이 학력평가를 일회성 시험으로 지나치고 있지만 내신의 범위에 맞게 학력평가 문항들을 꾸준히 함께 학습해두면 '내신 따로, 수능 따로'가 아니라 '내신이 곧 수능의 기반'이 되는 최적의 학습 시스템이 만들어집니다.

6장

국,영,수,과
과목별 학습 노하우

"미국에서 3년 살고 와서도
영어 3등급인 학생, 너무 많아요."

저는 영어 교과 강사로 시작해 관리자를 겸하게 되었습니다. 학원 규모가 커지는 것에 따라 경영의 부담도 늘어났기에, 저 개인의 정규 강의는 줄이는 대신 자습시간에 영어 질의응답과 일반 상담을 진행했습니다. 겉으로는 문제가 없어 보이는 학생도 마주 앉아서 그 속내를 들여다보면 예기치 않은 문제를 드러내곤 합니다.

사람들은 대치동 학생들은 대개 영어를 잘할 것이라고 생각합니다. 어릴 때부터 영어유치원과 영어학원을 다닌 경우가 대부분이고, 실제로 정말 영어를 잘하는 친구들도 많습니다. 그런데, 의외로 고3이 되면 갑자기 영어 성적이 낮아지는 친구들도 있습니다. 미국에서 5년을 공부하다 온 친구가 지속적으로 3등급을 받고 있는 경우도 보았습니다.

특이한 것은, 영어를 못한다고 해서 4~5등급 이하의 성적을 받는 것은 또 아닙니다. 대부분은 3등급입니다. 가끔씩 2등급을 받기도 하지만 안정적이진 못하고, 언제부터인가 1등급이 잘 나오지 않는 그런 3등급 친구들입니다.

이런 친구들은 하나 같이 비슷한 문제를 안고 있습니다. 바로, '복잡한 문장의 정확한 해석'이 잘 되지 않는다는 점입니다. 고2 초반까지는 그래도 아는 단어를 위주로 적당히 해석하면 1등급이 나오곤 했을 겁니다. 그런데 고2 2학기 모의고사부터는 달라집니다. 느낌으로 적당히 풀기에는 내용 자체도 어려워집니다. 영어는 한 번도 걱정을 해본 적이 없는데, 어느 순간 구멍이 나 있음을 깨닫게 됩니다.

엎친 데 덮친 격으로, 한 번도 틀려본 적이 없는 듣기평가마저 1~2개씩 틀리기 시작합니다. 다들 처음에는 '실수로' 틀렸다고 합니다. 데려다 앉혀놓고 다시 풀리면, 역시 틀립니다. 실수가 아니라 실력인 것입니다.

확실한 1등급을 유지하는 친구들을 제외하면 많은 학생들이 수능 듣기평가 시간에 읽기 문제를 풉니다. 고난도 지문들을 풀기에는 시간이 부족하기 때문입니다. 듣기는 반만 들으며서 풀어도 만점이라고 생각하고 습관을 그렇게 들였는데, 듣기까지

구멍이 나면 대학 원서 접수에 큰 부담을 느낍니다. 확실한 등급을 보장할 수 없기 때문이죠.

왜 이렇게 된 걸까요? 그렇게 시간과 돈을 투자했는데 무엇이 잘못된 것일까요? 이번 장에서는, 입시의 암초에 부딪히지 않으려면 과목별로 어떻게 공부를 해야 할지 조금 자세히 살펴보려 합니다.

입시의 꽃,
수학

수학을 빼고 입시를 생각할 수는 없습니다. 비단 이과생에게만 적용되는 문제가 아닙니다. 수능 수학만의 문제도 아닙니다. 이과는 물론 이미 문과 논/구술 문제에도 수학 교과시험이 출제되고 있으며, 교대 입시에서조차 수학 가형(2021학년도 입시까지 이과생이 응시하는 수학)과 과탐 선택시 가산점이나 수능최저학력기준 완화라는 메리트가 주어집니다. 영어가 절대평가 과목으로 전환되어 입시에서의 영향력이 줄어든 가운데, 국어와 수학이야말로 입시에서 매우 중요한 위치를 차지합니다. 특히 수학은 국어와 달리 노력에 따라 성적 변화의 폭이 큽니다 절대로 입시의 마지막 순간까지 포기하지 말아야 합니다.

맹목적 선행,
정말 위험하다

수많은 수학 전문가들이 과다한 선행은 독이라고 말합니다. 이미 우리 모두가 알고 있습니다. 그런데 왜 초등학교 5학년 학생이 수2까지를 끝냈다는 전설(혹은 괴담)이 사라지지 않는 것일까요? 역시, 고입 입시 때문이겠지요.

사교육 억제책으로 특목고의 지필고사가 사라진 지금, 유일하게 지필고사를 실시하는 영재고 입시가 과도한 선행의 주범으로 지목되고 있습니다. 그렇다면 반드시 고등학교 과정까지 선행을 해야 영재고 문제를 풀 수 있는 것일까요?

그렇지 않습니다. 단지, 지름길을 알려줄 뿐입니다. 수학 문제의 풀이법은 반드시 한 가지만 존재하는 것이 아닙니다. 중학교 과정까지를 정확히 알고 있으면 풀 수 있는 문제를 출제하도록 영재학교에서도 최선을 기울이고 있습니다.

문제는, 중학교 개념으로 멀리 돌아서 풀어야 할 문제도 고등학교 개념을 알면 빠르게 접근할 수 있다는 점이겠지요. 시험장에서 긴장한 상태로 낯선 문제를 접하면 알던 개념도 생각이 나지 않을 것입니다. 미리 지름길 풀이법을 알고자 하는 욕심은 당연한 것입니다. 그래서 선행의 적당한 정도와 시기를 가늠하지 못하고 일단 윗 학년의 교과 내용을 배우려는 것입니다.

문제는, 언뜻 지름길 같아 보이는 이 길을 갈 수 있는 학생이 매우 소수라는 점입니다. 흔히 '만들어진 영재'라는 표현을 쓰지만, 돈으로 만들 수 있는 영재라면 적어도 매우 우수한 학생인 것입니다.

나머지 학생들은 대부분 중도에 포기하거나 실패를 맛봅니다. 문제 유형을 외워서 푸는 것은 사실 한계가 있습니다. 타고난 머리도 중요하고, 집중적인 학습량을 버틸 수 있는 자기통제력도 필수입니다. 둘 중 어느 하나가 받쳐주지 않으면 과도한 선행은 돈 낭비를 넘어서 학생과 부모 모두에게 고통이 됩니다. 그리고, 가장 큰 문제는 바로, 정작 중요한 기본기를 다질 시간을 놓쳐서 고교 내신과 수능 공부에 뒤처지게 된다는 점입니다.

영재고 입시 준비가 아닌 상급 과정 선행도 반드시 주의할 점이 있습니다. 미리 배웠던 것이라서 다 아는 것처럼 착각하게 되는 위험성입니다. 물론, 배우지 않은 것보다는 낫겠지만 제대로 이해하고 있지 않은 상태에서 자만에 빠지는 학생들이 정말 많습니다. 정작 문제풀이에 가서야 '앗, 내가 개념이 이해가 안되어 있구나'라고 당황하는 친구들은 필경 선행의 힘에 너무 기댄 것입니다.

결론은, 현재까지 배운 내용을 탄탄히 알고 있다는 전제 하에 선행은 분명히 도움이 됩니다. 그렇지 않다면 반드시 뒤로 돌아가서 불안한 부분을 다시 다져야 합니다.

우리 아이가
수학 영재면 어쩌지?

그렇다면 우리 아이가 정말 수학적으로 재능이 있는지, 그리고 더 나아가 영재고 입시를 견뎌낼 능력이 있는지 어떻게 가늠할 수 있을까요? 사실 학생에 따라서는 일찍부터 두각을 나타내는 경우도 있지만 뒤늦게 공부머리가 열리는 경우도 정말 많습니다. 모든 학부모님들이 고민하시는 부분도 바로 이 지점입니다.

게다가 어린 시기일수록 아이들은 부모님이 시키는 것을 고분고분 잘 따라합니다. 그래서 어릴 때는 유순한 아이일수록 수학을 잘합니다. 하지만 유순한 아이들은 대개 기세가 약합니다. 고학년으로 갈수록 멘탈에서 밀리는 경우가 많습니다. 게다가 수학은 학년이 올라갈수록 암기보다는 이해력이 관건이 됩니다. 부모님이 해줄 수 있는 부분도 줄어듭니다.

이렇다 보니, 지금 꽤나 똑똑해 보이는 아이라도, 부모님은 불안할 수밖에 없습니다. 반면 지금 집중력이 없고 성적이 낮은 아이라도, 언제 갑자기 치고 올라갈지 모릅니다. 공부로 성공할 수 있을까? 특목 입시를 준비시켜야 할까? 높은 곳을 목표로 하다 보면 중간은 가겠지? 아니면 그냥 평범하게 공부시켜야 할까?

수많은 부모님들이 아이의 장래에 대해 고민합니다. 그렇다면 과연, 사교육의 중심 대치동의 유명 학원에서 수학을 가르치시는 분들은 자녀들의 수학 공부를 어떻게 시키고 계실까요? 아울러 아이의 수학적 재능을 어떻게 판단하고 계실까요?

아이러니하게도, 제가 여쭤본 선생님들 중 상당수가 정작 자녀의 수학 공부에 대해 잘 알고 계시지 못했습니다. '자기 자식 가르치는 거 아니다'라는 것이 일차적인 반응입니다. 아울러, '아이가 추가적인 도움을 요청할 때만 나선다. 정말 수학적 재능이 있는 아이는, 본인이 알아서 공부를 하려고 든다'는 말씀도 동일했습니다.

매년 수 차례 실시되는 학생들의 만족도조사에서 10년이 넘게 수위권을 놓치지 않는 강남메가스터디 이학민 선생님의 충고는 이러합니다.

"일반적인 학생들의 수학 실력이 비약적으로 발전하는 시기는 바로 내신 기간입니다. 내신 시험에서 성적이 올라서 보람과 성취욕을 느끼고 '작은 성공의 경험'을 한 후라면 특목 입시를 준비해도 좋습니다. 6개월 정도 시켜보면 대개 결론이 나게 되어 있습니다. 6개월 후에도 고민을 해야 한다면 그만두는 것이 좋습니다."

수학 교재의 정석은
교과서다

《수학의 정석》 외에는 달리 공부할 책이 없어서 일본 본고사 문제까지 입수해서 풀어야 했던 옛날과는 참 많이 달라졌지요. 요즘 아이들은 오히려 교재가 너무 많아서 혼란스럽습니다. 방학 동안 수학 문제집을 몇 권을 풀어야 좋을까, 공부 좀 한다는 친구라면 누구나 한번쯤 고민해보았을 것입니다.

그런데, 의외로 정말 많은 사람들이 놓치고 있는 수학 교재가 있습니다. 바로 '교과서'입니다. "교과서 위주로 공부했어요"라는 전국 수석의 단골 멘트가 사실이라니! 정말 그렇습니다. 다른 과목도 마찬가지지만 수학은 교과서가 중요합니다.

그 첫 번째 이유는 '수학적 상황을 문장으로 풀어 쓴 글'로 되어 있어, 기본 개념을 정확하게 이해하는 데 최적이기 때문입니다. 한 가지 개념을 익히기 위해 지루하다 싶을 정도로 여러 가지 수학적 상황을 제시하며 기초 개념을 쌓아 올립니다.

교학사 수1 교과서를 예를 들어 보겠습니다. 1단원에서 '다항식의 연산법칙'이라는 개념 한 가지를 도출하기 전까지 할애된 분량이 6페이지나 됩니다. 시중 교재와 달리, 사람들이 살면서 왜 이런 수학적 고민을 하게 되었는지를 납득시키는 것으로 시작합니다. '일상생활 속에서 말 대신 식을 세우면 더 편리했기 때문이다'라는 소개글부터 시작, '친구의 생일 알아 맞추기', '시속 x km로 항해하는 화물선이 t시간 동안 항해한 거리를 구하기' 등의 상황이 계속 제시됩니다. 그림도 종종 동원됩니다.

시중 교재는 이에 비해, 문장으로 풀어 쓴 글의 비중이 너무 적고 지나치게 잘 요약되어 있습니다. 왜 이 개념이 이 문제로 이어지는지, 충분히 논리적으로 풀어서 설명해주지 않습니다. 한 단계 높은 수준의 정의와 용어를 익히기 위해서는 차근차근 생각을 열어주어야 하는데, 그 과정이 간단히 압축되고 곧바로 문제로 넘어가버립니다.

덧붙이자면, 특목/자사고 입시와 대학 입시 구술면접에서 종종 등장하는 문제 유형이 바로 '주어진 상황을 수학적으로 적용해보라'라는 것입니다. 올해 모 자사고 입시에서는 "지원 학생의 진로희망인 '사회복지사업가'에 중2 1학기 때 배운 수학적 내용을 적용시켜보라"는 문제가 나오기도 했습니다. 일상의 다양한 면에 수학을 결부시켜보지 않았다면 당황할 수밖에 없는 질문입니다. 답변에 앞서, 중2 1학기 때 무엇을 배웠는지 기억이 나지 않는 학생들도 많았을 겁니다.

교과서가 중요한 또다른 이유는 바로 '단원의 맥락'을 파악하는 데 도움이 되기 때문입니다. 수학 공부는 이전에 배운 개념을 토대로 새로운 생각을 쌓아 나가는 것입니다. 이를테면, 다항식을 배우고, 다항식을 이용해 연산을 합니다. 연산 과정에서 생기는 결과에 따라 나머지정리를 배웁니다. 다항식을 써놓고 그 속의 숫자들을 요리조리 이동시켜봅니다. 그것이 바로 다음 단원인 다항식의 인수분해입니다. 모든 과목이 그러하지만, 수학은 특히 '목차'를 수시로 확인하는 것이 중요합니다. 이 단원이 필연적으로 등장하게 된 이유가 무엇인지 앞뒤 사정이 명확히 보여야 숲을 볼 수 있습니다. 그리고 여러 학년의 개념이 중첩된 문제를 풀 수 있습니다.

교과서에서 한 개념의 설명을 위해 수많은 문장과 그림을 동원하는 것은 목차 뒤에 숨겨진 '전후 관계'를 이해시키려는 목적이 큽니다. 여러 개념이 중첩된 고난도 문제일수록, 어떤 것을 묻고 있는지를 파악하는 것이 중요합니다. 교과서로 필연적인 단원 전개의 맥락을 파악하다 보면 저절로 그 단원이 왜 생겨났는지, 정확하게 이해할 수 있습니다.

세 번째로 교과서가 중요한 이유는 공식의 유도 과정과 증명이 자세히 나와 있기 때문입니다. 주로 증명 과정을 묻는 대입 수리논술 시험에 매우 유용한 자료인 겁니다. 반드시 교과과정 내에서 출제하도록 되어 있는 수리논술의 특성상, 교과과정 외의 공식을 사용해서 풀면 오히려 감점 대상이 되기도 합니다. 교과서에 나오는 공식과 중요 정리는 반드시 직접 손으로 써서 유도해보고 이해해두어야 합니다.

선행을 하기 전에 반드시 지난 교과과정을 교과서로 점검해볼 것을 권합니다. 조금 쉽게 느껴지더라도 내용 설명을 충분히 읽고 예제 문제를 꼭 풀어보아야 합니다. 수학에 자신감이 없고 뭔가 불안한데 어디가 부족한지 모르겠다면? 며칠 시간을 투자해서 아래 학년 교과서를 공책 한 권에 차근차근 정리해봅니다. 그리고 부담 없는 기본 문제집 하나를 풀어준다면 금상첨화일 것입니다.

연산 훈련, 어떻게 해야 할까?

'제 아무리 수학 천재라도 결국 연산이 안 되어서 수능에 실패했다'는 선배들의 경험담을 한 번쯤 들어보셨을 것입니다. 대부분 학생들이 '실수'라고 이야기하지만 사실 그건 실수가 아니라 실력입니다. 의외로 고학년이 되어서도 계산 실수를 반복하는 친구들이 많습니다. 반복적인 실수를 한다면 원인은 다음 세 가지입니다.

첫째, 연산의 기본 원리 자체를 완전히 이해하지 못한 경우입니다. 예를 들어, 단순하게 더하고 빼는 것까지는 하는데, 곱하기가 결국은 '여러 번 더한 것'이라는 원리, 나누기가 '몇 번을 뺄 수 있느냐'와 같은 의미라는 걸 이해하지 못하는 것입니다. 특히 분수로 표현된 나눗셈의 의미를 정확하게 모르는 학생들이 많습니다. 3 나누기 8을 3/8로 표현할 수 있는지, 점검해볼 필요가 있습니다.

연산 기호가 무엇을 의미하는지 애당초 모르는 경우도 있습니다. 이를테면 3a는 a를 세 번 더한 것임을 이해하고 a + a + a로 풀어 쓸 수 있어야 하는데, 이렇게 숫자와 기호를 자유롭게 재구성할 수 없다면 이 또한 기본 원리를 모르고 있는 것입니다. 고등 과정에서 다항식의 연산 법칙을 제대로 이해하고 암기하지 못한 채 이를 계산 실수로 착각하는 경우도 무수히 많습니다.

두 번째, 말로 주어진 상황을 수와 기호로 바꾸는 작업에 어려움을 느끼는 경우입니다. 암기로만 연산 규칙을 외우던 것을 글로 풀어서 문제에 내면 이를 다시 식으로 만들어 계산하지 못하는 것이지요. 때문에 수학 선생님들이 '고3 학생인데도 문제가 무엇을 묻는지 "말"을 제대로 이해를 못하는 경우가 많다'라고 개탄하십니다.

세 번째, 단순한 계산 훈련뿐 아니라 숫자를 가지고 이리 저리 조작해보는 작업 자체를 해보지 않은 경우, 수학에 머리가 열리지 않습니다. 수학을 쉽게 받아들이는 학생들은 숫자 조작에 능합니다. 이를테면, 35 × 2라는 곱하기 문제는 35 + 35로 풀 수도 있고, 5 × 2부터 먼저 시작할 수도 있고, 30 × 2부터 먼저 시작한 다음 5 × 2로 넘어갈 수도 있습니다. 초등학교 1학년 교과과정에는 '보수를 활용한 수의 기르기와 모으기'가 있습니다. 보수는 정해진 숫자를 만들기 위해 상호보완하는 수입니다. 예를 들어 10을 만들기 위한 1의 보수는 9, 2의 보수는 8이라는 식입니다. 보수의 의미를 알고 나면 차의 4자리 번호판에서 10의 보수, 20의 보수, 30의 보수를 찾는 놀이를 해볼 수도 있습니다. 수학에 탁월한 학생들은 대부분 이러한 조작에 능합니다. 아무리 고학년이라도 연산에 어려움을 느낀다면 주저 말고 숫자와 수식을 이리 저리 바꾸어 재구성해보는 연습을 해야 합니다.

연산 훈련은 시중에 이미 좋은 교재들이 여럿 나와 있어서 원하기만 하면 언제든 활용할 수 있습니다. 예전부터 일본에서 특히 이러한 교재들이 발달하였는데, 우리나라 서점가에도 이제는 다양한 종류의 훈련 책들이 단계별로 출간되어 있습니다.

미취학부터 초등 저학년까지의 학생들은 따로 연산학원을 다니기도 합니다. 다만 우려되는 점은 이러한 훈련이 오히려 수학에 싫증을 내게 만들 수 있다는 것입니다. 특히 강압적인 숙제로 제시할 경우 많은 양을 빨리 끝내버리려고만 하여 오히려 역효과입니다. 아이의 속도에 맞추어 강약을 조절할 필요가 있겠습니다.

아울러 연산 훈련을 할 때는 반드시 풀이과정을 쓰는 훈련을 들이도록 합니다. 계산 실수가 잦을수록 차근차근 과정을 써보는 게 중요합니다.

이런 저런 방법에 거부감을 느끼며, 쉬운 계산을 자꾸 틀리고 수학에 두려움을 느끼는 사이클이 반복되는 초등학생은 주산을 배워보는 것도 추천 드립니다. 주산은 사실 찬반이 많이 갈리는 방법이지만 아예 수학 자체에 흥미가 없는 학생이라면 재미와 자신감을 동시에 얻는 길일 수 있습니다.

사고력 수학을 해야 한다는데?

대치동 초등학교 저학년 학생들이 상당수 다니는 사고력 수학 학원. 꼭 다녀야 할까요? 제 답은, '우선순위를 따져보자'입니다.

사고력 수학은 그 취지와 학습 내용이 좋습니다. 새로운 개념을 배우거나 아는 공식을 활용해서 문제를 풀기보다는, 다양한 방식으로 수학 문제를 사고하고 해결할 수 있도록 하기 때문입니다. 이 과정을 통해서 뛰어난 학생은 선행 수학 이론을 스스로 깨닫게 된다는 것이지요.

문제는 그 내용이 실제 교과 수학 내용과 동떨어져 있을 때가 많다는 점입니다. 정규 수학 교과와는 거리가 먼 변형된 아이큐 테스트 문제가 대표적입니다. 도형과 연산 학습에 도움이 될 것이라 여겼던 수학 교구 역시 마찬가지입니다. 정작 학생들이 수능에 가서 어려워하는 문세를 짚지 못하고 있습니다.

또 하나의 문제는, 과연 사고력 수학이 취지에 맞게 가르쳐지고 있느냐 하는 것입니다. 수능 수학 고난도 모의고사를 7년째 직접 출제해온 메가스터디 장영진 선생님은 이렇게 조언합니다.

"저희 첫째가 유명 사고력 수학학원을 한 달 정도 다닌 적 있는데요, 어느 날 제가 교재를 보게 되었는데, 교과과정의 내용과 전형적인 문제 풀이 방식으로는 해결하기 힘든 문제들을 정리해놓았길래, 애가 그걸 어떻게 배우고 있는지 파악해봤습니다. 그런 문제일수록 아이들 학습 수준에 맞게 설명하는 것이 더 어려울 텐데, 그런 교습이 가능할까라는 의구심과 함께요. 아니나 다를까 문제 풀이 방식을 전달, 암기하는 방식으로 진행되는 것으로 보여서 친구랑 만나 노는 정도의 의미가 아니라면 다닐 필요가 없겠다라고 판단했습니다. 사고력 수학이 제대로 진행되려면 교사가 아이들이 학교에서 학습하는 교과과정을 잘 이해하고 그 과정으로 시도할 수 있는 단계, 그 과정이 도달할 수 없는 단계를 구별하여 합리적인 의심과 흥미를 유발할 수 있는 물음으로 수업을 이끌어가야 할 텐데 그런 수업은 상당한 내공을 가진 교사가 아니면 어려운 것 같습니다.

이런 요건이 충족되지 않는 사고력 수학은 자칫, 평이한 문제들에 대한 지루함, 교과과정 학습에 대한 소홀함으로 귀결될 가능성이 많습니다."

좋다는 것을 다 할 수 있다면 좋겠지만, 가뜩이나 학습 부담이 큰 아이들에게 정말 필요한가? 목적에 맞게 제대로 배울 수 있는가? 반드시 점검해보기를 권합니다.

사실 수학은 일상생활의 모든 곳에서 찾아볼 수 있습니다. 욕실에서 타일의 개수를 세고 무늬를 관찰하다가 규칙성을 찾아낼 수도 있고, 친구네 집에 가는 여러 가지 방법을 그려볼 수도 있습니다. 그리고 이런 모든 상황은 교과서에 담겨 있습니다. 수학 교과서에 등장하는 수학적 상황을 충분히 이해하고 이를 수학적 언어로 표현하는 법을 익히는 것이 우선과제입니다.

하면 오르는 과목이 수학이다

너무 많은 학생들이 수학을 싫어하고 이른 시기에 수포자가 됩니다. 숫자 울렁증은 어른들도 있으니 그리 놀랄 일은 아니지요. 문제는, 수학이 입시의 마지막 순간까지 가장 중요한 과목이라는 점입니다. 수학의 부담을 피해서 문과를 택한 학생들이 많지만 정작 인문 논술시험과 구술 시험에서마저 수학이 출제됩니다. 수학을 반영하지 않고 갈 수 있는 상위권 대학은 없다고 보는 것이 맞습니다.

많은 학생들이 수학을 싫어하게 되는 계기는 무엇일까요? 수학을 못하기 때문입니다. 잘하는 과목을 싫어하는 학생은 없습니다. 그렇다면 스스로 수학을 못한다라고 생각하게 되는 때는 언제일까요? 바로, 같은 내용을 배우는데 옆 친구가 더 빨리 이해할 때입니다. '난 아무리 노력해도 안 돼'라는 생각에는, '남들은 이만큼 노력했으면 이해하던데…'라는 전제가 깔려 있습니다.

이 비교로부터 자유로워져야 합니다. 왜냐하면, 수학은 하면 오르는 과목이기 때문입니다. 단지 사람마다 속도와 시기가 조금 다를 뿐입니다. 절대로, 친구와 속도를 비교하지 마세요. 저는 이것이 수학을 끝까지 포기하지 않을 수 있는 비결이라고 생각합니다.

예전에 한 기숙 재수학원에서 수학 9등급이었던 학생이 1년만에 1등급이 된 사례가 있었습니다. 모두가 귀를 의심했습니다. 일단, '9등급'은 '1등급'보다 훨씬 만나기 힘든 등급입니다. 수능 응시자 중 최하위 4%가 9등급인데, 그 수도 매우 적을뿐더러, 9등급을 받는 학생은 학원 같은 곳에 잘 나타나지 않기 때문이죠. 그런데, 심지어 1년만에 9등급에서 1등급이 되었다니, 3등급에서 2등급으로 올리는 것도 얼마나 힘든 일인지 너무 잘 알고 있는 학원가에선 다들 기적과 같은 일이라고 여겼습니다.

비결은 단순했습니다. 포기하지 않고 열심히 공부한 것이지요. 굳이 다른 비결이 있다면 앞서 언급한 수학 30제였습니다.

대학 입시에 출제되는 수학은 어렵습니다. 특히 최고난도의 킬러문항은 최상위 학생들의 전유물 같이 여겨지지요. 하지만 고교 수학의 교과 내용이 로켓 공학에 사용되는 수준으로 어려울까요? 그렇지는 않을 것입니다.

당장 고난도 문제를 풀기 힘들다면, 실현 가능한 과제로 눈을 돌려보는 것이 어떨까요? 예를 들어서, 고난도 문제를 제외한 나머지 문제를 다 맞추는 것을 목표로 삼고 풀이에 걸리는 시간을 최대한 줄여보는 것입니다. 답은 맞췄더라도 풀이과정에 시간이 오래 걸렸다면 분명히 다른 빠른 길이 있을 것입니다. 그 길을 찾아 나가면 됩니다. 쉬운 문제들을 정확하고 빠르게 해결하는 훈련을 하다 보면, 어려운 문제에 도전할 수 있는 저력이 길러집니다. 많은 제자들이 입시가 끝난 후 입을 모아 저에게 증언한 것이 있습니다. 그건 바로, '수학이야말로 노력하니까 정말 되더라'입니다.

수학 30제, 손주은 회장의 묘수

예나 지금이나 수학을 문제지에 그대로 푸는 학생들이 많습니다. 수학 좀 한다고 하는 친구들은 그게 멋있는 줄 착각하기도 합니다. 좁은 여백에 문제를 풀다가 어지간한 풀이과정은 머릿속에서 넘기고 답만 뚝딱 도출하는 이런 습관은 반드시 고쳐야 합니다. 정말 쉬운 풀이과정을 제외한 전 과정을 따로 노트에 반듯하게 적는 훈련이 필요합니다.

이 훈련을 위해 메가스터디 손주은 회장님이 만들어서 전사적으로 시행하고 있는 훌륭한 방법이 있습니다. 바로 '수학 30제'입니다.

방법은 너무나 간단합니다. 줄이 없는 빈 노트를 2등분하여 한 칸당 한 문제씩을 풀이과정까지 적어서 푸는 것입니다. 한 페이지당 2문제를 큼직하게 써서 푸는 것이지요. 언뜻 종이 낭비처럼 보이지만 이렇게 하는 데는 다 이유가 있습니다. 학생들이 깨알 같은 흘림체로 문제를 푸는 습관을 들이면 반드시 중간에 빠지는 개념이나 연산 실수가 생기더라는 것입니다.

이렇게 하루에 30문제씩을 푸는 것을 과제로 삼습니다. 맨 윗 칸에는 일련번호를 매겨서 한 달이면 900문제, 1년이면 10,000문제가 넘게 번호가 달리는 것을 눈으로 직접 보고 가시적으로 성취감을 느끼게 합니다. 허술하게 넘어갔던 개념을 정확하게 파악하는 것은 물론, 계산 실수도 줄일 수 있습니다.

스프링이 달린 연습장 한 권과 펜만 있으면 누구나 할 수 있는 최고의 수학 학습 방법입니다. 어릴 때부터 해도 좋지만, 고3도 늦지 않았습니다. 꼭 활용해보시길 바랍니다.

끝까지 발목 잡는
국어

국어가 안 되면
다른 과목도 다 안 된다

입시가 막바지에 달할수록 의외로 발목을 잡는 과목, 바로 국어입니다. 그 어렵다는 수학조차 공부를 하면 오르는데, 국어는 해도 안 오르더라는 이야기를 많이 합니다. 그런데 국어 실력이 부족하면 국어 성적만 문제가 생기는 것이 아니라 다른 과목에도 영향을 끼칩니다. 왜냐하면 모든 교과목의 이해와 요약, 적용과 문제 풀이과정의 수단이 바로 '국어'이기 때문입니다.

대학생 시절 과외로 고3 학생의 사회를 가르쳤던 적이 있습니다. 국영수에 치중하느라 사회는 기초가 전혀 없어 문제를 풀 수 없는 상태의 학생이었습니다. 처음에는 이론을 요약해서 가르치려고 했는데 무언가 알아듣는 눈치가 아니었습니다. 혹시나 해서 교과서를 한 문장 한 문장 같이 읽어 나가며, "이 문장의 뜻이 무엇인지 이야기해볼까?"라고 물었습니다. 놀랍게도 그 학생은 일단, 단어, 특히 한자어의 뜻을 모르는 게 너무 많았습니다. 우리말 문장을 해석하지 못하고 있었던 겁니다.

저는 요약된 내용을 가르치던 전략을 바꾸어, 아예 처음부터 끝까지 교과서의 모든 문장을 다 읽고 해석하게 했습니다. 그리고 무슨 뜻인지 모르는 문장을 풀어서 설명해주었습니다.

결과는 놀라웠습니다. 불과 몇 달 만에 성적이 비약적으로 오른 것입니다. 무슨 뜻인지 알지도 못하는 내용을 보고, 듣고, 문제를 풀어야 했던 지난 몇 년간 이 아이는 얼마나 답답했을까요?

그런데, 요즘 수능 문제를 보면, 국어 문장이 해석 안 될 만도 하구나라고 느끼실 것입니다. 2019년 수능 사회탐구 영역 중 '생활과 윤리' 수능 기출 문제를 예로 들겠습니다.

1. ㉠에 들어갈 진술로 가장 적절한 것은? [3점]

나는 공리주의가 사회의 기본 구조를 불완전한 절차적 정의의 체제로 해석한다고 본다. 공리주의는 어떠한 분배 상태가 행복의 최대 총량을 산출하는지를 판단할 독립적인 기준을 가지고 있지만 이러한 정의의 체제는 우연한 여건들의 끊임없는 영향을 받기 마련이다. 반면 나의 순수 절차적 정의관은 공리주의의 이러한 문제점을 피할 수 있는 장점이 있다. 가령, 게임을 예로 들어보자. 게임이 자발적으로 성립되고 아무도 속이지 않는 등 공정했다면 게임이 끝난 후 게임의 결과가 불공정하다고 생각할 사람은 없을 것이다. 이처럼 나의 순수 절차적 정의관이 의미하는 것은 ___㉠___ 는 것이다.

① 공정한 절차를 따르게 되면 균등한 분배를 보장받을 수 있다
② 정의로운 결과를 판단할 기준은 있지만 그 결과를 보장할 절차는 없다
③ 공정한 절차를 따르더라도 정의롭지 못한 결과에 도달할 수 있다
④ 결과의 공정성을 결정할 기준은 없지만 공정한 절차를 고안할 수 있다
⑤ 결과의 공정성을 결정할 기준도, 공정한 결과를 보장할 절차도 없다

첫 문장부터 전체의 주어와 서술어(나는… 본다), 그리고 안긴 문장의 주어와 서술어(공리주의가… 해석한다)를 정확히 구분하는 게 쉽지 않습니다. 두 번째 문장의 앞 부분은 '공리주의는… 기준을 가지고 있다'이라는 주술구조에, '어떠한 분배 상태가 … 산출하는지?'라는 주술구조가 안겨 있습니다. 용어부터 어려울 뿐더러, 문장의 구조도 복잡합니다. 수능에 등장하는 문장들은 이렇듯, 과목을 막론하고 매우 어렵습니다. 정확하게 한 문장 한 문장을 해석하지 않고 시간에 쫓겨 단어들의 느낌만으로 문제를 푸는 학생들은 결코 문제를 정확히 풀 수 없습니다.

그래서 저는 늘 학생들에게 '국어도 syntax(구문) 훈련이 중요하다'라고 강조합니다. 다시 말해, 한 문장의 성분을 정확하게 구분할 줄 알고 해석하는 연습입니다. 연결어를 통해 흐름을 읽고 단락의 요지를 찾는 훈련은 그 다음 문제입니다.

특히 국어는 영어와 달리 맥락에 따라 주어가 종종 생략되어 정확한 해석을 가로막는 경우가 많습니다. 2019년 수능 국어 문제 35번에 보기로 등장한 다음 문장을 예로 들어보겠습니다.

김춘수는 샤갈의 그림 '나와 마을'에서 받은 느낌을 시로 표현함으로써 상호 텍스트성을 구현했다. 올리브빛 얼굴을 가진 사나이와 당나귀가 서로 마주 보고 있는 그림에서 영감을 받은 시인은, "특히 인상 깊었던 것은 커다란 당나귀의 눈망울이었고, 그 당나귀의 눈망울 속에 들어앉아 있는 마을이었다"라고 느낌을 말했다. 또한 밝고 화려한 색감을 지닌 이질적 이미지들의 병치로 이루어진 샤갈의 초현실주의적 그림에 대한 감각적 인상을, 자신의 고향 마을에 투사하여 다양한 이미지의 병치로 변용했다. 이는 봄을 맞이한 생동감과 고향 마을의 따뜻한 풍경에 대한 그리움을 형상화한 것이라고 할 수 있다.

표시된 문장을 막힘 없이 해석하려면 우선, 생략된 주어를 맥락을 통해 찾아야 합니다. 그런 후 '(시인은)… 인상을 (…) 병치로 변용했다'라는 큰 뼈대가 보여야 합니다. '병치'와 '변용'이라는 낯선 한자어의 뜻을 아는 것도 중요합니다. 문장 단위에서 해석이 되지 않으면 지문의 흐름을 파악하는 것은 불가능합니다. 전체 지문을 다 읽지 않는다 하더라도 지문의 핵심이 되는 문장은 반드시 정확하게 해석해야 하기 때문입니다.

아이들의 정확한 구문 해석을 방해하는 것은 사실, 아이러니하게도 과도한 독서 숙제입니다. 빨리 훑어보기 식으로 전체적인 느낌만 파악하는 이러한 독서 습관이 몸에 배면 정작 고학년이 되어서 고난도 문장을 해석하는 것에 어려움을 느낍니다. 양이 중요한 것이 아니라 질이 중요한 것임을 잊어서는 안 되겠습니다.

'지문을 읽고 주제문을 찾으라'는 식의 독해 훈련은 수박 겉핥기 식으로 끝날 우려가 많습니다. 반드시 개별 문장을 정확히 해석할 수 있는지 점검해야 합니다.

문과, 이과, 성향 별로 국어 취약점이 다르다

2022년도 입시부터 수능 국어는 '독서'와 '문학'을 공통과목으로 하고, '화법과 작문', '언어와 매체' 중 한 과목을 선택해서 응시합니다. '독서'는 이전에 '비문학'이라고 부르던 지문으로, 소설이나 시 등의 문학이 아닌, 다양한 글들을 포함합니다. '화법'은 대화, 연설, 토론 등의 지문을 제시하여 타인과 오해 없이 의사소통을 할 수 있는지를 묻습니다. '작문'은 독후감이나 논설문 등을 작성할 때 갖추어야 할 지식을 묻습니다. '언어와 매체' 중 '언어'는 기존의 '문법'에 해당합니다. '매체'는 신설 과목으로, 다양한 매체(인쇄매체, 전자매체, 대중매체 등)로 이루어지는 언어활동을 이해하는지를 묻습니다. 이중 '화법과 작문'은 비교적 평이한 난이도로, 문이과 공통적으로 선호하는 선택과목이 될 것으로 보입니다.

구분	과목명	지문의 내용
공통과목	독서	비문학: 인문, 경제, 사회, 법률, 과학, 논리 등 다양한 지문
	문학	문학: 시, 소설, 희곡, 시나리오 등
선택과목	화법과 작문	화법: 대화, 연설, 토론 작문: 독후감/논설문 등의 작성 지식
	언어와 매체	언어: 국어 문법 매체: 인쇄매체, 전자매체, 대중매체상의 언어활동

공통과목 중 이과생은 문학, 문과생은 독서(비문학)를 어려워
하는 경향이 있습니다. 이는 사실 당연한 것입니다. '이과 VS 문
과'라는 주제로 유머글이나 그림이 유행하고 있을 정도이니까
요. 아래의 한 피자회사 광고만 보아도 잘 알 수 있습니다.

자료 출처: 피자헛 페이스북

사실 이과생들은 영역을 막론하고 긴 지문을 읽는 것 자체를 부담스러워 합니다. 수와 식으로 표현하는 수학 언어의 세계에 익숙한 탓에, 비유와 상징체계로 이루어진 문학은 물론이고, '독서'(비문학) 지문의 긴 문장을 해석하고 지문의 흐름을 파악하는 데 어려움을 느끼는 것입니다.

문과생이라고 해서 긴 지문이 편안한 것은 아닙니다. 문과 학생들은 '기술(과학)', '사회' 분야를 다룬 지문에서 오답율이 높고, 이과생들은 '인문' 분야에 취약합니다. 경제 지문은 문, 이과 공통으로 오답율이 높습니다.

큰 시간 들이지 않고
국어 내공 쌓는 법

배경지식과 용어에 익숙해지자

수능 국어의 난이도는 지문의 엄청난 길이뿐만 아니라 내용 자체의 난이도 때문에 더 높아집니다. 그리고 지문에 더해 〈보기〉 지문까지 관련 지어서 문제를 풀어내야 합니다. 따라서 지문에서 말하고 있는 주제에 대해 미리 알고 있으면 큰 도움이 됩니다. 아래에 일부를 발췌한 실제 수능 지문을 보면 왜 배경지식이 필요한지 절감하게 됩니다.

[27~32] 다음 글을 읽고 물음에 답하시오.

16세기 전반에 서양에서 태양 중심설을 지구 중심설의 대안으로 제시하며 시작된 천문학 분야의 개혁은 경험주의의 확산과 수리 과학의 발전을 통해 형이상학을 뒤바꾸는 변혁으로 이어졌다. 서양의 우주론이 전파되자 중국에서는 중국과 서양의 우주론을 회통하려는 시도가 전개되었고, 이 과정에서 자신의 지적 유산에 대한 관심이 제고되었다.

복잡한 문제를 단순화하여 푸는 수학적 전통을 이어받은 코페르니쿠스는 천체의 운행을 단순하게 기술할 방법을 찾고자 하였고, 그것이 ⓐ일으킬 형이상학적 문제에는 별 관심이 없었다. 고대의 아리스토텔레스와 프톨레마이오스는 우주의 중심에 고정되어 움직이지 않는 지구의 주위를 달, 태양, 다른 행성들의 천구들과, 항성들이 붙어 있는 항성 천구가 회전한다는 지구 중심설을 내세웠다. 그와 달리 코페르니쿠스는 태양을 우주의 중심에 고정하고 그 주위를 지구를 비롯한 행성들이 공전하며 지구가 자전하는 우주 모형을 ⓑ만들었다. 그러자 프톨레마이오스보다 훨씬 적은 수의 원으로 행성들의 가시적인 운동을 설명할 수 있었고 행성이 태양에서 멀수록 공전 주기가 길어진다는 점에서 단순성이 충족되었다. 그러나 아리스토텔레스의 형이상학을 고수하는 다수 지식인과 종교 지도자들은 그의 이론을 받아들이려 하지 않았다. 왜냐

하면 그것은 지상계와 천상계를 대립시키는 아리스토텔레스의 이분법적 구도를 무너뜨리고, 신의 형상을 ⓒ지닌 인간을 한갓 행성의 거주자로 전락시키는 것으로 여겨졌기 때문이다.

16세기 후반에 브라헤는 코페르니쿠스 천문학의 장점은 인정하면서도 아리스토텔레스 형이상학과의 상충을 피하고자 우주의 중심에 지구가 고정되어 있고, 달과 태양과 항성들은 지구 주위를 공전하며, 지구 외의 행성들은 태양 주위를 공전하는 모형을 제안하였다. 그러나 케플러는 우주의 수적 질서를 신봉하는 형이상학인 신플라톤주의에 매료되었기 때문에, 태양을 우주 중심에 배치하여 단순성을 추구한 코페르니쿠스의 천문학을 받아들였다. 하지만 그는 경험주의자였기에 브라헤의 천체 관측치를 활용하여 태양 주위를 공전하는 행성의 운동 법칙들을 수립할 수 있었다. 우주의 단순성을 새롭게 보여주는 이 법칙들은 아리스토텔레스 형이상학을 더 이상 온존할 수 없게 만들었다.

〈A〉

17세기 후반에 뉴턴은 태양 중심설을 역학적으로 정당화하였다. 그는 만유인력 가설로부터 케플러의 행성 운동 법칙들을 성공적으로 연역했다. 이때 가정된 만유인력은 두 질점*이 서로 당기는 힘으로, 그 크기는 두 질점의 질량의 곱에 비례하고 거리의 제곱에 반비례한다. 지구를 포함하는 천체들이 밀도가 균질하거나

구 대칭**을 이루는 구라면 천체가 그 천체 밖 어떤 질점을 당기는 만유인력은, 그 천체를 잘게 나눈 부피 요소들 각각이 그 천체 밖 어떤 질점을 당기는 만유인력을 모두 더하여 구할 수 있다. 또한 여기에서 지구보다 질량이 큰 태양과 지구가 서로 당기는 만유인력이 서로 같음을 증명할 수 있다. 뉴턴은 이 원리를 적용하여 달의 공전 궤도와 사과의 낙하 운동 등에 관한 실측값을 연역함으로써 만유인력의 실재를 입증하였다.

(이하 생략)

* 질점: 크기가 없고 질량이 모여 있다고 보는 이론상의 물체.
** 구 대칭: 어떤 물체가 중심으로부터 모든 방향으로 같은 거리에서 같은 특성을 갖는 상태.

32. 문맥상 ⓐ~ⓔ와 바꿔 쓴 것으로 가장 적절한 것은?

① ⓐ: 진작振作할   ② ⓑ: 고안考案했다

③ ⓒ: 소지所持한   ④ ⓓ: 설정設定했다

⑤ ⓔ: 시사示唆되어

2019학년도 대학수학능력시험 국어 영역 중

이 정도 난이도의 지문을 지구과학에 대한 배경지식이 전무한 상태에서 풀기란 여간 힘든 일이 아닙니다. 여기서 배경지식이란 특정한 소재에 대한 배경지식이 아닌 좀 더 포괄적인 지식을 이야기합니다. 문과생이라면 특히 과학 지문에 매우 취약하므로, 고1 공통과학 교과서를 정독하기를 권합니다.

수능이나 평가원 모의고사에 종종 등장하여 수험생들을 당황시키는 경제 지문도 배경지식이 매우 중요합니다. 빈번히 사용되는 경제용어를 익혀두면 두고 두고 도움을 받게 될 것입니다. 사탐의 경제 과목을 선택하지 않더라도 교과서를 구해서 통독하는 것을 추천합니다.

평소에 교과서에 수록된 고전문학 작품집을 가벼운 마음으로 2번 정도 반복해서 읽는 것도 큰 도움이 됩니다. 고전문학은 고어가 주는 부담으로 쉽지 않은 파트인데다, 낯선 작품이라면 더욱 수험생을 당황하게 합니다.

배경지식을 쌓기 위해 따로 책을 읽는 것은 시간적으로도, 금전적으로도 부담스러운 일입니다. 또한 지엽적인 주제나 편향된 시각을 담고 있는 경우, 배경지식으로서의 가치가 떨어집니다. 정말로 좋은 배경지식은 교과서에서 얻을 수 있습니다. 참고서와 달리 풀어 쓴 글로 되어 있어 독해 훈련도 됩니다.

무엇보다 '고등학교 교육과정 내에서 출제해야 한다'라는 수능의 대전제를 생각한다면 교과서가 그 출제 범위가 되리라는 것은 너무나 당연한 이야기입니다. 보물은 멀리 있지 않고 바로 우리 곁에 있습니다. 학교에서 선택하는 과목이나 수능 응시 과목이 아니더라도 공통과학, 공통사회, 경제 교과서는 꾸준히 읽어주면 반드시 도움이 됩니다. 이는 초등, 중학생도 마찬가지입니다.

국어도 어휘책이 필요하다

사실 꾸준히 책과 언어매체를 접하는 학생이 아니라면 국어 단어는 따로 익혀야 합니다. 앞서 예시로 든 수능 문제 32번은 순수 어휘(한자어) 문제입니다. 요즘 학생들은 영어 단어만큼 한자어에 취약합니다. 국어 어휘책이 학년별, 수준별로 시중에 여러 권 출간되어 있으니 한 권 골라서 반복적으로 학습하기를 권합니다.

수능은 특히 국어 영역의 문제에 주로 사용되는 용어들이 따로 있습니다. '궁극적 의도', '논거', '논지 전개방식', '고찰', '방법론', '보편화', '호응', '유추', '괴리', '견지', '선험적', '양상', '유기적인', 등과 같은 비문학 용어, 그리고 '서술상의 효과', '환기', '매개', '함축적 의미', '모티프', '완곡한' 등과 같은 문학 용어는 그 뜻을 모르고서는 문제를 전혀 풀 수 없는 중요한 어휘들입니다.

한자 공부, 해두면 두고두고 유용하다

한자漢字는 한 음절이 그것 자체로 뜻을 지닌 단어입니다. 이를 조합해서 만든 한자어는 따라서 한자 하나 하나의 뜻을 알면 수

많은 나른 단어로 조합이 가능합니다. 그리고 생소한 단어라도 유추가 가능합니다. 이런 점에서 한자어는 지적 발달과 학습에 결정적인 역할을 합니다. '병렬並列'과 '위치位置'라는 단어를 알면 '병치並置'라는 생소한 단어의 뜻을 유추할 수 있습니다. '여유餘裕'와 잡담雜談'을 알면 '여담餘談'도 이해할 수 있습니다. 풍부한 어휘력을 위한 기초 체력은 바로 한자 실력입니다.

평소에 짧은 단락을 '한 문장'으로 요약하는 훈련을 해보자

자신의 수준에 맞는 글이라면 그것이 책이든, 신문이든, 블로그 포스팅이든 좋습니다. 어떤 글을 읽든지 각 단락이 무엇을 말하기 위해 쓰여졌는지 한 문장으로 적어보는 습관을 들인다면 내신이나 수능뿐만 아니라 이 세상에 존재하는 그 어떤 시험의 지문도 읽어낼 수 있습니다. 이때 머릿속으로 이해하고 넘어가지 말고 꼭 손으로, 한 문장의 글로 적어 보기를 권합니다. 핵심 단어 몇 개만 적고 끝내면 안 됩니다. 온전한 문장을 만들고 적는 습관은 앞뒤 문장과 이어지는 맥락을 파악하는 힘도 길러줍니다.

국어 실력 끌어올리는 의외의 도우미

저는 지인들에게 자녀가 어릴 때 성경학교에 보내볼 것을 권합니다. 종교가 줄 수 있는 윤리적 교훈과 자기통제 훈련도 유익하지만, 그것보다 더 큰 장점이 있습니다. '국어'를 잘 하는 데 성경이 큰 도움이 됩니다. 성경은 아무리 쉽게 풀어 쓴 버전이라도 어려운 한자어와 난해한 구문이 많습니다. 게다가 비유와 상징이 많이 사용됩니다. 아이의 수준에서는 이해하기 힘든 성경을 성경학교에서는 '암송대회'와 같은 행사를 통해 외우게끔 합니다. 여기에 국어 실력 향상의 힌트가 있습니다. 같은 글을 소리 내서 반복적으로 읽고 외우다 보면 자신도 모르는 사이 단어나 구문의 뜻을 유추하게 되어 있습니다.

또한 성경의 고어체 문장은 현대어에서는 쓰이지 않는 생소한 어투입니다. 이를 반복적으로 습득한 아이는 향후 고전문학의 고어체 문장에도 쉽게 적응합니다. 어느 정도 영어를 배운 중학생 이상의 학생이라면 한/영 대비 성경을 보게 하여 일석이조의 효과를 노릴 수도 있습니다.

허세를 버리고 실속을 챙겨야 하는
영어

양치기 독해 숙제야 말로
영어 실력 늘지 않는 주범

영어 성적이 2등급~3등급인 학생들을 만나면 저는 꼭 묻는 게 있습니다. 바로, '어릴 때 영어학원을 오래 다녔는가'입니다. 특히 시스템이 잘 만들어진 초등학생 대상의 어학원은 (물론 장점도 많지만) 나중에 독이 되기도 합니다. 그 이유는 바로 지나치게 높은 수준의 교재, 그리고 지나치게 많은 독해 숙제입니다.

한 때 붐이었던 '미국 교과서 수업'만 해도 그렇습니다. 해외대학에 진학할 계획이 아닌 이상 큰 의미가 없는, 한국의 입시

상황과는 전혀 동떨어진 표현과 어휘들로 가득한 미국 참고서가 여전히 과시적으로 사용되고 있는 현실은 우려스럽습니다. 한 발 더 나아가, 영어는 물론이고 내용 자체가 한글로 번역해도 어려운 텝스나 토플 지문을 여과 없이 초등학생들에게 읽히고 있는 것 또한 큰 문제입니다. 이렇게 자신이 이해할 수 있는 범위를 훨씬 뛰어넘는 교재에 지속적으로 노출되면, 아이들은 꼼꼼하게 문장의 뜻을 하나 하나 파악하기보다는, 전체적인 '느낌'을 찾아 마치 '스캐닝'하듯 지문을 읽는 버릇을 들입니다.

중학생도 마찬가지입니다. 아직 중3 교과서도 완벽하게 해석할 수 없는 중1 학생에게 수능 지문을 풀리는 일이 다반사입니다. 여기에, 감당하기 힘든 숙제 양이 더해지면, 아이 입장에서는 쓱~ 하고 스캐닝하면서 문제를 푸는 버릇이 들 수밖에 없습니다. 아는 단어들을 몇 개 이어 붙여서 '상상 독해'를 하는 것입니다. 한 문장, 한 지문을 차근차근 읽는 습관은 도대체 기를 수가 없습니다. 언뜻 보기에는 영어를 잘하는 것 같고 실제로 저학년 시기에는 성적도 잘 나오지만 조금만 내용이 어려워지면 금세 성적이 떨어지게 마련입니다.

만일 지금 아이가 영어학원을 다닌다면 진도가 나간 교재의 한 지문을 놓고 각 문장들과 지문의 의도한 바를 정확하게 해석할 수 있는지 확인해보시기 바랍니다. 아이의 수준에 비해 지나치게 어렵다면 득이 아니라 독이 된다는 점을 잊지 않으셨으면 합니다.

단어 암기의 비법은
바로 이것

단어를 익히는 가장 좋은 방법은 독해 과정에서 맥락과 함께 그 뜻을 익히는 것입니다. 그런데 그렇게 간접적으로 단어를 익히기엔 외워야 할 절대적인 단어의 양이 너무 많습니다. 따라서 따로 어휘책을 두고 암기하는 것이 좋습니다.

어휘책은 초등학교 시기에 한 권, 중고등학교 때 한 권 정도로 최소화하고, 절대로 여러 책을 병행하지 말아야 합니다. 하나의 책을 수 십 번 닳도록 돌려서 그 단어가 어느 위치에 있었고, 예문은 무엇이었는지까지 기억하는 것이 핵심입니다. (이 '단권화'의 원칙은 문법책도 마찬가지입니다.)

흔들리지 않는 1등급이 되려면
'나만의 구문노트'를 만들어라

정확한 구문의 해석이 중요함은 제가 여러 차례 강조한 바 있습니다. 주어와 동사를 찾고, 접속사와 관계사로 확장된 문장의 구조를 파악하지 못하면 끊어 읽기도 할 수 없고, 정확한 해석도 할 수 없습니다. 또한, 반드시 알아야 할 구문의 뜻을 정확히 알지 못하면 해석은 했는데 그게 무슨 뜻인지 알지 못하는 상황이 벌어집니다. 어렴풋한 해석으로 2등급까지는 가능하지만, 확실한 1등급은 절대로 유지할 수 없습니다.

2019년 수능 기출 문제를 예로 들어보겠습니다.

33. Heritage is concerned with the ways in which very selective material artefacts, mythologies, memories and traditions become resources for the present. The contents, interpretations and representations of the resource are selected according to the demands of the present; an imagined past provides resources for a heritage that is to be passed onto an imagined future. It follows too that the meanings and functions of memory and tradition are defined in the present. Further, heritage is more concerned with meanings than material artefacts. It is the former that give value, either cultural or financial, to the latter and explain why they have been selected from the near infinity of the past. In turn, they may later be discarded as the demands of present societies change, or even, as is presently

occurring in the former Eastern Europe, when pasts have to be reinvented to reflect new presents. Thus, heritage is _____ _____. [3점]

① a collection of memories and traditions of a society (37.7%)

② as much about forgetting as remembering the past (24.2%)

③ neither concerned with the present nor the future (14.8%)

④ a mirror reflecting the artefacts of the past (15.8%)

⑤ about preserving universal cultural values (7.2%)

오답률이 75.8%로 가장 어려웠던 문제였고, 정답은 2번이었습니다. 오답인 1번을 선택한 학생이 2번을 선택한 학생들보다 더 많습니다. 반드시 정확하게 해석해야 하는 첫 문장과 빈칸이 있는 마지막 2문장의 해석이 일차적으로 중요합니다. 그리고 선택지에 등장한 구문을 알아야 맞출 수 있는 문제입니다. 마지막 2문장과 선택지 2번에 등장한 접속사 as는 각각 쓰임새가 다릅니다. 그리고 이 쓰임새를 알지 못하면 문제는 풀 수 없었습니다. 이 지문은 흐름의 변화 없이 반복적으로 '과거의 유산이란 현재의 필요에 의해 선택되는 것이다'라는 요지를 말하고 있어 내용상 크게 어렵지 않았습니다. 그럼에도 1번(따라서 유산이란 한

사회의 기억과 전통의 집합이다)을 선택한 학생이 많았던 것은 지문의 내용과 관계없이 보편 타당해 보이기 때문입니다. 선택지 2번의 해석은 어려웠고, 따라서 맥락상 관계 없지만 그 문장 자체만으로는 옳은 1번을 선택한 결과입니다.

2번은 왜 어려웠을까요? 바로 'as much A as B'라는 구문을 대부분의 학생들이 어려워하기 때문입니다. ('B가 사실인 것만큼이나 A도 사실이다'라는 뜻의 이 구문은 사실, as~ as 구문에서 나온 것입니다.) 정답인 선택지를 해석할 수 없으니 그럴싸해 보이는 무난한 오답을 고를 수밖에 없지요.

독해를 하면서 '깨끗하고 정확하게' 해석되지 않는 이런 문장을 만나면 반드시 형광색으로 전체를 체크하고, 따로 노트에 옮겨 적기를 추천 드립니다. 그리고 정확하게 구조를 파악한 뒤, 시간 날 때마다 가볍게 자주 읽어 보길 바랍니다. 고난도 문장이 모여 있는 자신만의 공책이야말로 하나의 보물섬입니다. 처음에는 정확한 구조 파악이나 구문의 이해가 되지 않던 문장이라도 여러 번 반복해서 익히다 보면 몸에 익습니다. 그리고 어느 순간 빠르고 정확한 독해가 가능해집니다.

종이 사전을
가까이

    구시대의 유물처럼 보이는 두꺼운 종이 사전은 요즘 학생들의 책상에서 거의 찾아보기 힘듭니다. 휴대폰만 눌러도 바로 단어 뜻이 튀어나오니 거추장스럽게 종이 사전을 쓸 이유는 없어 보입니다. 그러나 종이 사전은 전자 사전이나 휴대폰보다 단어 학습에 훨씬 더 효과적입니다. 한 단어를 찾았을 때 그 페이지의 주변에 어근이 같은 다른 단어들이 보이기 때문입니다. 어근이 같은 파생어들을 한 눈에 보는 것과, 그 단어 하나만 찾고 넘어가는 것은 분명한 차이가 있습니다. 또, 스크롤을 해야 여러 다른 뜻이 보이는 휴대폰 사전과는 달리, 종이 사전은 한 단어의 여러 가지 뜻이 한꺼번에 보입니다. 특정한 의미만 찾고 넘어가는 것이 아니라 어감이 조금씩 다른 뜻들도 함께 익히기 좋습니다.

    아울러, 시각적 기억도 무시 못할 요소입니다. 전자사전에서 찾는 단어는 특정한 위치랄 것이 없습니다. 똑 같은 배경에 단어만 바뀌었을 뿐입니다. 그러나 종이 사전에서 찾는 단어는 열 번을 찾아도 항상 같은 위치에 있습니다. 한 번 보면 다 외우는 천재가 아닌 이상, 단어는 여러 번 사전을 찾게 되어 있습니다. 나중에는 그 단어가 사전의 어디쯤, 이를 테면 왼쪽 페이지의 상단에 위치하더라는 것까지 나도 모르게 기억에 남습니다. 이 모든 감각들이 입체적으로 그 단어를 기억하게 해줍니다.

무겁고 휴대가 어려워 불편하다면, 자습 공간에 비치해두고 찾는 습관을 들이면 됩니다. 손 때 묻은 사전에 대한 애착은 영어를 좀 더 좋아하게 만드는 부수적 효과일 것입니다.

학원이나 어학연수 없이 영어를 잘하려면

가끔 해외파가 많은 외고에서도 순수 국내파 영어 실력자를 만날 때가 있습니다. 이런 학생들은 무엇보다, 스스로 외국어와 외국어로 된 문화에 관심이 많은 특징이 있습니다. 사실 언어라는 것은 의사소통의 수단이므로, 그 나라에 살면서 모국어로 쓴다면 학자든, 학교를 다니지 않은 육체노동자든 자유롭게 구사할 수 있다는 점에서 다른 학문과는 성격이 조금 다릅니다. 즉, 언어 자체만을 위한 노력만큼이나 그 언어를 둘러싼 문화를 온몸으로 접하는 것도 중요한 것이지요. 어려서부터 팝송이나 영어로 된 외국 영화, 유튜브 컨텐츠 등에 자연스럽게 노출되어 문화적 지평을 넓히는 것이 밑바탕에 깔려 있어야 합니다. 억지로 주입된 영어는 미묘한 뉘앙스를 구분하거나 한국어와 다른 영어적 표현법을 익힐 때 난관에 부딪히게 마련입니다.

자막이 있는 해외 다큐멘터리 채널을 활용하자

영어로 된 컨텐츠 중 학습에 가장 도움이 되는 영상물이 있다면 바로 다큐멘터리일 것입니다. BBC earth, Nat Geo People, Nat Geo Wild, Discovery 등이 영어 학습에 매우 유용한 채널들입니다. 드라마도 물론 좋지만 지필고사에 나오지 않는 회화체 표현은 수능과는 다소 거리가 멉니다. 반면 다큐멘터리 채널들은 역사, 문화, 사회, 과학, 의학 등 상상할 수 있는 모든 주제를 다루며, 모두 정제된 수준 높은 영어를 사용합니다. 성우나 등장인물의 발음도 또박또박 정확하고 속도도 적절합니다. 어려운 내용이라도 쉽게 풀어서 재미있게 구성하므로 지루하지 않게 볼 수 있습니다. 지적 호기심을 자극하고 사고력을 기르는 데도 아주 좋습니다.

영어를 잘하지 못한다면 물론 내용을 다 이해할 수는 없습니다. 그러나 자막과 대조하면서 들으면 몇 가지라도 아는 단어가 들립니다. 쉬운 문장의 패턴은 단어를 몰라도 이해할 수 있습니다. 귀로 듣는 영어와 한글 자막을 대조하다 보면 자연스럽게 유추도 이루어집니다.

이런 다큐멘터리 채널이 유용한 이유가 하나 더 있습니다. 바로, 같은 컨텐츠가 단기간 내 여러 번 방송된다는 점입니다. 외국어 공부의 핵심은 '반복'입니다. 처음에는 잘 들리지 않았던 단어의 연음도 반복해서 들으면 들립니다. 단어가 다 들리면 문장의 구조도 들립니다. '본 걸 또 보는 것'이 이 다큐멘터리 학습 방법의 핵심입니다.

부모님이 평소에 이런 채널들을 즐겨 보신다면 아이도 자연스럽게 동참할 수 있습니다. 영어는 학문이 아니라 실생활에서 쓰이는 의사소통의 두구로서 자연스럽게 몸에 익어야 합니다. 따라서 영어학원에 보내는 것만이 능사는 아닙니다. 다큐멘터리 채널로 지적 탐구생활과 영어 실력 향상이라는 두 마리 토끼를 다 잡는 것은 어떨까요?

이과생에겐 수학만큼 중요한
과학

과학 공부, 제때 해두면
두고 두고 편하다

국영수에 비해 아무래도 우선순위에서 밀리는 탐구과목이다 보니 과학 공부를 고3이 되어서야 제대로 시작하는 학생들도 많습니다. 그런데 이과 학생이라면 이는 재수로 향하는 지름길이 아닐 수 없습니다. (실제로 매년 재수생의 과탐 성적이 재학생보다 높습니다. 재수생이 상대적으로 수능 과탐 공부를 할 시간이 많기도 하고, 또 적성에 맞지 않는 이과를 선택했다가 재수를 기점으로 문과로 전향하는 이과 하위권 학생들이 빠져나가면서 재수생의 과탐 평균을 올려주는 것이지요.)

이과 학생은 수시에서부터 아예 수학 과학 우수자 전형이 따로 있을 정도로 내신 수학, 과탐의 비중이 큽니다. 또, 수능최저등급을 위해서라도 전략적으로 과탐에 신경을 써야 합니다. 정시에서는 수학, 과학만 반영하거나 비중을 높게 하는 모집단위도 있습니다. 특히 의학계열을 지망한다면 과탐 2과목은 필수로 응시해야 하고 모두 만점을 목표로 공부해야 합니다. 서울대 의예과는 과탐 4과목 중 서로 다른 2과목을 I+II 조합으로, 연세대는 I, II 구분 없이 서로 다른 2과목을 응시할 것을 요구합니다.

문제는 적절한 때를 놓치면 부담이 큰 과목이 바로 과학탐구라는 사실입니다. 그럼 각 시기별로 과학 공부는 어떻게 해두는 것이 효율적일까요?

초등학교

실험 위주로 과학을 접하고 흥미를 붙인 학생들은 확실히 나중에 과학을 좋아하는 경향이 있습니다. 과학이 어려운 이유가 바로 용어입니다. 특히 물리나 화학이 어려운 용어가 많습니다. 실험을 통해서 용어를 익히면 아무래도 이해가 쉽습니다. 문제는 시간적, 경제적 여유가 부족할 때입니다. 요즘은 '한생연'이나 '와이즈만' 같은 실험 위주의 학원을 다니지 않더라도 방문실험을 해주는 '에이플러스 과학나라'와 같은 업체도 있으니 활용해 볼 만합니다.

초6 겨울방학~중3

학기중에는 따로 공부하지 않더라도 방학 기간에 한 과목씩 다음 학년의 과정을 끝내놓는 것이 좋습니다. 여러 과목의 일부분을 찔끔찔끔 공부하기보다는 한 과목을 처음부터 끝까지 끝내고 다음 기회 때 이를 2회독, 3회독 반복하는 것이 좋습니다. 방학을 기점으로 집중적으로 한 번에 한 바퀴를 도는 것이지요. 과학은 나선형 교육 과정입니다. 즉, 중1-중2-중3에 걸쳐 같은 내용이 수준만 높아지면서 반복적으로 나옵니다. 한 바퀴 돌면 다음에 나올 때 좀 더 이해가 됩니다. 용어가 익숙해지는 것도 큰 도움이 됩니다. 그리고 이렇게 공부한 중학교 내용이 다시 고등학교에서 반복됩니다.

중3 겨울방학~고3

고입을 앞두고 과학과 관련해서 제가 가장 많이 듣는 질문은 "어떤 과목 선행을 해두는 것이 좋나요?"입니다. 답은 '물리와 화학'입니다.

이과를 지망하는 학생은 수능 과탐에서 무엇을 선택할지 미리부터 결정하기 쉽지 않습니다. 학교에서 배우는 내신 과목도 고려해야 하고, 입시에서 유리한 과목도 고려해야 하기 때문입니다. 그리고 이 둘은 반드시 일치하지는 않습니다. 그래서 선행 과목 선택에 고민이 됩니다.

이 문제에 대해서 메가스터디 생명과학 온라인 강사 박지향 선생님께 의견을 들었습니다. 유명한 생명과학 선생님이시지만 답변은 역시 '물리와 화학'이었습니다.

"이과는 물리, 화학의 베이스가 다른 과목에도 여러 영향을 줍니다. 보다 구체적으로는 화학이 생물, 물리가 지구과학에 영향을 줍니다. 수능에서 지원 대학의 유불리에 따라 어떤 과목을 선택할지 모른다 하더라도 기본적으로 선행은 물리, 화학으로 하는 것이 맞습니다. 상위권 학생이라면 최소 다음 학년 전체의 내신 과학과목을 해두면 반복 학습의 힘으로 큰 도움을 받을 수 있습니다."

영어가 절대평가로 전환된 상황에서 이과생에게 중요한 과목은 국어, 수학, 과탐으로 압축되었습니다. 이중 국어는 단기간에 성적을 올리기가 여간 어렵지 않습니다. 반면 과탐은 집중 학습으로 성적 향상이 가능합니다. 대치동에서 화학1 누적수강생만 800명이 넘는 백봉용 화학 선생님은 과탐에 대해 이렇게 충고합니다. "과탐은 내신과 수능을 연결해서 함께 공부하기 정말 좋습니다. 내신에서 꼼꼼하게 개념을 다지고 이를 토대로 수능 기출과 모의고사를 3회 이상 반복 풀이하면 사고력을 요하는 수능형 문제에도 충분히 적용할 수 있습니다. 특히 화학은 킬러 문항 3개 중 1문항만 맞아도 1등급 가능성이 높으므로 절대로 포기하지 않는다면 반복 학습으로 점수를 끌어올릴 수 있습니다."

공부란 기본적으로 멘탈 게임이다

사람은 누구나 인정받고 싶어합니다. 어른도 그렇지만 아직 한 인간으로서의 정체성이 확립되지 않은 아이들은 더욱 그렇습니다. 그래서일까요? 잘한다고 인정받은 과목은 더 열심히 하려고 하고, 취약한 과목은 자꾸 피하려 합니다.

합리적으로 생각하면 이해할 수 없는 행동이지요. 그러나 인간은 합리적으로 판단할 수 있는 상황에서도 어리석은 길을 택하곤 합니다. 무엇 하나라도 잘 하는 것이 있으면 이 장점을 더욱 공고히 하여 자신의 존재감을 확고하게 만들고 싶은 것입니다. 취약한 분야에 부딪혀 자신의 무능함을 확인하는 것은 사실 매우 괴로운 일입니다. 그래서 더욱, 상대적으로 잘하는 과목에 더 집중하게 됩니다. 이 심리를 모르고 아이를 다그치기만 하면 해당 과목이 더 싫어지는 악순환을 피할 수 없습니다.

약점을 극복하려면 큰 용기가 필요합니다. 내가 특정 분야에 약하다는 것을 인정하고 도전해야 합니다. 자존감이 탄탄한 아이는 어렵지 않게 약점도 인정하지만 안타깝게도 요즘 아이들은 너무 많이 비교당하고 기가 죽어 자존감이 높기 힘듭니다.

그렇다면 어떻게 하면 취약 과목을 피하는 습관을 버릴 수 있을까요? 방법은 간단합니다. 'OO과목에 약해'라고 전체를 통칭하여 꼬리표를 붙이지 말아야 합니다. 한 번 부정적인 꼬리표가 붙으면 의욕이 생기기 어렵습니다. 이것은 정말 중요합니다. 말의 힘은 우리의 상상 이상으로 강합니다. 단정적으로 과목 전체가 취약하다고 선언해버리는 대신, 해당 과목에서 잘 이해한 부분을 찾아봅니다. '나는 수학에서 미적분은 쉽게 이해하는데 확률과 통계가 약하다'라는 식으로, 약점을 언급할 때는 반드시 해당 과목의 강점도 한 문장 안에 넣습니다. '지구과학에서 태양의 연주운동은 이해했는데 달의 공전주기는 아직 이해하지 못했다'라고 구체적으로 강점과 약점을 동시에 언급하는 습관을 들입니다.

'전 수학을 못해서 이과는 못가요'라고 말하는 학생이 많습니다. '그렇구나'라고 바로 수긍하는 대신, '그런데 참, 너 지난 번에 다항함수의 적분은 잘 풀었더라? 다른 친구들은 그 단원 힘들어한다던데 어떻게 그렇게 잘 이해했어?'라고 말해주는 것은 어떨까요? 수학을 통째로 취약 과목으로 꼬리표 붙이는 대신, 수학 내에서 강한 특정 부분부터 언급하는 것입니다. 분명히 아이의 입 꼬리가 올라갈 것입니다. 세상에서 칭찬받고 존재감을 확인하는 것처럼 달콤한 마약은 없으니까요.

일부 타고난 수재를 제외하면 공부는 상당 부분 멘탈게임입니다. 어린 나이에 우연히 생겨난 특정 과목에 대한 두려움은 뚜렷한 근거 없이 평생 지속될 수 있습니다. 하지만 그 두려움은 언어에 의해 얼마든지 통제할 수 있습니다.

7장

논술/구술 시험,
실제를 알고 준비하자

"책을 좋아하는 것과
논술을 잘하는 건 다른 이야기."

"얘는 책을 싫어해. 인스타에 카톡에, 유튜브에, 요샌 넷플릭스까지 보느라 밤을 꼬박 새. 뭐가 되려고 이러는지 모르겠어."

오랜만에 만난 친구가 어린 막내딸이 걱정되어 탄식합니다. 저는 언제나처럼 답합니다.

"아무것도 안 하는 것보다 백배 나아. 걔는 에너지가 있는 아이야."

막연하게 '어릴 때부터 책을 좋아하면 국어도 잘하고 논술도 잘할 것이다'라고 생각하는 부모님들이 많습니다. 물론 맞는 이야기입니다.

어릴 때부터 책을 좋아하는가? 이 질문은 여러 해석의 가능성을 가지고 있습니다. 물론, 지적 호기심이 풍부하고 생각이 깊은 아이일 가능성이 큽니다. 그렇다면 책은커녕 활자 매체 자체를 싫어하는 산만한 학생이라면 어떨까요? 지적 호기심이 낮은 학생일까요? 절대로 속단해선 안 됩니다. 신체적 에너지가 너무 강한 나머지 이를 분출하기 바빠 지적 호기심을 미처 표현하지 않고 있을지도 모르기 때문입니다.

얌전히 앉아서 차분하게 책만 읽는 아이는 모든 부모들의 로망입니다. 그러나 우리 아이가 그렇지 않다고 해서 공부를 못할 것이라고 단정지어서는 절대로 안 됩니다. 오히려, 다양한 매체를 통해 다채로운 정보를 받아들이고 주도적인 활동을 하는 친구들은 또래 책벌레보다 훨씬 세상을 바라보는 눈이 넓을 수 있습니다.

논술학원에 보냈더니 어려운 책만 읽히는 바람에 아이가 힘들어하고 있다면, 수능 시험 문제와 논술, 구술 문제는 실제로 어떻게 나오는지 확인해보십시오. 정말로 도움이 되는 읽을거리는 반드시 책이 아닐 수도 있습니다.

주요 대학 논구술 시험
실제 문제지

　요즘의 논구술 문제는 다양한 형태의 제시문을 이해하고 이에 의거해서 답을 도출하는, '정답이 있는' 시험입니다. 정답이 모호하면 채점자의 주관이 개입되고, 공정성을 훼손할 수 있기 때문입니다. 각 대학들은 실제 논술, 구술 시험에 앞서 모의논술 문제와 기출 문제를 제공합니다. 아울러 〈대학별고사 선행학습 영향 평가 보고서〉를 발간, 논술이나 면접 제시문이 고등학교 교과과정에서 벗어나지 않았음을 밝힙니다. 초기의 현학적인 논술문제는 특정 주제나 문제 형식을 접해본 학생에게 유리한, 그야말로 운이 작용하는 시험이었지만, 요즘은 다릅니다. 철저하게 교과서에 출제 근거를 두고 이를 공개합니다.

아래에 발췌된 성균관대 2019학년도 인문 모의논술 문제를 살펴보겠습니다. 총 3개의 문제가 출제되었는데 그중 문제1은 6개의 짧은 지문들을 읽은 후 하나의 질문에 답하는 낯설지 않은 형식이었습니다. 그런데 문제2와 문제3은 다릅니다. 문제2에 그래프가 제시되어 있어 이를 문제1과 연계시켜야 하고, 문제3은 문제1, 2와 관련되어 있습니다.

그래프와 표 등, 자료 해석에 취약한 인문계열 학생들은 여기서 큰 어려움을 느낍니다.

논술 시험(인문계)

[문제1] 〈제시문1〉~〈제시문6〉은 교육의 기능에 관한 상반된 견해를 담고 있다. 이 제시문들을 서로 다른 두 입장으로 분류하고 각 입장을 요약하시오. (30점)

〈제시문1〉

사람은 어리석은 동물이라서 처음 태어날 때에는 아는 것이 없다. 지식은 가르침으로 말미암아 얻어지는 것이다. 아이가 태어나면 부모가 올바른 것을 가르쳐 그의 지식을 먼저 열어주고, 나이가 차츰 들면서 학교에 나아가 지식을 더욱 언미하게 되기 때문에, 천하에 급한 일 가운데 학교를 설치하는 것보다 더 급한 일은 없다. 국민들이 어릴 때에 배우지 않고 성장하면 아는 것이 없기 때문에 경거망동하여 앞뒤를 돌아보지 않으므로, 나라의 법규를 어기고 사람 사는 세상에서 사귀는 도리를 훼손하는 경우가 적지 않다. 또 지식이 넉넉한 사람이라도 그 교양이나 지식에 어울리게 덕을 닦기가 아주 어렵기 때문에, 예로부터 총명하고 영특한 사람 가운데서 극악무도한 죄를 저지르는 자들이 또한 많았다. 그러나 교육제도가 잘 갖추어져서 덕행을 쌓도록 하고 도의를 가르치면, 훌륭한 덕을 갖춘 사람들은 길러낼 수가 있다 (…)

〈제시문4〉

프랑스의 사회학자 부르디외는 교육의 문화 재생산 이론을 제시하였다. 그는 학교 교육이 문화적 불평등을 지속, 심화하는 역할을 담당하여 지배 집단의 기득권을 유지하고 강화하는 데 기여한다고 주장하였다. 학교에서 가르치는 공동문화common culture는 허구에 불과하며 실제로는 지배계급의 문화가 일방적으로 전파된다는 것이다. 학교에서 가르치는 것은 지배-피지배 집단 간의 불평등한 권력 관계를 정당한 것으로 받아들이도록 구성된 상징체계이다. 즉 학교에서 가르치는 문화나 교육 내용은 보편적인 것이나 중립적인 것이 아님에도 불구하고 마치 사회 구성원이 합의한 것처럼 은폐되고 포장된다. 결국 학교는 지배 계급의 기득권을 유지하고 재생산하기 위하여 지배 집단의 가치와 문화를 정통성이 있

는 일반 문화로 자연스럽게 전수하는 '상징적 폭력symbolic violence'
기능을 수행하고 있다. (…)

　서로 상반된 주제가 담긴 제시문들을 2갈래로 분류하고 그 입
장을 요약하는 문제입니다. 수능에 출제되는 국어나 사회탐구
지문의 수준보다 높지 않습니다.

　[문제2] 아래 두 자료는 주요 국가들을 대상으로 조사한 것이
다. 이들을 각각 해석하고, 그것들이 [문제1]의 어떤 입장을 옹호
하는지 밝히시오. (30점)

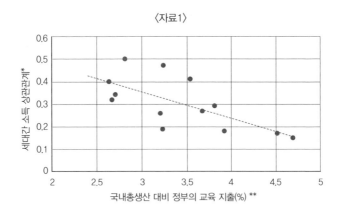

〈자료1〉

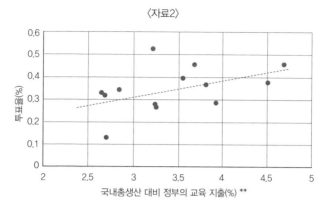

〈자료2〉

* 부모의 소득 수준과 자녀의 소득 수준간의 상관관계
** 지난 10년간 평균값

이렇게 제시문 속에 등장하는 도표, 그래프, 예술작품과 같은 자료 해석이 변별력의 핵심입니다. 사실 차근차근 살펴보면 교과서 내용을 벗어나지 않은 크게 어렵지 않은 내용입니다. 그런데도 학생들이 어려움을 느끼는 이유는, 말로 풀어 쓴 글에 비해 막연한 두려움을 느끼기 때문입니다.

논술, 구술뿐만 아니라 사회탐구, 그리고 국어 영역에서도 이러한 자료 해석 문제가 오답율이 높습니다. 특히 문과 성향이 강한 학생은 일단 이러한 도식적인 표현방식에 막연한 두려움을 느낍니다.

서두에 제가, '책뿐만 아니라 다양한 매체를 수용하는 것이 중요하다'라고 말씀드린 것은 바로 이런 이유 때문입니다.

서울대 일반전형 구술면접 제시문을 한 번 볼까요?

※ 제시문을 읽고 문제에 답하시오

(개) 시력저하로 인해 글쓰기가 어려워진 니체는 타자기를 주문했다. 일단 타자 기술을 익히고 나니 눈을 감은 채 손가락 끝만으로도 글을 쓸 수 있었다. 머릿속 생각들을 다시 종이에 문자로 옮길 수 있게 된 것이다. 이 새로운 기기는 그의 저술에 미묘하지만 분명한 영향을 끼쳤다. 니체의 산문은 보다 축약되고 간결해졌다. 마치 일종의 불가사의한 힘을 통해 기계의 힘이 종이에 찍히는 단어로 옮겨가는 듯했다. 니체의 가까운 친구이자 작곡가인 쾨젤리츠는 편지에 다음과 같이 썼다. "아마도 이 기기를 이용하면서 자네는 새로운 언어를 갖게 될 것이네. 음악과 언어에 대한 나의 생각들은 펜과 종이의 질에 의해 종종 좌우되곤 하지."

(나) 영국 연구자들은 택시 운전사들이 주변 상황을 파악하는 데 기억보다 지도에 더 의존할수록 공간 파악 기능을 담당하는 뇌 부분이 해부학적, 기능적으로 확연히 변화한다는 점을 발견했다. 공간의 생김새를 처리하는 부분이 쪼그라들지만 복잡하고 추상적인 시각 정보를 파악하는 부분은 확장된다는 것이다. 이는 지도의 확산을 계기로 공간을 추상화하는 사고능력이 어떻게 발전했는지를 설명해준다.

(다) An eye-tracking study recorded how 232 users looked at thousands of web pages. The study found that their eyes moved at amazing speeds across the websites' words in a pattern that is very different from what we learned in school. Following is a study participant's F-shaped gaze plot. Each dot signifies a fixation. Larger dots represent longer fixations.

[그림] An eye-tracking gaze plot of a study participant

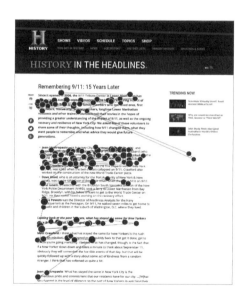

[문제1] (가)와 (나)의 공통적인 논지를 설명하시오.

[문제2] (다)의 실험 결과가 보여주는 행동 패턴이 가져올 영향

에 대한 자신의 의견을 [문제1]의 답변을 토대로 개진
하시오.

영어 지문과 함께 그림도 등장했습니다. 언뜻 영어로 된 논문
의 일부 같지만, 실은 이 논문을 읽는 사람의 시선을 이미지로
표시한 그림입니다. 글로 읽어서 그림에 표현된 바를 파악하는
것은 단순한 글읽기보다 한층 더 어렵습니다. 출처를 볼까요?

자료 출처
[교과서]
박영목 외, 〈국어 II〉, 천재교육, 156~159쪽
한철우 외, 〈독서와 문법〉, 교학사, 14, 15, 22, 23, 178~179쪽
이진석 외, 〈사회 문화〉, 지학사, 238쪽

[기타]
Nicolas Carr, 〈생각하지 않는 사람들〉, 청림출판, 2011, 37~39,
59~81쪽
마이클 샌델, 〈돈으로 살 수 없는 것들〉, 와이즈베리, 2012, 88쪽
F-Shaped Pattern For Reading Web Content
https://www.nngroup.com/articles/f-shaped-pattern-reading-
web-content/

F-Shaped Pattern of Reading on the Web: Misunderstood, But
Still Relevant (Even on Mobile)

국어, 사회 교과서와 함께, 해외 웹사이트의 기사가 발췌되어 있습니다. 이러한 다양한 소재가 결합된 통합 논구술의 트렌드는 앞으로 더욱 강화될 것으로 예상됩니다.

게다가 서울대를 비롯한 상위권 대학은 인문계에서도 일부 모집단위에서 수학 문제를 출제합니다. 논술이 단순한 글쓰기 시험이 아니라는 점이 분명하지요? 아래의 기출 문항을 보겠습니다.

2018학년도 대학 신입학생 수시모집 일반전형 면접 및 구술고사
[수학(인문)]

문제1. 두 실수 a, b (0 ⟨ a ⟨ b)에 대하여 곡선 y = x^3+16 위의 점 (t, t^3+16) (a≤ t ≤ b)에서 접선 l 을 그리자. 이때 접선 l 과 곡선 y = x^2+16 및 두 직선 x = a, x = b로 둘러싸인 도형을 S라고 하자.

1-1 접선 l의 방정식이 y = cx + d일 때, x ≥ 0이면 cx + d ≤ x^3+16임을 보이시오.

1-2 도형 S의 넓이가 최소가 되는 t의 값을 구하고 b = 2a인 경우

S의 넓이의 최소값을 a를 사용하여 나타내시오.

1-3 문제 1-2에서 최소넓이를 이루는 접선, x축 및 두 직선 x = a, x = b로 둘러싸인 부분의 넓이를 T(a,b)라고 할 때, 다음 급수의 합을 구하시오.

$$\sum_{k=0}^{\infty} T(2^{-k}, 2^{-k+1})$$

문제2. 집합 A = {$\sqrt{3}$, $-\sqrt{3}$}, B = {b | b는 $-5 \leq b \leq 5$ 인 정수}에 대하여 좌표평면 위의 직선들이 아래와 같이 주어져 있다.

$$ax + y + b = 0 \ (a \in A, b \in B)$$

2-1. 위의 직선들은 평면을 몇 개의 영역으로 나누는가?

2-2. 두 점 $P(x_1, y_1)$, $Q(x_2, y_2)$에 대하여 부등식

$(ax_1 + y_1 + b)(ax_2 + y_2 + b) < 0$을 만족하는 순서쌍 (a, b)의 개수를 n(P, Q)라고 하자. (단, $a \in A$, $b \in B$)

원점 O (0, 0)에 대하여

N(P, O) ≤ 1

을 만족하는 점 P의 집합을 좌표평면 위에 표시하고, 그 넓이를 구하시오.

이와 같은 수학 문제가 출제되는 모집단위는 아래와 같습니다.

활용 모집단위

[문제1]

사회과학대학 경제학부

경영대학

농업생명과학대학 농경제사회학부

생활과학대학 소비자아동학부(소비자학전공), 의류학과

[문제2]

자유전공학부

이렇게 출제된 문항들은 교과서 범위를 뛰어넘지 않습니다. 각 대학은 어떤 교과서의 몇 페이지에 관련 내용이 있는지를 아래와 같이 밝히고 있습니다.

교육과정 출제 근거	[문제1] [개념] 미분, 접선, 부등식, 최솟값, 정적분, 넓이, 등비급수 〈미적분I〉 - 가. 수열의 극한 - 2) 급수 〈미적분II〉 - 다. 다항함수의 미분법 - 3) 도함수의 활용 [문제2] [개념] 직선의 방정식, 부등식의 영역 〈수학〉 - 다. 도형의 방정식 - 2) 직선의 방정식 〈수학〉 - 다. 도형의 방정식 - 5) 부등식의 영역
자료 출처	황선욱 외, 〈미적분I〉, 좋은책 신사고, 36~38, 109~111, 116~122, 128~130, 173~176쪽 정상권 외, 〈미적분I〉, 금성출판사, 33~35, 116~118, 125~132, 136~137, 185~189쪽 정상권 외, 〈수학〉, 금성출판사, 147~154, 156~158, 192~197쪽 이강섭 외, 〈수학〉, 미래엔, 153~162, 164~167, 203~210쪽

이과생들은 수학과 더불어, 지원한 학과별로 물리, 화학, 생물, 지구과학의 선택과목 문제를 따로 풀게 됩니다. 자료 출처는 물론 교과서입니다. 수능 4점 문제의 난이도에 비견되는 수학에 비해서 과학 문제는 상대적으로 평이한 수준입니다.

이처럼, 논술, 구술시험에서도 교과서의 중요성을 잊으면 안 됩니다. 출제위원이 기본적으로 근거를 두어야 하는 출제 범위가 바로 교과서인 것입니다. 따로 어려운 책이나 교재를 찾아 읽기 전에 학교에서 배운 교과서를 처음부터 정독하는 것이 훨씬 도움이 됩니다. 아울러 풀이과정을 반듯하게 적고, 똑바로 이야기하는 훈련도 병행해야 하겠습니다.

글쓰기만큼 중요해진
토론과 발표 훈련

논술시험만큼 중요해진 시험이 바로 구술면접입니다. 똑같이 제시문과 문제가 주어지지만 이것을 글로 쓰는 것이 아니라 말로 설명해야 합니다. 특히 풀이과정과 그 이유를 설명해야하기 때문에 말하기 훈련이 되어 있지 않은 경우 낭패를 보기 십상입니다. 그렇다면 평소에 발표력을 기르는 좋은 방법은 무엇일까요?

수 년 전 제가 일본어 공부를 하며 만난 일본인 선생님이 계셨습니다. 이 선생님은 저에게 책 한 권을 주시며 매시간, 일본어로 시 한 편을 큰 소리로 여러 번 읽도록 하셨습니다. 처음에는 쉬운 동시로 시작했는데 점점 수준이 높은 작품들이 등장했습니다.

저는 학생들을 가르쳐온 입장에서, 이 특이한 교수법을 매우 흥미롭게 여겼습니다. 어떻게 이런 방법을 생각하셨냐고 여쭸더니, '가게야마 히데오陰山英男'라는 일본 선생님의 '음독' 수업에 대해서 이야기해주셨습니다. 일본의 한 시골 초등학교 교사로 근무할 당시 가게야마 선생님의 반이 10년 연속 일본의 전체 초등학교를 대상으로 하는 학력 평가에서 1위를 차지하고, 아이들 대부분이 나중에 일본 최고 명문대학에 진학하였다는 것입니다. 선생님의 유명한 교육법 중 하나가 바로, 매일 아침 학생들에게 큰 소리로 책을 읽히는 것입니다. (《기적의 계산법》이라는 한국에서도 유명한 연산 교재 또한 바로 이분이 개발한 시리즈입니다.)

저는 과연 그렇구나 하고 무릎을 쳤습니다. 소리 내어 읽는 훈련이 두뇌를 자극하고 암기력을 높이며 사고력은 물론 표현력과 자신감을 기르는 데 얼마나 중요한지 잘 알기 때문입니다.

학창시절 저는 성적이 비슷한 친구들에 비해 상대적으로 한자어를 많이 알고, 어려운 글을 잘 읽어냈습니다. 수학, 과학과 같은 과목은 똑같이 어려워했지만 국어나 사회 과목에서 틀리는 경우는 별로 없었습니다. 이유가 무엇인지 돌이켜 생각해보면, 그 비결은 성경을 암송하던 습관에 있었습니다. 성서에는 초등학생 수준에는 턱없이 어려운 한자어가 가득하지만, 읽다 보면 맥락을 파악하며 뜻을 유추하게 됩니다. 한자어의 특성상 글자의 조합만으로도 무궁한 단어를 생성해낼 수 있으니 어휘력부터 강해질 수밖에 없었던 것입니다. 또한, 소리 내어 읽으려면 문장을 의미에 따라 끊어 읽을 수밖에 없습니다. 눈으로 읽을 때는 대충 넘기던 의미도, 소리 내어 읽으려면 뜻을 파악해야 끊어 읽을 수 있습니다. 정확한 문장 해석 능력이 여기서 길러집니다.

유태인들의 공부 방법 중 '소리 내어 읽기'는 익히 알려져 있습니다. 유태인들은 태어나서 13세가 될 때까지 유태교의 경전인 '토라'를 매일 소리 내어 암송해야 합니다. 온 몸을 움직이며 암송하는 것이 특징이라고 합니다. 같은 내용을 반복하여 소리 내서 읽는 것이 유태인들이 뛰어난 두뇌의 근거이라고 말하기도 합니다.

과거에는 글을 써서 평가받는 지필고사만 존재했지만 이제 각 대학은 대학별고사의 일환으로, 말로 풀이과정과 정답을 이야기하고 자신이 어떤 사람인지 이야기해야 하는 면접, 구술고사를 강화하고 있습니다. 수능에 앞서서는 각 학교의 수행평가에서도 발표가 강화되는 추세입니다.

결론은 명확합니다. 소리 내어 읽는 습관을 들여야 합니다. 눈으로 대충 훑어서 스캐닝하듯이 책을 읽고 문제를 읽는 요즘 아이들에게 전체 문장을 다 읽는 훈련은 더더욱 중요합니다. 막상 수능 이후 구술면접을 대비하다 보면 정말 똑똑한 학생인데도 자기 표현력이 매우 떨어지는 경우가 많습니다. 특히, 탁월한 이과형 수재들이 말이 어눌한 경우가 있습니다. 이것은 빠른 두뇌 회전을 말이 따라잡을 수 없기 때문에 생기는 현상입니다. 문제는 이것이 입시에 (더 나아가 취업과 사회생활에도) 걸림돌이 될 수 있다는 점입니다. 이런 경우는 발성부터 교정을 해주어야 하는 데, 고치기 여간 어렵지 않습니다. 어릴 때부터 하루에 일정 시간을 큰 소리로 글을 읽는 시간으로 정해두고 연습하다 보면, 생각 이상의 효과를 거둘 수 있을 것입니다.

어떤 책을
어떻게 읽어야 할까

　수험생들을 위한 여러 필독도서 리스트가 있습니다. 평소에 무엇을 읽어야 할지 모르는 학생들은 학년에 맞추어 대부분 비슷한 필독도서를 읽습니다. 대학에 가기 전 적어도 서울대 권장도서 목록은 꼭 읽어주어야 할 것 같은 불안감도 있을 것입니다.

　그러나 저는, 다양한 매체를 통해 지식을 습득하고 자신의 것으로 체화하는 것이 더 중요하다고 생각합니다. 활자로 된 매체라면 확실히 공부에 더 도움이 되겠지요. 하지만 활자에 거부감을 느낀다면 다른 방식으로 지적 자극을 얻는 것도 좋습니다. 영상매체도 좋고, 심지어 게임도 좋습니다. 무언가에 호기심을 느끼고 그 호기심이 깊어진 이후 자연스럽게 활자매체로 넘어가는 방식도 나쁘지 않습니다.

가장 나쁜 것은, 머릿 속에 새로운 정보가 들어오지 않고, 들어오더라도 마음으로 받아들이지 않는 것입니다. 기계적으로 학교와 학원만 쳇바퀴 돌듯 오가는 학생들은 느긋한 마음으로 글을 찬찬히 읽을 여유가 없습니다. 파편화된 지식을 전달받고, 이를 기계적으로 문제풀이에 주입할 뿐입니다. 이래서는 결코 지식과 사고의 지평이 넓어지지 않습니다. 스스로 흥미를 느끼는 분야마저 없는 수동적인 사람이 되어버려 결국 공부도 잘할 수 없습니다.

지금 가장 흥미를 가지고 있는 분야가 있다면, 그 분야의 책뿐만 아니라 다양한 매체를 접하는 것이 최우선이라고 생각됩니다. 당장은 책을 읽지 않는 학생이라도, 우연히 해외 드라마에 심취해 관련 기사를 읽고, 더 나아가 원작 소설을 찾아볼 수도 있습니다. 그 드라마의 캐릭터가 역사상 어떤 인물을 모델로 했다더라라는 정보를 얻고, 좀 더 상세한 이력을 인터넷으로 찾아볼 수도 있습니다. 정보를 파다 보면, 고급 정보들은 영어 사이트에서 발견되는 경우가 많습니다. 자연스럽게 영어로 된 매체도 접할 수 있습니다. 이 드라마의 새로운 시리즈 예고편이 자막 없이 유튜브에 영어로 공개되었다면? 관심을 가졌던 아이라면 반드시 클릭해서 끝까지 볼 것입니다.

이 모든 것들이 훌륭한 지적 활동이고 독서활동으로 이어지는 좋은 다리가 됩니다. 이러한 과정에서 부모님이 잔소리 대신 같이 흥미를 가져주신다면 아이에게 큰 동기부여가 될 것입니다.

학생들이 필독도서나 권장도서의 부담감에서 벗어나, 좀 더 다양한 관심사에 눈을 돌리고 깊게 음미하여 자신만의 개성으로 만든다면 이것이 고스란히 남과 다른 돋보이는 생활기록부를 만드는 데 녹아 들어갈 것입니다. 그리고 더 나아가 좀 더 크고 깊은 공부를 하는 자양분이 될 것입니다. 어쩌면 일생을 좌우할 진로를 찾게 될 수도 있겠지요.

사실, 권장도서보다 더 시급히 읽어야 할 책은, 여러 번 강조드린 바와 같이 '교과서'입니다. 그리고 책을 읽을 때 중요한 방법은, 많은 책을 읽는 것이 아니라 적은 수의 책이라도 반복해서 읽는 것입니다.

수박 겉핥기 식의 독서는 '제가 그 책을 읽었고, 저자는 ○○입니다'라는 말 이상의 그 어떤 의미도 없습니다. 이런 독서는 당장 대입 면접시 생활기록부의 점검 과정에서 그 수준이 드러나게 마련입니다.

한 권을 읽더라도 마음에 드는 책이라면 여러 번 읽고, 그 책과 관련된 다른 책도 한 권 정도 더 읽는 편이 훨씬 더 좋습니다. 저자가 마음에 들 수도 있겠고, 주제가 마음에 들 수도 있을 것입니다. 만일 아이가 이렇게 흥미를 보이는 분야가 있다면 부모님도 적극적으로 관련된 책을 찾아주는 등의 지원을 해주셨으면 합니나.

독서노트는 앞서 강조 드린 영어 구문노트, 수학 30제와 마찬가지로 빠짐없이 작성해야 합니다. 이때, 인상 깊었던 구절도 함께 적어서 나중에 외울 수 있을 정도로 만듭니다. 무의미하게 독서량을 늘리는 것은 얕은 허세로 끝날 가능성이 많습니다. 평생 잊히지 않을 책이란 어쩌면 학업으로 바쁜 틈을 쪼개 탐독한 몇 권의 책일지도 모릅니다. 그리고 그런 책은 입시로 향하는 길에 반드시, 작지만 밝은 불빛이 되어줄 것입니다.

도감과 사전으로 지적 호기심을 키워주자

아이가 어릴 때부터 집에 항상 있으면 좋을 책은 무엇일까요? 저는 우선, '도감'류를 꼽고 싶습니다. 공룡도감, 곤충도감, 식물도감, 인체도감 등, 세밀화로 그려져 현실감이 큰 각종 도감들은 미취학 아동들에게 더할 나위 없는 지적 자극이 됩니다. 호기심과 상상의 나래를 마음껏 펼칠 수 있는 도감류는 아이들에게 진입 장벽이 낮습니다. 그래서 어린 시기에 책에 대해 진근함을 형성하기 좋습니다. 학교에 들어간 이후리도 좋습니다. 의외로 어릴 때 읽었던 도감의 시각적 이미지가 뇌리에 강렬히 박혀 이것이 향후의 탐구심, 더 나아가 진로에 영향을 주는 경우도 많습니다.

또 다른 책은 국어사전, 영어사전, 그리고 한자사전입니다. 장서용으로 꽂아놓지만 말고 되도록 손에 닿는 곳에 두고 자주 찾아보게 합니다. 요즘은 어른들도 맞춤법을 틀리고 알았던 단어를 잊어버릴 때가 많습니다. 평소에 엄마 아빠가 사전을 찾는 모습을 보인다면 아이도 자연스럽게 사전 찾는 흉내를 냅니다. 종이로 된 사전은 그 단어만 찾는 것으로 끝나는 것이 아니라 주변의 다른 단어들까지 보게 하는 효과가 있습니다. 별것 아닌 것 같은 이런 지적 자극이 지속적으로 쌓이면 아이의 언어 능력 신장에 큰 힘이 됩니다.

8장

실패 없는
사교육 활용법

"고3 막바지 국어 때문에 고생할 때
학원이 큰 도움이 되었죠."

요즘은 정보도, 교재도 넘쳐납니다. 학생의 의지만 있다면 얼마든지 혼자서도 공부를 잘할 수 있는 환경입니다. (어쩌면 요즘 아이들은 그런 좋은 환경에 있기 때문에 공부를 해야 할 이유를 찾지 못하는지도 모릅니다. 부족한 것이 없으면 가진 것이 소중한 줄을 모르는 법이니까요.) 혼자서 공부할 수 있다면, 학원은 굳이 다닐 필요가 없다는 것이 저의 지론입니다.

물론 중요한 시기에 비약적인 성적 향상을 도모할 때, 혹은 넘을 수 없는 벽에 부딪혔을 때, 사교육은 잘만 활용하면 나의 점프를 도와주는 도움닫기 플랫폼이 되기도 합니다.

한번은 모든 과목에서 완벽한데 국어만 불안한 이과 최상위권 학생을 시노한 석이 있었습니다. 국어는 수학만큼이나 다양한 스타일의 선생님들이 계십니다. 정확한 독해를 강조하며 전체 지문을 완벽히 다 이해하는 것을 원칙으로 하는 분도 계시고, 논리적으로 분류하고 도식화하는 방식을 강조하는 선생님도 계십니다. 다행히 그 친구는 자신에게 맞는 국어 학원을 찾아내어 성적이 급상승하였습니다. 어쩌면 그동안 노력했던 것이 결과로 드러날 즈음에 그 선생님을 만나서 성적이 올랐을 수도 있습니다. 그리고 본인이 스스로 노력해온 베이스가 없었다면 좋은 선생님을 만나도 얻어낼 것이 없었을 것입니다. 어쨌든 이 학생은 고민하던 국어에서 자신감을 얻었고, 그 국어 학원은 이제 등록을 위해서는 몇 시간이고 줄을 서야 할 정도로 유명해졌습니다. 정말로 필요한 시기에 정말로 필요한 학원은 어떻게 찾아낼 수 있을까요?

우리 아이에게 맞는
학원 선택 및 활용법

대형 vs 소형,
아이의 생활에 비춰 유불리를 따져보라

난생 처음으로 학원을 선택해야 한다면, 가장 먼저 후보가 되는 곳은 집이나 학교 근처의 학원일 것입니다. 특정 학교만 전문으로 하는 작은 규모의 학원일 수도 있고, 여러 학교 학생들이 모인 대형 학원일 수도 있겠습니다.

저는 일단 처음에는 가능한 여러 학원에서 상담을 받아보실 것을 추천 드립니다. 설명회도 되도록 참석하고, 선생님들도 직접 만나보는 것이 좋습니다. 전문적인 입시학원 강사들을 육성하는 커넥츠콘텐츠연구센터의 김범수 센터장님은 이렇게 충고합니다. "학원 수강 전 진도 계획을 꼭 확인해야 합니다. 특히 수학은 적어도 6개월 이상의 선행 계획이 나의 진도 상황과 맞는지 따져야 합니다. 그렇지 않으면 꼭 빠진 부분이 생깁니다." 아울러 학생의 성격상, 교과의 진도상 무리가 아니라면 일단은 큰 학원에서 공부를 시작해보십시오. 왜냐하면 다양한 학생들 사이에서 자신의 위치를 비교하고 가늠하는 것이 중요하기 때문입니다. 작은 학원에서 먼저 시작해 정이 들어버리면 우물 안 개구리가 될 수 있습니다.

자신의 레벨과 역량을 확인하고 어느 정도 학원에 적응해 6개월 정도 다녔다면, 기계적으로 학원을 다니고 있는 것은 아닌지 점검해야 합니다. 혼자서도 충분히 가능하거나 수업 양을 줄여도 되겠다고 판단되면, 학원 수업을 줄이거나 그만두는 것이 좋습니다. 대신 자생력을 기르기 위한 대체 학습 방법에 대해 학생의 약속과 계획이 반드시 있어야 합니다.

이후 특정 부분에 대해 취약점이 발견되었을 때 이 분야에 강점이 있는 작은 학원이 있다면 그런 소규모 학원에서 내실을 다지는 것도 좋습니다. 작은 학원은 상대적으로 관심을 많이 받아 꼼꼼하게 취약점을 메울 수 있는 장점이 있습니다. 특히 내신을 대비하려고 한다면 자신의 학교를 전문으로 하는지 확인해야 합니다. 학교마다 출제 경향이 있기 때문에, 학원에 이에 대한 노하우가 축적되어 있는지가 관건입니다. 아울러, 해당 학교의 전 과목 기출 문제를 제공해주는 학원이라면 더욱 좋겠지요.

작은 학원에 오래 다닌 학생이라면 방학 등의 기회에 한 번 정도 큰 학원으로 바꿔보는 것도 여러 가지 의미에서 자극이 됩니다. 학습 분위기를 환기하고 경쟁심도 자극하는 효과를 가져올 수 있습니다.

관리력도 놓쳐서는 안 될
체크 포인트

수학학원의 경우, 질의응답을 할 분위기인지 확인해야 합니다. 무조건 숙제양이 많은 학원보다는 틀린 문제, 답은 맞췄지만 틀리게 푼 문제 등을 확인해주는 꼼꼼한 학원이 좋습니다. 굳이 명문대학 출신의 선생님일 필요는 없습니다. 친절하게 질의응답을 해주는 선생님이 더 도움이 될 수 있습니다. 질문을 했을 때 면박을 주는 선생님이라면 바꾸는 편이 좋습니다. (단, 혼자 낑낑대며 풀어보지 않고 바로 질문만 하는 학생이라면 이는 막아주어야 합니다.)

영어학원은 단어 암기 테스트를 매일 시키는지 반드시 확인해야 합니다. 영단어는 혼자서 많은 양을 외워 내기가 어려우므로, 강제적 장치가 있는 편이 좋습니다. 반대로, 만일 독해 숙제 양이 지나치게 많다면, 그리고 아이가 해석하기에 너무 어려운 수준이라면 부담을 느끼지 않는 정도로 가볍게 조정해야 합니다. 조정이 불가능하다면 학원을 그만두거나 옮기는 것도 고려하십시오. 학생에게 개별 과제를 관리해줄 수 없다면 좋은 학원이라고 할 수 없습니다.

학원 수업이 도움이 되려면
복습 시간 확보가 필수

대치동 학원가에는 서울뿐 아니라 경기도, 심지어 전국의 학생들이 모여듭니다. 매 주말 고속버스를 타고 강원도나 충청도에서 학원을 다니는 친구를 어렵지 않게 만날 수 있습니다. 너무 고생스런 일입니다. 그러나 만일 나에게 잘 맞는 학원이고 도움이 되는데 거리가 멀어서 시간이 아깝다면, 발상의 전환을 해볼 수 있습니다. 학원에 갈 때는 학교에서 배운 내용, 학원에서 집으로 돌아갈 때는 학원에서 배운 내용을 천천히 떠올려보고 복기하는 습관을 들이는 것입니다. 아침부터 밤까지, 시간 순서대로 몇 교시에 무엇을 공부했는지를 떠올리는 것만으로도 훌륭한 복습이 됩니다. 이 과정을 생략하고 바로 잠에 들면 다음 날엔 몇 배의 노력을 들여도 배웠던 내용을 다지기가 힘듭니다.

수업을 듣기만 하고 자기 것으로 소화하는 시간이 없다면 결코 공부를 잘할 수 없습니다. 엉덩이가 무거운 성실한 학생인데 의외로 성적이 잘 오르지 않는 경우가 있습니다. 이런 학생들의 특징은, 학습 후 '되새김질'의 과정이 없다는 것입니다. 그저 미련하게 앞으로 나아가기만 할 뿐, 중간 중간 멈춰 서서 곱씹고 복기해보지 않는 것이지요.

저 유명한 에빙하우스의 망각곡선[1]을 굳이 인용하지 않더라도, 배운 것은 반드시 하루가 지나기 전에 다시 공부해야 합니다. 부담이 될까 봐 너무 걱정할 필요 없습니다. 그저 가볍게 떠올려주기만 해도 큰 효과가 있기 때문입니다. 하루가 가기 전에 시간 순으로 오늘 무엇을 배웠는지를 차례대로 복기해보면 알 수 있습니다. '오늘 학교에서 생물 시간에 선생님이 유전법칙을 설명하시면서 농담을 하셨지. 지난 시간에 했던 농담인데 잊고 또 말씀하셨지 뭐야.' 이렇게, 배운 내용은 물론이고 이 내용의 앞뒤 맥락까지 포함된 세세한 부분까지 기억나게 마련입니다.

학원 수업을 마치고 집으로 갈 때, 친구들과 웃고 떠들며 간식이라도 사 먹고 집에 가면 배운 것은 온데 간데 없이 사라집니다. 되도록 혼자 조용히 귀가하며 오늘 무엇을 공부했는지 떠올

---

1 학습 후 기억력을 연구한 결과로, 학습 후 10분 후부터 망각이 시작되며, 1시간 뒤에는 50%, 하루가 지나면 70%가 망각된다고 주장하였습니다.

리는 습관을 기른다면 학원의 효율이 배가될 것입니다.

자체 교재에
현혹되지 마라

학원에 따라서는 많은 인력과 자본을 투입하여 자체 교재를 개발하는 경우가 있습니다. 그런데 사실, 시중에는 정말 좋은 교재들이 많이 나와 있습니다. 교재가 부족해서 공부를 못하는 시대는 지난 것이지요.

물론, 자체 교재가 있다는 것은 학원의 커리큘럼이 체계적으로 완비되어 있다는 증거이기도 합니다. 선생님이 바뀌어도 커리큘럼이 정해져 있으면 상대적으로 학생에게 타격이 적은 것도 사실입니다. 그러나 학원에서 정한 틀보다 중요한 것은 학생 개개인의 필요입니다. 나의 진도 상황과 부족한 부분과 상관없이 진행되는 커리큘럼이라면 별다른 의미가 없습니다. 학원의 체제보다 중요한 것은 내가 학원을 다녀야 할 필요와 목적성입니다. 철저하게 내 필요를 위주로 학원의 장단점을 판단해야 합니다.

과외는 이럴 때
이렇게 시켜라

과외,
오남용은 위험하다

　과외는 여러 장점이 있습니다. 나에게 꼭 필요한 부분을 골라서 집중적으로 강화할 수 있기 때문입니다. 그렇기 때문에 장기간 남용했을 때는 자칫 학생의 자생력을 꺾을 위험도 있습니다. 스스로 고민해보고 부딪혀보고 배우는 과정 또한 실력을 다지는 데 필요한데, 이 과정 없이 즉각적인 문제 해결로 맥을 끊는 것이지요. 아주 어릴 때부터 과외로 사교육을 해와 스스로는 아무것도 해결하지 못하는 수동적인 학습자가 된 경우를 저는 많이 보았습니다. 과외는 장기간 시키는 것보다는 단기에 특별한 목적성을 가지고 활용하는 편이 좋겠습니다.

최적의
과외 활용법

그렇다면 어떻게 활용하는 것이 좋을까요? 학교나 학원에서 어려운 내용을 배울 때, 단기적으로 복습 차원에서 활용하는 것이 가장 좋습니다. 즉, 같은 내용을 약간의 시간차를 두고 자동적으로 반복하게 하는 것이지요. 되도록 같은 교재를 사용해서 반복을 강화하면 더욱 큰 효과를 얻을 수 있습니다.

학교나 학원 진도와 별개의 수업을 과외로 받는다면, 이때는 분명히 학생이 추가적인 학습을 부담할 수 있는지 여력을 체크해보아야 합니다.

또한, 일방적으로 선생님이 진도를 나가는 방식보다는 학생이 자신이 이해한 내용과 그렇지 못한 내용을 말하고 확인하게 하는 편이 좋습니다. 기왕에 학원이나 학교 수업에서 가능하지 못한 부분이므로 철저하게 학생의 필요에 맞출 수 있어야 하겠지요. 일정 분량을 공부해오고 그중 과외 수업에서 확인하고 싶은 내용을 학생이 찾아와서 그 부분만 체크하는 방식이 가장 효율적인 방법이라고 생각됩니다.

좋은
과외 선생님이란?

전문적으로 과외만 하는 선생님들 중에는 본인의 커리큘럼이 너무 확고해서 학생의 니즈에 맞춰 조절하는 것을 원치 않는 경우도 있습니다. 이런 선생님은 피하는 것이 좋습니다. '언제부터 언제까지 이 책을 마쳤으면 합니다'라는 구체적인 목표를 내 쪽에서 먼저 제시하고, 나에게 맞춰 도움을 줄 수 있는 선생님을 찾아야 합니다. 그리고 목표가 달성되면 아쉽더라도 단기에 끝내는 편이 좋습니다.

물론, 경우에 따라서는 과외 선생님이 좋은 멘토가 되어서 아이의 학습뿐만 아니라 다방면에서 좋은 영향을 끼치기도 합니다. 그렇더라도 너무 의존성을 키우는 것은 좋지 않습니다. 정말 인연이 되는 좋은 선생님이라면 과외 수업을 받지 않아도 연락을 유지하며 도움을 주실 것입니다.

가성비 갑 인터넷 강의,
이렇게 활용하자

저렴한 가격에 최고의 선생님이 집으로 찾아오는 인터넷 강의. 이것만큼 좋은 사교육이 있을까요? 심지어 여러 선생님들의 맛보기 수업을 통해 나에게 잘 맞는 선생님을 고를 수도 있습니다. 질문 게시판을 통해서 모르는 문제를 질문할 수도 있지요.

그런데 인강을 잘 활용하는 것은 욕심만큼 쉽지가 않습니다. 딴짓 하지 않고 수업에 집중할 수 있는 의지가 필요하기 때문입니다.

이런 문제를 해결하기 위해 초등학생과 중학생 인강의 경우, 따로 관리 선생님이 전화로 진도와 스케줄을 체크하는 상품도 있습니다. 학원에 다닐 환경이 아닌데 좋은 수업을 듣고 싶은 경우 활용해봄직 합니다.

요즘은 전 과목의 수업을 일정 비용만 지불하면 기간 내 모두 들을 수 있는 '패스' 형태의 상품도 있습니다. 여러 강좌를 따로 따로 수강하는 것보다 비용 면에서 훨씬 저렴하기 때문에 많이 선택합니다. 하지만 욕심만 앞서서 이 수업 저 수업 앞 부분만 듣다가 제대로 완강하는 강의가 없는 학생도 많습니다.

패스 형태의 상품을 구입하기 전에는 반드시 나에게 필요한 우선순위 강좌를 선택하고, 주어진 기간 내에 언제 어떻게 수강하겠다는 계획표를 만들어야 합니다. 그렇지 않으면 한 강좌만 열심히 수강한 것에 비해 오히려 돈 낭비가 될 수도 있습니다.

인강의 또 다른 단점은, 과제 관리가 되지 않는다는 점입니다. 수업을 듣기만 하고 이해 여부를 확인하는 강제성이 없기 때문에 한 귀로 듣고 한 귀로 흘릴 수도 있습니다. 따라서 인강으로 공부할 때는 반드시 해당 과의 확인 테스트를 병행하도록 간단한 강좌 수강 계획표과 함께 체크란을 만들어두는 것이 좋습니다. 한 강이 끝날 때마다 가볍게라도 이해도를 점검하고 다지는 단계를 두도록 합니다.

인강 수강 계획표 예시

강좌 이름	수강 예정일	완강	확인 테스트	다시 들을 필요
1강	1/2	V	V	X
2강	1/6	V	V	O
3강	1/10	V		

설명회, 어떤 곳에 가서
무엇을 얻어야 할까

　잠실 체육관에서 열리는 대형 교육업체의 신학기 입시설명회에 참석하기 위해 도로에까지 길게 줄을 서던 것이 불과 엊그제 같은데, 요즘은 설명회가 다양해지고 횟수도 많아져서 그렇게까지 많은 인파가 몰리지는 않습니다. 대신, 학년 별, 타깃 별로 분화된 소규모 설명회들이 대세입니다. 각 자치단체나 백화점에서 사교육 업체와 협업하여 설명회를 열기도 하고, 교육 전문 커뮤니티에서 자체 설명회를 여는 경우도 많아졌습니다. 대치동 단과학원에서는 새 강좌가 개설되는 시즌 전에 담당 강사가 직접 자신의 수업에 대해 설명하는 것이 일반적입니다.

　이렇게 정보가 많다면 학부모 입장에서는 오히려 무엇을 선택할지 고민입니다. 입시 설명회라면 대형 온라인 교육업체의 설명회를 인터넷으로 보는 것이 가장 효율적입니다. 대부분의 설명회가 녹화되어 업로드 되고, 가장 정확한 정보를 전달합니다. 양질의 정보를 생산해내기 위한 회원의 모집단(母集團)이 충분히 크고 입시 전문 연구 인력이 입시라는 한 주제만 연구하여 결과물을 내는 조직이니, 가장 신뢰할 만한 정보를 제공할 수 있습니다. 간혹 소규모 강연에서 입시설명회를 하는 것을 들어보면, 너무 지엽적인 사례를 일반화하여 입시의 지름길인양 호도하는 경우가 있으니 주의가 필요합니다. 다수의 수용자에게 공개되어 검증받은 정보가 가장 옳고 안전한 정보임을 잊어서는 안 됩니다.

수강할 의향이 있는 학원에서 설명회를 한다면, 당연히 가보고 판단하는 것이 좋습니다. 개별 강사가 설명회를 하는 경우, 교재와 커리큘럼부터 관리 체제까지, 자신의 강좌에 대해 자세히 설명할 것입니다. 설명회 후 보통 질의응답 시간이 주어지므로, 필요한 경우 질문을 통해 학생의 필요에 맞는 강좌인지 판단할 수 있습니다.

학원도 내성이 생긴다

대치동 아이들은 정말 학원을 많이 다닙니다. 미취학 시기부터 대학에 들어가기 까지, 국, 영, 수, 사, 과와 같은 교과학원은 물론이고 예체능 학원도 섭렵합니다. 오후의 대치동 길거리는 무거운 책가방을 짊어지고 컵라면과 주먹밥으로 끼니를 때운 채 학원으로 이동하는 아이들로 북적입니다. 그래서일까요? 대치동 키즈는 중학생 정도만 되어도 강의의 수준과 강사의 자질을 품평하는 감별사로 진화합니다. 타 지역에서 인정받던 강사가 대치동에 와서 처음 강의를 하면 놀라는 지점이 바로 여기입니다. 아이들이 싸늘하다는 것이죠.

그런데 여기에 함정이 있습니다. 사교육이 흔하다 못해 지겨울 정도로 생활의 일부가 된 탓에 소중함을 모르는 것입니다. 학원 순례에 이골이 난 어린 친구들은 겉멋이 들기도 쉬워서, 내가 모르고 있는 중요한 내용을 배우고 있는 중인데도, 수업이 좀 쉽다 싶으면 강사를 무시하기도 예사입니다. 이렇게 해서는 절대로 실력 향상을 기대할 수 없겠지요.
내가 모르는 것에 대한 목마름이 있어야 수업도 쏙쏙 잘 들어옵니다. 매일 억지로 끌려와서, 듣기 싫어도 들어야 하는 수업이라면 갈급함이 생기기가 쉽지 않습니다. 해당 과목에 대한 반감이 생길 우려마저 있습니다.
게다가 항상 사교육을 끼고 사는 아이들은 자생력이 철저하게 퇴화됩니다. 설사 자신이 부족한 단원이 무엇인지 알고 있어도, 혹은 중간고사가 앞으로 다가오고 있어도, '어차피 좀 있다가 학원에서 해 줄텐데 뭐하러 내가 나서서 일을 크게 만들어'리는 심리가 생깁니다. "시험내

비 계획을 짜오라"고 숙제를 내주면, "학원 일정이 안 나와서 못 짜요"라는 대답이 돌아옵니다. 도대체 네 시험 대비는 누가 하는 거니?라고 묻고 싶어집니다.

학원으로 대표되는 사교육은 '약'과 같습니다. 남용하면 내성이 생깁니다. 반드시 필요하다고 부모님과 학생 모두가 공감하는 상황이 아니라면 되도록 최소화하는 것이 가장 좋습니다. 특히 초, 중등학교 시기에는 꼭 필요한 학원이 아니라면 아쉽더라도 절제해야 합니다.

사실 요즘에는 모든 아이들이 어떤 학원이든 바쁘게 다니고 있는 탓에, 나만 학원에 다니지 않으면 외톨이가 되기 십상이죠. 그런데 아이가 성장하려면 그런 외톨이의 시간이 반드시 필요합니다. 게임도 하고, tv도 보고, SNS도 하고, 혼자 놀다가 남아도는 시간을 어쩌지 못 해서 버티고 버티다가 무언가 스스로 꿈지럭거릴 때가 옵니다. 비즈 공예에 빠져서 동대문 상가를 가보겠다든지, 판타지 소설에 빠져서 며칠 밤을 새고 완독을 한다든지, 2차 세계대전에 빠져서 탱크 모형만 수집한다든지 하는 돌발 행동을 합니다. 그럴때 아이의 진정한 호기심과 탐구심이 생겨납니다. 이런 호기심은 영구적인 것이 아니니 설사 너무 엉뚱한 주제라도 크게 염려할 것이 없습니다. 중요한 것은 아이에게 '호기심'이 생겼다는 것이죠. 부모님께서 이때를 놓치지 않고 아이의 관심사가 지적 탐구활동으로 꽃을 피우도록 교묘하게 유도해주셔야 합니다. 평소 사이가 좋았다면 관련된 주제의 다큐멘터리를 찾아볼 수도 있고, 함께 도서관에서 책을 찾아볼 수도 있을 것입니다. 외국어로 된 컨텐츠를 찾아보려 한다면 더할 나위 없이 좋은 발전입니다. 영어로 된 쉽고 재미있는 컨텐츠가 유튜브라는 바다에 무수히 널려 있습니다.

이런 탐구활동은 사실 '여유 시간'이 있어야 가능합니다. 자기 자신이 공부의 주인이 되려면 자기 시간을 관리해보는 경험이 필수적입니다.

요즘 아이들은 학교 내신도 관리해야 하고, 교과 외 활동도 관리해야 하고, 더 나아가 수능 공부도 해야 합니다. 이 많은 부담스런 과업들은 스스로가 주도적으로 시간 배분을 하지 않으면 어디서든 구멍이 생기게 되어 있습니다. 따라서 어릴 때부터 여유 시간을 충분히 가지고 시간 관리를 하는 훈련이 되어 있어야 합니다. 이 학원 저 학원 돌다가 잠들기 바쁜 아이는 이런 자기관리 능력을 기를 수 없습니다.

조금 불안하더라도 사교육에 과도하게 기대지 마시기 바랍니다. 자생력을 기르고 본인만의 탐구심과 시간 관리 능력을 배양하면, 학원이나 과외로는 꿈도 꾸지 못할 큰 열매를 맺는 씨앗이 될 것입니다. 더 나아가, 정말로 절실히 사교육의 도움이 필요할 때, 시간과 돈을 낭비하지 않고 원하는 효과를 얻을 수 있을 것입니다.

부모가 무엇을 어디까지
해주어야 할까

작년에 서울대에 첫째 딸을 합격시킨 친구가 있습니다. 얼굴 찌푸리는 일이 거의 없는 밝은 성격이라, 심지어 남편 흉을 보면서도 "그런데 난 괜찮아"라며 해맑게 웃는 친구입니다. 이 친구는 3남매의 교과 공부를 학원을 거의 보내지 않고 모두 집에서 직접 가르쳤습니다. 중3 겨울방학 때 첫째 딸이 제가 근무하는 학원에 다닌 적이 있는데, 그 외에는 교과목 학원을 다닌 적이 없을 정도입니다.

"가르치려면 내가 미리 공부를 해야 해서 너무 힘들어"라고 말하면서도 웃음을 잃지 않는 이 친구는 아이를 가르치면서 한 번도 화를 낸 적이 없다고 합니다. 다른 친구들은 믿을 수 없어 합니다. 중학생만 되어도 아이의 머리가 굵어져서 부모가 직접 가르치는 게 힘들어지게 마련이니까요. 사이가 나빠지지 않는다면 다행입니다.

사실 위의 사례는 정말 예외적인 경우입니다. 일반적인 부모들은 학원을 알아봐 주고 입시 정보를 공부하는 것 외에 자녀의 학습에 깊이 관여하기 힘듭니다. 가르칠 수 있는 능력이 된다고 하더라도, 자칫 아이가 부모를 부담스럽게 여길 수도 있어 조심해야 합니다.

직접 교과목을 가르치는 대신 부모가 해줄 수 있는 것은 너무나 많습니다. 아이가 흥미를 느끼는 분야에 같이 관심을 가져주고, 호기심을 발전시킬 수 있도록 지원해줄 수도 있습니다. 갑자기 성적이 떨어진 과목이 있다면 무엇이 힘든지 들어주고 해결책을 함께 고민해줄 수도 있습니다.

그런데 이 모든 것들보다 훨씬 더 아이에게 힘이 되는 것이 있습니다. 바로 '믿음'입니다.

제가 만난 학생들 중에서 눈에 띄게 정서가 안정되고 성적 향상이 빠른 아이들은 백이면 백, 부모님이 '편안한 얼굴'을 하고 계셨습니다. 지금 성적이 어떻든, 앞으로 어떤 대학을 가든 아이가 훌륭한 인재로 성장할 것이라고 믿고 계신 부모님들은 표정에서 차이가 납니다. 그리고 느긋합니다.

반면에 학부모님 중에는 얼굴 전체에 수심이 가득하신 분들도 있습니다. 불안감이 그대로 얼굴에 드러나는 것이지요. 부모님의 근심과 걱정은 말로 표현하지 않아도 그대로 아이에게 전해집니다. 그리고 아이가 스스로의 가능성을 믿지 못하는 원인이 됩니다. 일 년에 단 한 번 보는 수능시험에서 평상심을 유지하려면 스스로에 대한 믿음이 필요합니다. 불안한 아이들은 그래서 큰 시험에 약합니다.

고가의 학원이나 과외 선생님보다 더 필요한 것은 어쩌면 있는 그대로 아이를 받아들이고 믿어주는 부모님이 아닐까 합니다. 대학 입시가 마무리되는 스무 살까지, 아이는 수많은 작고 큰 실패와 성공을 경험합니다. 이런 과정 속에서 부모님이 일희일비하지 않고 변함없이 아이를 격려하고 지지해준다면 아이는 흔들림 없는 배포와 저력을 기르게 될 것입니다. "네가 좋은 대학을 가면 정말 좋겠지만, 설사 그렇지 않다 하더라도 세상이 끝나는 것은 아니야. 또 다른 가능성이 널 기다릴지도 모른단다. 넌 어떤 상황에서도 보석처럼 빛날 수 있는 훌륭한 아이야." 이렇게 믿고 축복해줄 수 있는 여유야 말로, 그 어떤 사교육도 줄 수 없는 귀중한 자산입니다.

부록

2022년 대입제도 개편안 핵심 정리

바뀌는 입시,
핵심은 이것

입시제도가 바뀔 때마다 논란은 있었지만 2018년 8월 발표된 '2022학년도 대입제도 개편 권고안'은 어느 때보다 파장이 컸습니다. '문이과가 통합되고, 수능 위주의 정시가 늘어난다'라는 요약된 뉴스 보도를 접하면 정말 큰 변화가 일어나는 듯 보입니다. 그런데 자세히 들여다보면, 오히려 중요한 변화는 다른 곳에 있습니다. 이 장에서는 2022학년도 입시 변경사항을 요약하고 그 의미를 들여다보겠습니다.

정시 비율이 30%로 늘어난다

학생부 종합 전형에 대한 불신이 팽배한 가운데 수능 위주의
정시 전형을 늘려 달라는 국민적 요구가 반영된 결과로 보입니
다. 특히 그동안 수시 비중이 높았던 상위 대학들이 일괄적으로
정시 30%로 전환하게 되면, 상위 대학 위주로 정시 인원 증가가
체감될 것입니다.

수시모집 수능최저학력기준은 현재 조건보다 높아지지 않는다

수능최저기준은 대학 자율로 하되, 현재보다 더 높이지 않을
것을 권고하고 있습니다. 참고로 연세대는 2020학년도부터 수능
최저기준을 폐지했습니다.

수능 출제과목과 평가방법이 변하고 문이과 통합이 시작된다

국어, 수학이 공통 + 선택형 구조로 바뀝니다.
탐구는 사회, 과학 구분 없이 2개를 택합니다.
통합사회, 통합과학은 수능 응시영역에서 제외됩니다.
제2외국어, 한문은 절대평가로 전환됩니다. 이제 절대평가 과
목은 영어, 한국사, 제2외국어/한문으로 늘어났습니다.
EBS 연계율은 70%에서 50%로 축소됩니다. 연계의 방식도 간
접연계의 비중을 늘립니다.

수능 과목구조 및 출제 범위를 정리하면 다음 표와 같습니다.

영역	2021학년도 수능	2022학년도 수능
국어	독서, 문학, 화법과 작문, 언어와 매체 중 언어	[공통] 독서, 문학 [선택] 화법과 작문, 언어와 매체 중 택1
수학	가형(이과): 수학Ⅰ, 확률과 통계, 미적분 나형(문과): 수학Ⅰ, 수학Ⅱ, 확률과 통계	[공통] 수학Ⅰ, 수학Ⅱ [선택] 확률과 통계, 미적분, 기하 중 택1
영어	영어Ⅰ, 영어Ⅱ	영어Ⅰ, 영어Ⅱ
한국사	한국사	한국사
탐구	일반계: 사회/과학 계열 중 택2 * 사회: 9과목 * 과학: 8과목(과학Ⅰ, Ⅱ)	일반계: 사회, 과학 계열 구분 없이 택2 * 사회: 9과목 * 과학: 8과목(과학Ⅰ, Ⅱ)
	직업계: 직업계열 중 택2 * 직업: 10과목 (농, 공, 상업, 수산, 가사 5개 계열별 2과목씩)	직업계: 전문공통(성공적인 직업생활) + 선택(5개 계열 중 택1) * 직업: 6과목 (성공적인 직업생활, 농업 기초기술, 공업 일반, 상업경제, 수산, 해 운산업의 기초, 인간 발달)
제2 외국어 /한문	9과목 중 택1 (독일어, 프랑스어, 스페인어, 중국어, 일 본어, 러시아어, 아랍어, 베트남어, 한문)	9과목 중 택1 (독일어, 프랑스어, 스페인어, 중국어, 일 본어, 러시아어, 아랍어, 베트남어, 한문)

이중 가장 중요한 변화는 그동안 문과와 이과를 가르는 수학, 그리고 사회탐구와 과학탐구 과정이 통합되었다는 점입니다.

학생부 기재 내용이 축소된다

학생부에 부모 정보 및 특기사항을 삭제합니다.

수상 경력은 학기당 1개 이내, 최대 6개로 제한합니다.

자율동아리는 학년당 1개로 기재를 제한하며 객관적으로 확인 가능한 사항만 기재합니다.

소논문은 기재할 수 없습니다.

학교 밖 단체활동도 기재할 수 없습니다.

학교생활기록부 기재 개선 비교표

순	항목	현행	2022년도~
1	인적사항	학생 정보, 가족 상황(부모성명, 생년월일), 특기사항	• 학적사항과 통합 • 부모 정보(부모성명, 생년월일) 및 특기사항(가족변동사항) 삭제
2	학적사항	졸업 연월일, 학교명, 검정고시 합격 정보 등	인적사항과 통합
3	출결사항	질병, 무단, 기타	질병, 미인정, 기타 * 무단 → 미인정
4	수상경력	수상명, 등급, 수상연월일, 수여기관명, 참가 대상(참가인원) 입력	상급학교 진학 시 제공하는 수상경력 개수를 학기당 1개이내(최대 6개)로 제한
5	자격증 및 인증 취득상황	대입 자료로 제공	대입 자료로 미제공
6	진로희망사항	진로희망, 희망 사유 입력	• 항목 삭제 • 학생의 진로희망은 창체 진로활동 특기사항에 기재(대입 미제공)

7	창의적 체험 활동 상황	봉사 활동	실적 및 특기사항 기재	봉사활동 특기사항 미기재(필요시 행동특성 및 종합 의견란에 특기사 항 기재 가능)
		동아리 활동	(자율동아리) 자율동아리명, 활동 내용 등을 특기사항란에 기재	가입 제한은 두지 않되 기재 가능 동아리 개수를 제한(학년당1개)하 고, 객관적으로 확인 가능 사항(동 아리명, 동아리 소개)만 기재
			(소논문) 동아리, 교과세특란 에 (논문명, 참여 시간, 참여 인 원) 기재	소논문 기재 금지

			(청소년단체) 교육과정에 편성
			된 청소년단체, 학교 교육계
			획에 포함된 청소년 단체, 학
			교 밖 청소년단체 활동 모두
			기재(단체명, 활동 내용)
				• (교육과정에 편성된 청소년단체)
				  단체명, 활동 내용 모두 기재
				• (학교 교육계획에 따른 청소년단
				  체 활동) 단체명만 기재
				• (학교 밖 청소년단체 활동) 미기재

			(학교 스포츠클럽 활동) 구체 적 활동 내용 기재. 즉 포지 션, 대회 출전 경력, 역할, 특 성 등	학교 스포츠클럽 활동 기재 간소화 * 정규교육과정 내: 개인 특성 중심 * 정규교육과정 외: 클럽명(시간)
		진로 활동	진로 관련 활동 내용 및 상담 내용 기재	진로활동 특기사항에 진로희망 분 야 기재 추가(대입자료로 미제공)
		기재 분량	특기사항 기재 분량: 3,000자	특기사항 기재 분량 축소: 1,700자

8	교과학습 발달상황		• (방과후학교) 방과후학교 활
			  동(수강) 내용 기재
			• (교과세특) 특기할 만한 사
			  항이 있는 과목 및 학생에
			  한해 기재
				• 방과후학교 활동(수강) 내용 미
				  기재
				• 교과세특 현행 유지

9	독서활동 상황		제목과 저자만 입력	현행 유지
10	행동특성 및 종합의견		기재 분량: 1,000자	기재 분량 축소: 500자

대입 전형 서류가 간소화된다

자소서는 현행 4개 문항 5000자를 3개 문항 3,100자로 축소합니다.

교사추천서는 학생부를 통해 확인이 가능하므로 폐지합니다.

대학별고사는 축소된다

- 전공적성검사는 폐지됩니다.
- 논술 전형은 단계적으로 폐지를 유도합니다.
- 면접 구술고사는 교과 범위를 넘지 않도록 유의하며 영향을 최소화합니다.

사교육 유발 요인이 많은 대학별고사는 축소하도록 유도합니다. 특히 중하위권 인서울 대학에서 주로 실시하던 전공적성검사는 수능과 상관없이 시행되어왔으나 사라지게 되었습니다.

논술 전형은 학생부 관리가 잘 되지 못한 재학생과 N수생의 수시 전략 전형입니다. 이미 사회적 압력으로 난이도가 상당히 낮아진 수준이고 반드시 교과서에 출제 근거를 두고 이를 공개하게 되어 있는데다 그 인원마저 줄어들 전망이라, 논술 전형에 특화된 사교육은 그 영향력이 감소할 것입니다. 면접 구술고사 역시 고교 학습 범위를 넘어서지 않도록 유도하고 있으므로, 결국 입시의 중심은 '학생부 중심의 수시 + 수능 중심의 정시'라는 양강구도로 수렴되리라 봅니다.

강화된 수능,
균형 잡기가 중요하다

정시 인원은 현행 입시에서도 수시에서 다 뽑지 못해 정시로 이월되는 인원으로 이미 실질적으로는 30%에 육박하고 있었습니다. 그런데 정원을 30%로 늘리면, 수시 이월 인원까지 더 해져 사실상 40%에 육박하게 됩니다.

예를 들어 2019학년도 서울대 입시에서 수시 미등록으로 인한 이월 인원은 총 217명이었습니다. 원래 정시 모집 인원이 684명이었는데 수시 이월 인원이 추가되어 총 모집 인원은 901명이 된 것입니다. 총 선발 인원 3,432명 중 정시 모집의 비중은 계획했던 19%에서 26%로 상승한 셈입니다.

2019년 서울대학교 정시 모집 인원의 실질 변화

요강상 정시 모집 인원	684명	19%
수시 이월 인원	217명	
최종 정시 모집 인원	901명	26%

수시에서 선발 인원을 채우지 못하는 이유는 크게 2가지입니

다. 첫 번째, 어려워진 수능 탓에 지역균형 선발에서 수능최저기준을 충족하지 못한 경우입니다. 두 번째는 의대 선호 현상입니다. 수시 이월 인원이 자연계열에서 많았음이 이를 증명합니다. 서울대 자연계열에 합격하고도 타 대학 의대에 중복합격하였을 경우 의대를 선택하고 서울대 등록을 포기하는 것입니다. 이러한 현상은 서울대뿐만 아니라 주요 명문대에서 동일하게 나타납니다.

실질적으로는 30%에 이미 달하고 있던 정시의 모집 인원 비중이 2022학년도 입시부터 30%로 확대되면, 수시 이월 인원이 더해져 실질적으로는 전체 모집 인원의 40%에 달할 것입니다. 이렇듯, 그동안 학생부 종합 전형으로 축소되었던 정시가 다시 강화되면서, 수능이 중요해졌습니다. 게다가 대학별고사 축소 방안으로 논술 전형의 선발 인원도 줄어드는 추세입니다. 재수생 이상의 N수생은 더더욱 정시에 사활을 걸 것으로 예상됩니다.

이미 N수생은 정시 입시에서 재학생 합격생 숫자를 넘어서고 있습니다. 다음 표에서 보듯, 재수생과 삼수 이상의 정시 서울대 합격 비율은 재학생보다 높습니다.

2017~2019학년도 서울대 합격생 고교졸업 연도별 현황

		재학생	재수생	삼수 이상	조기졸업	검정고시	전체
2019년	수시모집	2,254명 (89.3%)	124명 (4.9%)	20명 (0.8%)	117명 (4.7%)	8명 (0.3%)	2,523명
	정시모집	392명 (43.1%)	365명 (40.2%)	139명 (15.3%)	–	13명 (1.4%)	909명
	계	2,646명 (77.1%)	489명 (14.2%)	159명 (4.6%)	117명 (3.4%)	21명 (0.6%)	3,432명
2018년	수시모집	2,333명 (90.7%)	111명 (4.3%)	26명 (1.0%)	100명 (3.9%)	2명 (0.1%)	2,572명
	정시모집	378명 (43.6%)	377명 (43.5%)	100명 (11.5%)	–	12명 (1.4%)	867명
	계	2,711명 (78.8%)	488명 (14.2%)	126명 (3.7%)	100명 (2.9%)	14명 (0.4%)	3,439명
2017년	수시모집	2,186명 (89.8%)	106명 (4.4%)	30명 (1.2%)	105명 (4.3%)	7명 (0.3%)	2,434명
	정시모집	510명 (52.5%)	368명 (37.9%)	83명 (8.5%)	–	10명 (0.1%)	971명
	계	2,696명 (79.2%)	474명 (13.9%)	113명 (3.3%)	105명 (3.1%)	17명 (0.5%)	3,405명

* 산출된 자료는 최초 합격생 기준

* 자료 출처: 서울대학교 입학본부 보도자료

따라서 재학생들은 상대적으로 유리한 학생부 전형으로 승부를 보는 것을 제1의 목표로 삼아야 합니다. 아울러, 학생부 관리에만 올인하지 말고 주기적인 학력평가 모의고사를 통해 수능대비를 병행해야만 합니다. 그렇지 않으면 정시에서 수능 공부에 전력을 투구한 N수생과 힘겨운 싸움을 벌여야 합니다.

문/이과 통합
정말로 실현되나?

발표 안에 따르면 학생들은 자신의 희망에 따라 탐구과목에서 과탐/사탐 가리지 않고 2개를 선택할 수 있습니다. 수학도 문, 이과 구분 없이 공통과목 2과목 + 선택과목 1과목의 체제입니다.

문제는, 과연 대학입시에서도 문이과의 구분이 없어질 수 있느냐 하는 것입니다. 각 대학의 지원단위는 대학에서의 학업을 위해서 반드시 공부해야 하는 필수과목을 지정할 가능성이 큽니다. 따라서 문이과 통합이라는 큰 변화는 사실상 학생들의 피부에 와 닿지 않을 것입니다. 이과 계열 학과를 지망하는 학생은 자연스럽게 과탐을 선택할 것이고, 문과계열 학과를 지망하는 학생은 사탐을 선택할 것입니다. 완전한 문/이과 통합은 아직은 시기상조입니다.

변화의 핵심은
'수학'

문과생은 불안하다
학생들이 느낄 가장 큰 변화는 바로 문, 이과 학생들이 똑 같은 수학 문제로 등급이 매겨진다는 점입니다.

현행 입시에서는 고2부터 문과, 이과 학생들이 배우는 수학 과목이 달라지고, 내신에서 등급도 문과, 이과에서 각각 산출합니다. 1학년 때 다 같이 시험을 보다가 2학년 때 수학을 잘 하는 이과 학생들이 분리되면 상대적으로 문과 학생들은 수학 등급이 올라가는 경우도 있었습니다. 그런데 2019년에 고1이 된 학생들부터는 고2, 고3까지 수1, 수2를 똑같이 듣고, 함께 등급 산출의 대상이 되는 것이지요.

이렇게 되면 이과 학생들은 상대적으로 수학 등급이 올라갑니다. 문과 학생들은 이전과 비교하여 상대적인 등급 하락을 경험할 것입니다.

수능에서도 마찬가지입니다. 수능에서 문과 이과 수학이 공통으로 등급을 매긴다면 문과학생들의 상대적인 등급 하락은 피할 수 없는 결과입니다.

결국 바뀌는 입시의 가장 큰 핵심은 수학의 중요도가 커졌다는 점입니다. 특히 수학을 피해서 문과를 택한 학생들은 결국 수학 때문에 입시에 차질을 빚을 수 있습니다.

이과생은 의외의 함정에 조심해야 한다

그런데 수능 교과내용을 자세히 살펴보면, 반드시 문과생에게 불리한 것만은 아닙니다. 2022학년도 수학 교육과정을 보겠습니다.

				다항식
	고1 공통수학			방정식과 부등식
				도형의 방정식
				집합과 명제
				함수
				경우의 수
수능 출제 과목	공통	수학1		지수로그함수
				삼각함수
				수열
		수학2		함수의 극한
				다항함수 미분
				다항함수 적분
	선택(택1)	미적분		수열의 극한
				미분법
				적분법
		확률과통계		경우의 수
				확률
				통계
		기하 (2021학년도 입시에선 빠져 있음)		이차곡선
				평면벡터
				공간도형
				공간벡터(2020학년도까지 있으나 삭제됨)

이중 고1 공통수학의 교과과정은 반복적인 학습과 꼼꼼한 계산이 중요하므로, 머리에 의존하는 이과생들이 고전하는 과목입니다. 교과 지도에만 관심을 기울이는 일반적인 교과목 선생님

들과는 달리 저학년 때부터의 입시 지도로 신뢰가 높은 강남 메가
스터디 수학과 김원태 선생님은 다음과 같이 충고합니다. "고1 내
신에서 문과 상위권 학생들이 오히려 이과 상위권 학생들을 제
치고 좋은 등급을 받을 수 있는 기회가 될 수도 있습니다. 문과
학생들이 이과학생들과의 경쟁에서 우위를 점하면, 문과 내에서
의 내신의 격차는 더욱 커지게 됩니다. 고1 내신에서 좋은 등급
을 받으면 학생부 전형을 준비하는 데 출발부터 유리해집니다.
반대로, 이과 상위권 학생들은 절대로 내신에서 방심하면 안 됩
니다."

아울러, 수능 수학이 선택과목 체제로 바뀌면서, 변별력 확보
를 위한 고난도 킬러문항의 출제 지점이 바뀔 가능성이 높습니
다. 그동안의 입시에서 문과는 수2(현행 미적분I), 이과는 미적분
에서 주로 킬러문항이 출제되었습니다. 그런데 미적분이 선택과
목으로 전환되면 상황이 달라집니다. 선택과목에서 고난도 문제
를 내면 난이도 조절의 실패로 선택과목에 따라 유불리가 생길
가능성이 있기 때문입니다. 따라서 고난도 문항은 공통과목인
수1, 수2에서 출제될 가능성이 큽니다.

이런 차원에서 이과생들은 문과생과의 경쟁에서 오히려 불리
해질 가능성도 있으므로 유의해야 합니다.

영어, 국어, 족집게 수업의
효과가 줄어든다

그동안 영어, 국어 과목의 수능 대비는 'EBS 교재를 몇 회독하느냐'가 관건이었습니다. 연계율이 70%에 달했기 때문에 다른 어떤 교재보다도 EBS 교재를 숙지하고 중요 지문은 외우다시피 했던 것입니다.

학원가에서는 학생들의 편의를 위해 전 지문의 변형 연습 문제를 제공했고, 시험에 출제될 만한 중요 지문을 추려서 족집게 강좌를 편성하기도 했습니다.

그런데 연계율이 50%로 낮아지면, 수능 지문의 반은 처음 보는 지문으로 채워집니다. 이러한 비연계 지문은 내신처럼 미리 공부해두는 시험이 아니라 본인의 원래 실력으로 풀어야 합니다. 학생들의 학습 부담은 확실히 커집니다. 아울러 족집게 수업의 효과도 줄어들 것입니다.

자유학기제와 고교학점제,
실제로 어떻게 적용될까?

자유학기제와 고교학점제는 말 그대로 학생이 학년과 학기에 상관없이 본인이 원하는 과목을 골라 들을 수 있다는 것입니다. 입시와 경쟁 중심의 교육에서 벗어나 학생들이 자유롭게 진로를 설계하도록 지원한다는 취지입니다.

이는 매우 이상적인 제도이나, 현실적으로 실현은 힘들 것으로 보입니다. 우선 일선 고등학교에서 모든 선택과목을 개설할 수 있는 여건이 마련되지 않았습니다. 교과목을 가르칠 강사를 수급하는 것부터가 난관일 것입니다. 교육부는 2022년부터 2024년까지 고교학점제를 '부분'도입한다고 밝혔습니다. 그러니 교육개혁을 위한 일련의 시도 과정에서, 시행착오를 거치는 동안의 불이익은 고스란히 학생에게 돌아가는 만큼 당장의 급격한 변화는 없을 것으로 보입니다.

2022학년도, 약대가 부활한다

2019년 현재 약대는 고등학생이 대학에 들어갈 때 바로 들어갈 수 없습니다. 다른 학부 과정, 즉 생명/화학 계열을 2년 이상 마친 학생들이 '약학대학 입문 자격시험PEET'를 치러 다시 4년제의 약대 학부에 편입하는 형태입니다. 즉, 2 + 4년제로 운영되고 있습니다. 그런데 2022학년도 대입부터는 고교 졸업자가 학부과정 없이 바로 약대로 진학하는 '통합 6년제' 약대체제가 부활합니다. 약대 편입을 위한 대학생의 사교육 발생이 심각한 수준임은 물론이고, 약학 기초 학문을 익힐 시간에 타 학문 분야를 공부하느라 전공연계성이 떨어진다는 지적이 끊이지 않았기 때문입니다.

상위권 이과 여학생들의 대거 이동 예상

약대 입시가 부활하면 그동안 '의, 치, 한, 수의대 및 설/카/포 이공계'로 대표되는 상위권 이과 입시의 지형이 크게 변화하리라 예상됩니다. 일단 안정적 미래를 추구하는 상위권 여학생들이 설/카/포 이공계 대신 약대를 선택할 가능성이 매우 높습니다. 심지어 지방 의/치/한의대도 영향을 받을 수 있습니다. 이렇게 여학생 자원이 약대로 분산됨에 따라 자연스럽게 해당 대학의 입시 관문이 넓어지는 효과를 기대할 수 있습니다. 아울러, 전통적으로 상위권 여학생들이 선호하며, 합격권 점수대도 유사한 교대 입시에도 인원 이동이 있을 수 있습니다. 따라서, 이과 상위권 학생들의 선택지는 좀 더 넓어질 것입니다.

약대 전형 예상

아직 2022학년도의 전형 계획이 발표되지 않은 상황이지만 현재의 정원과 PEET 선발 방식으로 가늠해보겠습니다. 일단 선발규모는 전국적으로 1,700명에 달할 것으로 보입니다.

2019학년도 기준 전국 약대 현황(단위: 명)

대학명	모집 정원	대학명	
가톨릭대	30	성균관대	65
가천대	30	숙명여대	80
강원대	50	순천대	30
경북대	30	아주대	30
경상대	30	연세대(송도)	30
경성대	50	영남대	70
경희대	40	우석대	40
계명대	30	원광대	40
고려대(세종)	30	이화여대	120
단국대(천안)	30	인제대	30
대구가톨릭대	50	중앙대	120
덕성여대	80	조선대	75
동국대(일산)	30	차의과대	30
목포대	30	충남대	50
부산대	70	충북대	50
삼육대	30	한양대	30
서울대	63	총계	1,693

이중 지방 약대는 의대와 마찬가지로 지역인재 전형이 있어, 지방 고교 재학생들이 노려볼 만합니다. 현재 지방 거점 대학의 의대 입시에서 정원의 34% 가량이 지역인재로 선발됩니다.

전형 방식의 비율은 타 학과와 유사할 것으로 보입니다. 즉, 정시 30%에 수시 이월 인원이 더해진 40% 정도가 정시, 나머지

60%는 수시로 예상됩니다. 수도권 약대는 학생부 종합 전형의 비중이 높고 지방 약대는 다른 학과와 마찬가지로 학생부 교과 전형 비중이 높을 것입니다.

상위 대학 약대의 합격권 점수대는 지방 의대와 유사합니다. 수시를 대비한 1점대 초반의 내신과, 정시 및 수능최저등급을 대비해 수능 만점을 목표로 공부해야 합니다. 사실 의대 정시입시는 수능 1~2문제에 따라서 당락이 갈리고, 선택과목의 난이도에 따라 표준점수가 달라집니다. 아무리 극상위권 학생이라도 컨디션에 따라서는 수도권 의대 진학에 실패할 수 있습니다. 약대 입시도 유사한 양상을 띨 것입니다.

SKY만큼 어려운 교대 입시

학생들을 상담해보면, 상대적으로 이른 나이에 진로를 결정하고 흔들림 없이 목표를 향해 나아가는 경우가 있습니다. 그 대표적인 예가 바로 '교대'입니다. 대부분 타고난 적성이 초등교사에 잘 맞는 학생들입니다. 부모님이 교사이신 경우도 자녀의 교대 지원을 원하는 경우가 많습니다. 거기에 취업난이 겹쳐, 학령인구 감소에도 불구하고 교대의 인기는 크게 줄지 않을 것입니다.

이미 서울교대의 정시 커트라인은 연, 고대 상위학과, 서울대 하위학과와 비슷한 상황입니다. 수시의 경우 학생부 교과, 학생부 종합 전형 공히 내신 평점 1점대 초반이어야 합격 안정권입니다.

모집 인원 및 전형 방법

주요 교대의 2020학년도 모집 인원과 전형 방법은 아래와 같습니다.

서울교대(단위: 명)

구분	전형 유형	전형명	모집 인원	전형 방법
수시	학생부 교과	학교장 추천	60	1단계(2배수): 학생부 교과 100 2단계: 1단계 성적 90 + 면접 10
	학생부 종합	사향인재 추천	30	1단계(2배수): 서류100(학생부, 교사추천서2부, 자기소개서) 2단계: 1단계 성적 50 + 면접 50
		교직인성 우수자	100	1단계(2배수): 서류100(학생부, 자기소개서) 2단계: 1단계 성적 50 + 면접 50
		다문화가정자녀	5	
		특수교육대상자	10	
		기회균형 선발	15	
		농어촌학생	4	
		국가보훈대상자	5	
	기타	재외국민	5	1단계(3배수): 서류100 2단계: 1단계 성적 50 + 면접 50
		북한이탈학생	3	
		소계	239	

정시 (나군)	155	1단계(2배수): 수능100 2단계: 수능 80 + 면접 20
총계	394	

경인교대(단위: 명)

구분	전형 유형	전형명	모집 인원	전형 방법
수시	학생부 종합	교직적성	323	1단계(2배수): 서류100 2단계: 1단계70 + 면접30
		고른기회	73	
정시 (나군)		일반학생	225	1단계(1.5배수): 수능100 2단계: 1단계70 + 면접30
		고른기회	39	
정원 내 총계			660	

* 정원 외: 수시 학종 25명(농어촌 7, 장애인 10, 차상위 8명)

한국교원대(단위: 명)

구분	전형 유형	전형명	모집 인원	전형 방법
수시	학생부 종합	학생부 종합 우수자	64	1단계(3배수): 서류100 2단계: 1단계 80 + 면접 20
		고른기회 국가보훈대상자	1	
		고른기회 농어촌학생(I)	2	
정시 (나군)		수능성적우수자	45	1단계(3배수): 수능100 2단계: 1단계 95 + 면접 5
총계			112	

* 정원 외: 수시 고른기회 12명(농어촌(II) 7, 차상위 3, 특수교육대상자 2명)

수능최저학력기준

서울교대	수시 학교장 추천/ 교직인성우수자	• 국어, 수학(나형), 영어, 사탐: 4개 영역 합 9등급이내, 한국사 4등급 이내 • 국어, 수학(가형), 영어, 과탐: 4개 영역 합 11등급 이 내, 한국사 4등급 이내
	그 외 수시 전형	없음
	정시	영어 3등급 이내, 한국사 4등급 이내
경인교대	수시/정시	없음
한국 교원대	수시/정시	없음 단, 국가보훈대상자는 국수영탐 중 2개 영역 3등급 이내, 한국사 필수 응시

교대 입시의 마지막 관문, 면접

교대 입시에서는 교직관과 사명감, 인성, 교양 등을 평가하기 위한 면접의 비중이 높습니다. 일반적으로 정시입시는 수능 100% 전형이 많으나 교대 입시는 정시에서도 면접이 있습니다.

자소서와 학생부에 기반한 질문에 더해, 교직 적성과 관련된 질문이 주를 이루며, 제시문을 주고 이에 답하는 형식도 포함되어 있습니다. '객관식 평가 폐지', '교원순환근무제', '다문화 학생'과 같은 교직 관련 이슈는 물론, '맘충, 급식충과 같은 혐오 현상', '연명의료결정법', '로봇세 도입'과 같은 시사문제도 출제되었습니다.

교과지식을 묻지는 않으나 학생부에 기반한 질문이 확대될 경우 결국 교과면접으로 이어질 수 있음을 명심하고 고교 3년간의 학과 내용을 꼼꼼히 점검해야 합니다.

교대 면접에서는 개별면접 외에도 토론 형태로 진행되는 집단 면접이 있습니다. 3~6인이 한 조가 되어 제시문과 문제를 읽고 각자 의견을 발표한 뒤 토론하는 방식입니다.

서울교대의 경우, 지침사항에 맞게 연구 주제를 선정하고 연구 계획을 수립하라는 문제가 출제된 바 있습니다. 아울러, 전형에 따라 과제 발표 형식의 면접이 실시되는 학교도 있습니다. 제시문의 자료를 20분 동안 준비하고 10분 동안 발표와 추가 질의응답이 이루어지는 형식입니다. 여러 학생 앞에 서야 하는 교직의 특성상 표현능력 또한 검증 대상이기 때문입니다.

대한민국 학부모라면 반드시 알아야 할
입시의 정도

초판 1쇄 발행 2019년 3월 28일
초판 2쇄 발행 2019년 5월 20일

지은이 강현주
펴낸이 이원주

임프린트 대표 김경섭
책임편집 정은미
기획편집 권지숙·송현경·정상미·정인경
디자인 정정은·김덕오
마케팅 윤주환·어윤지·이강희
제작 정웅래·김영훈

발행처 지식너머
출판등록 제2013-000128호
주소 서울특별시 서초구 사임당로 82 (우편번호 06641)
전화 편집 (02) 3487-4750 **영업** (02) 3471-8044

ISBN 978-89-527-9856-5 13370